監訳 古田徹也

現代倫理学基本論文集Ⅱ

規範倫理学篇①

大庭健 編

コースガード、B・ハーマン、ブラント、ヘア

双書 現代倫理学 7

Contemporary Ethics Series 7

Takeshi Ohba (ed.)

Normative Ethics: An Anthology vol. 1

Ch. Korsgaard, B. Herman, R. B. Brandt and R. M. Hare

keiso shobo

監訳者まえがき

〈双書現代倫理学〉シリーズの一環として編まれたこの『現代倫理学基本論文集』全三巻（大庭健編）は、二〇世紀半ば以降の英米圏における倫理学の展開を追う上で、まずおさえておくべき重要文献を集成したアンソロジーである。（なお、デイヴィッド・ウィギンズ、ジョン・マクダウェル、サイモン・ブラックバーン、バーナード・ウィリアムズの著作に関しては、〈双書現代倫理学〉シリーズ内で個々に単独の巻を刊行しているため、今回の『現代倫理学基本論文集』には採録していない。）

第Ⅰ巻はメタ倫理学、第Ⅱ巻および第Ⅲ巻は規範倫理学の分野において、それぞれ画期的な主題や問いを提示した記念碑的文献を採録している。この三巻本の成立の経緯などについては第Ⅲ巻の監訳者まえがきに記しているので、そちらを参照されたい。

この第Ⅱ巻には、英米圏における義務論／カント主義の展開をリードしてきたクリスティン・コースガードとバーバラ・ハーマンの著作に加えて、現代の功利主義の展開を語る上で欠かせないR・B・ブラントとR・M・ヘアの著作を収録している。第Ⅲ巻に収録した契約論／契約主義および徳倫理学の諸論攷と併せて、現代の規範倫理学における基本文献を広くカバーするものとなった。本訳書が、各論攷の多彩な議論に対して本格的な吟味と批判の場をひらく一助になれば幸いである。

奥田太郎
古田徹也

現代倫理学基本論文集Ⅱ

規範倫理学篇①

目次

凡例

・本書は編者（大庭健）が選定した論攷（書籍からの抜粋を含む）４本からなる。本書では各論攷を「章」という見出しの下に並べた。
・原注は＊1、訳注は★1のように表記し、それぞれ章ごとの通し番号で示した。注はいずれも章末にまとめてある。
・〔　〕は訳者による補足を示す。
・読みやすさを優先して、原文にはない箇所に（　）や「　」や〈　〉や——を補った場合がある。
・原文における強調のためのイタリック体は、傍点をつけて示した。
・引用文については、邦訳のあるものはそれを参照したが、訳語を改めた場合がある。
・原文における明らかな誤植については、それと明記せずに修正して訳出した。

第Ⅰ部　義務論、またはカント主義

第一章　カントの普遍的法則の方式[★1]

クリスティン・コースガード（田原彰太郎訳）

カントが最初に提示する定言命法の方式、すなわち、普遍的法則の方式は以下のものである。

> 格率が普遍的法則となるべきであることをあなたがその格率によって同時に意欲することができる、そのような格率にのみ従って行為せよ。[*1]（G 421）

この方式を提示したすぐ後でカントは、この方式が命じていることは、あなたの格率があなたの意志によって自然法則になるかのように行為することと同じだ、と述べ、さらにその後でカントは、この命法がどのように適用されるかを示す事例のなかでこの後者の〔自然法則の〕方式を用いる。カントはほかの箇所では、このテストが「あなた自身がその一部である」（C_2 69）自然の体系にふさわしい普遍化を意欲することができるか否かのテストであることを明確に述べ、さらに別の箇所では、道徳的行為者を「この人は実践理性の指導の下で、……しかも自分自身をその成員として位置づけるという仕方で、どのような世界を作り出すのだろうか」[*2]と問う者として特徴づけている。しかし、特定の格率をあなたが自然法則として意欲することができるか否かをあなたはどのように決定するのだろうか。意志は実践理性であり、義務に関する事柄においてすべての人は同じ結論に達せねばならない以上、あなたが意欲できることが個人的趣味に関する事柄だということはありえないし、また、そのことが、あなたがどのような個人的欲求をもっているかに応じて変化するということもありえない。あなたが意欲できることについての問いはむしろ、あなたが矛盾なしに意欲できることについての問いなのである。

カントに従えば、普遍化された格率を意欲することによって引き起こされる矛盾には二種類のものがある。

行為のなかには、その格率を矛盾なしには決して普遍的自然法則として考えることさえできないという性質をもつものがある。ましてその格率が普遍的自然法則となるべきであることを意欲することはできない。ほかの行為においてはこの内的不可能性は見出されないが、それにもかかわらず、その格率が自然法則の普遍性へと高められることを意欲することは依然としてできない。なぜなら、そのような意志は自分自身に矛盾するだろうからである。容易に分かるように、前者の格率がより厳密でより狭い（ゆるがせにできない）義務に反し、後者の格率がより広い（功績となる）義務に反する。（G 424）

通例として、一つ目の種類の矛盾は、考えることにおける矛盾（contradiction in conception）と呼ばれ、二つ目の種類の矛盾は、意志における矛盾（contradiction in the will）と呼ばれる。

　この論文における私の関心は、道徳に反する格率の普遍化を意欲することのうちに「矛盾」があるとはどのような意味かを突きとめることである。特に注目するのは、そのような格率を普遍化する際に、その普遍化のなかに矛盾が含まれていると言われうることの意味である。つまり、〔格率を普遍的法則として〕考えることにおける矛盾という考えに特に注目する。カントが念頭に置いている（あるいは、念頭に置いているはずの）この種の矛盾に関しては、二次文献のなかで三つの異なる解釈が示されてきた。[*3] それは次の三つである。

(i)論理的矛盾解釈　この解釈に従えば、格率の普遍化において、すなわち、格率が自然法則として妥当する自然の体系において、論理的不可能性のような何かが存在する。つまり、この解釈においては、格率が普遍化される場合、この格率が提案する行為ないしは行動方針を考えることが不可能になる。

(ii)目的論的矛盾解釈　この解釈に従えば、あなたの格率を目的論的に理解された自然の体系にとっての法則として意欲することのうちに矛盾が含まれる。すなわち、あなたが何らかの自然目的に反して行為する場合、あるいは、あなたの格率が目的論的法則ではありえない場合に矛盾が生じるのである。このような格率は諸目的の体系的調和と一致しないか、あるいは、〈どのような器官、本能、行為タイプでも自然目的をもっており、それらはその自然目的に最も適したものでなければならない〉という原理と一致しない。

㈢実践的矛盾解釈　この解釈に従えば、この矛盾が意味することは、あなたの格率が普遍化された場合にはその格率が自壊する（self-defeating）ということである。すなわち、すべての人があなたと同じ行為をあなたと同じ目的を達成するために行う（ことを試みる）場合に、その行為はその目的を達成するために役立たなくなる。あなたは、この目的を達成するためにこの行為を行おうとすると同時に、この格率を普遍化しようとするために、結果として、あなたは自分自身の目的の実現が妨げられることを意欲することになる。

これらの見解のうちどれが正しいかを決めようとする際に忘れてはならないことは、道徳に反する行為が非合理的である理由は、単に格率の普遍化において生じる矛盾だけではないということである。道徳に反する振る舞いが〔それ自身のうちに〕矛盾を含んでいるとカントは主張していない。カントがそのように主張していると仮定すれば、道徳法則は総合的ではなく、分析的であることになるだろう。あなたの格率の普遍化に含まれる矛盾が、あなたの格率のうちに矛盾があることを証明するということは、どのように考えたとしてもないだろう。というのは、この二つ〔格率の普遍化における矛盾と格率における矛盾〕は異なったものだからである。普遍的法則の方式は、われわれの格率において表現された行為の理由や選択の理由が十分であるか否かを吟味するテストである。普遍化可能性は十分さ（sufficiency）のテスト（「もしみんながそれをやったらどうなる？」）だという考えはよく知られたものであるし、この考えは普遍化可能性という要求に注意を払うことが合理的である理由を直観的に示している。しかし、普遍化可能性は理性的存在者を動機づけるのに十分な理由を吟味するテストだというこの主張を、論証のこの段階で十全に擁護することはできない。というのは、この主張を十全に擁護するためには、それを自律と結びつけることが必要だからである。カントの批判倫理学のプロジェクトが証明しようとしていることは、完全な合理性には定言命法との一致が含まれているということである。しかし、『道徳形而上学の基礎づけ』〔以下、『基礎づけ』と略す〕においてこのプロジェクトが初めて直接的に取り組まれるのは、その第三章においてである。[*4] 普遍的法則の方式が提示されるその第二章は、定言命法があるということを仮定して、その内容がいかなるものであるかを示すことに専心している。矛盾の問いが生じるのは、なぜあなたがあなたの振る舞いを定言命法に一致させねばならないかを確定する文脈においてではなく、どのようにあなたが定言命法に一致するのかを確定する文脈においてである。

けれども、普遍的法則の方式がどのように適用されるのかを理解しようとする際に、われわれは〔『基礎づけ』第三章において取り組まれることになる〕このさらなるゴールを見失ってはならない。普遍的法則の方式の適用に関するいかなる見解も、合理的意志とは何かについての何らかの見解を前提にせねばならない。意志における矛盾を論じる際にこの問題を避けて通ることができないのは疑う余地がない。というのは、合理的意志とは何か、あるいは、合理的意志が必然的に何を含んでいるかをわれわれが知ることなく、合理的意志に何が矛盾するかを述べることは不可能だと思われるからである。ある人の信念のうちに矛盾があるのは、その人がXと非Xの両者を信じている場合、あるいは、Xと非Xの両者を含意する事柄を信じている場合である。ある人の意志のうちに矛盾があるのは、ある人がXと非Xの両者を意欲する場合、あるいは、Xと非Xの両者を含意する事柄を意欲する場合である。しかし、「Xを意欲すること」が何を含んでいるか、あるいは、それによって何が含意されているかが知られることなしには、どのようにこの矛盾が発見されるのかが知られることもないだろう。よって、どのような格率が矛盾なしに普遍的法則として意欲されうるかを確定する際には、われわれは合理的意志についての何らかの観念を使用せざるをえない。〈考えることにおける矛盾テスト〉の解釈のうちのいくつかもまた、合理的意志についての特定の見解を基礎としている。これが、道徳的振る舞いが合理的振る舞いであることを示すというカントの最終的な狙いをわれわれが念頭に置いておかねばならない理由である。この方式がどのように適用されるかを確定する際に使用される合理的意志の本性についての見解はさらに、それがどのようなものであるにせよ、この方式が指令する通りに行為することがなぜ合理的であるかを確定する際にも使用されねばならないのである。

いま述べたことは、このテストを解釈する際にひとつの制約を課す。その制約とは、このテストの解釈は道徳的内容をあらかじめ含んでいる合理的意志の観念を使用してはならないというものである。次に挙げる一例によって、私の言わんとしていることが明らかになるだろう。ジョン・スチュアート・ミルは、カントについて次のように述べる。

しかし、何らかの実際の道徳的義務をこの指針から導き出そうとしたとき、全くおかしなことに彼は、道徳に反する極めて言語道断な行為の規則があらゆる理性的存在者によって採用されることは矛盾していることであり、(物理的にとは言わないが) 論理的に不可能であるということを示せていない。彼が明らかにしたのは、あらゆる人が道徳に反する規則を採用することの帰結は、誰もそれを引き起こすことを選ばないようなものになるだろう、ということだけである。*5

ミルの考えに従えば、カントの見解は実際のところ効用（utility）を――現在のわれわれの言葉遣いで言えば、規則功利主義を――必要としてしまう。普遍的法則の方式を規則功利主義的に解釈するのであれば、この文脈においてカントが用いる「矛盾」という言葉は、ミルが指摘する通り、無意味である。とはいえ、次のように主張することによって、われわれは「矛盾」というこの言葉に意味を与えることができるかもしれない。すなわち、その主張とは、理性的存在者は、その定義上、望ましくない帰結に反対し、それゆえ、格率を普遍化することによって望ましくない帰結が生じる場合には、その種のいかなる格率の普遍化をも矛盾なしに意欲することはできない、というものである。しかし、合理的意志と道徳的意志とのこの種の連関は、大まかに言えば、カントが証明しようとしたことであり、それゆえ、矛盾テストを説明する際にそのような定義を使用すれば、それによって、カントの論証を循環させてしまうことになる。というのは、われわれがこの定義を用いる場合、合理的であるとはどのようなことかに関して、道徳性を含んだ構想をわれわれは〔証明する前に〕あらかじめ前提していることになるからである。すなわち、カントが論証をする用意のある道徳的善さと合理性とのこの種の連関を、われわれは自明視してしまっているのである。よって、この矛盾テストはそれ自体では道徳に反する行為が非合理的である理由をわれわれに教えてくれないとはいえ、この矛盾テストが前提にしている合理的意志の観念は論証の後の段階でも用いることができるものでなければならないのである。

私が問うのは、道徳に反する格率が普遍化された場合に、この三つの「種類」の矛盾のどれが見出されるとわれわれは期待すべきかという問いであり、私の狙いは三つ目の答えを支持すること、つまり、われわれが見出すことができるのは実践的矛盾だという主張を支持することである。私はあらかじめ次のことを述べておかねばならない。すなわち、私の見解は、この三つ目の答えを裏づける重要なテクスト上の証拠がひとつあるとはいえ、いかなる解釈もテクストの吟味だけを基礎とすることはできない、というものだ。諸解釈のどれを取ったとしても、その解釈を裏づける言い回しをカントのテクストのなかに見つけることは可能であるし、カントが諸解釈間の相違に気づいていなかったという可能性もあるように思われる。それゆえ、私が実践的矛盾解釈を支持するための基礎とするのは、主として哲学的考察である。それぞれの解釈に対して私が問いたいのは、(i)その解釈がどのような種類の事例を扱うことができるのか、(ii)その解釈が標準的批判に対処することができるかどうか、(iii)その解釈は〈考えることにおける矛盾テスト〉と〈意志における矛盾テスト〉とをどのように区別するのか、という問いであり、さらに最も重要な問いが、(iv)その解釈が合理性についてのどのような前提を設けているのか——つまり、道徳性が純粋な合理性であるということを示す批判のプロジェクトにカントが取りかかる際に、彼がどのような種類の論を唱えることをその解釈が認めることになるのか——という問いである。

《I》論理的矛盾解釈

カントの擁護者の幾人かは、まさにミルが否定した種類の矛盾が見出されうるということを突き止めようとしてきた。論理的矛盾解釈に属する見解を擁護してきたのは、ディートリクソン、ケンプ、ウッドなどである。[*6] この解釈のほとんどすべての支持者たちは、この矛盾を、ミルが記述したような純粋なかたちで理解しているわけではないと思われる。すなわち、彼らが求めているのは、論理的あるいは物理的な不可能性〔そのものではなく、それ〕に極めて似通った何ものかである。その理由の一部は、〈意志における矛盾テスト〉の場合に論理的矛盾のようなものを見出しえないのは明らかだということである。この点が明らかなのは、〈意志における矛盾テスト〉を通ることのできない格率は〔普遍的法則として〕考えうるものだということがわれわれにははっきりと知らされているからである。しかし、考えることにおける矛盾に関して、カントが使う言葉遣いの多くが論理的矛盾解釈を裏づけているということを疑う余地はない。道徳に反する格率の普遍化はその格率自体を破壊し（G 403）、無効にする（C_2 27）、その普遍化を考えることができない、などとカントは述べる。この見解に最も適した事例は、欺くつもりでの約束の事例である。経済的に困窮した人が金を「借りる」ことを考えるが、その人は借りた金を決して返せないということを知っている。この人の格率が〈考えることにおける矛盾テスト〉にどのように失敗するのかをカントは次のように説明する。

……自分が困窮していると思えば誰でも自分がしたい約束をそれを守るつもりもなく約束すること

ができると述べる法則の普遍性は、約束自体とその約束によって達せられる目的とを不可能にする。というのは、誰もその人と約束を交わしたと信じることなく、そのような主張を空虚な見せかけとして嘲笑するだけだろうからである。(G 422)

論理的矛盾解釈の擁護者は、約束自体が不可能になるだろうという部分に注目する傾向にある。というのは、この部分に、論理的に考えることの不可能性(logical inconceivability)が見出されると思われるからである。カントが述べているのは、この格率が普遍化される場合には、誰もその約束を信じないがゆえにこの約束が不可能になるということだ。ここに矛盾を見つけるためにはいくつかの方法がある。〔その方法のうちのひとつとして、〕この矛盾とは次のようなことだと述べうるだろう。すなわち、この行為者(ならびに、この行為者と目的を共有するすべての人)が欺くつもりで約束をする世界をわれわれが考えようとしており、しかしそれと同時に、誰もこの種の約束をすることができない世界を必然的に考えている、ということである。〔約束をすることができない世界を必然的に考えざるをえない〕というのは、約束を受け入れようとしない相手に対して(この種の)約束をすることができないからである。論理的矛盾を明確にするためのおそらく最も分かりやすい方法は、普遍化された格率が妥当する世界においては約束(正確に言えば、返済の約束)のようなものは存在しないと述べることである。約束の反故があまりに多くなってしまうことによって、約束を提案しそれを受け入れるという実践が維持できなくなってしまうだろう。それゆえ、この行為者、ならびに、この行為者と目的を共有するすべての人がある種の約束を交わす世界をわれわれは想像し、しかしまた、約束がない世界をもわれわれは想像しているのである。このことを論理的に考えることは不可能である。格率を普遍化することによって提案された行為を考えることが不可能になる場合に生じるのが、論理的矛盾である。

暴力という問題

この方向で解釈する場合には困難に直面することになる。その困難をディートリクソンは「カントの普遍化可能性という基準」のなかで次のような問題として記述している。彼が考察するのは、「六ポンド〔約二七〇〇グラム〕以下の子どもを出産した場合には、私はこの子どもを殺すために自分にできる限りのことをすべてをするつもりだ」という格率を吟味することに決めた女性の事例である。[*7] すべての母親がこの規則に従って振る舞うことが可能なのは確実だとディートリクソンは指摘する。私の意見では、ディートリクソンの事例において格率は適切には定式化されていない。なぜならば、この格率では母親が子どもを殺す理由への言及がなされていないからである。この子どもが六ポンド以下の体重しかないということを、それ自体で、その子どもを殺す一見して自明な（*prima facie*）理由として認めることはできない。普遍的法則の方式は、理由の十分さを吟味するテストであるがゆえに、格率には理由が含まれていなければならないのである。しかしながら、ディートリクソンが挙げる事例によって明らかになるのはこの問題ではない。われわれは、平均以上に夜泣きをする傾向にある子どもを、十分な睡眠を確保するために殺すという格率を作ることができる。ディートリクソンの格率も私の格率も、論理的に矛盾することなく普遍的法則になりうることは明らかである。これらのことが生じる世界は実際に存在しうる。われわれの世界においてこれらのことは生じうるのである。

ディートリクソンの解決策は、二つ目の矛盾テストに訴えかけ、その普遍化を考えることは可能だが意欲することはできないような格率のひとつとして、この格率を見なすというものである。しかし、この解決策はうまくいかない。義務を導出する異なった方法は異なった種類の義務を生じさせ、それらの義務には〔その種類に応じた〕異なった道徳的かつ法的な帰結が伴う。『基礎づけ』においてカントが〈意志における矛盾テスト〉と結びつけるのは、広い、功績になる義務（G 424）であるが、子どもを殺してはならないという義務がこの種の義務でないことは明らかである。

義務の区分についてのカントの説明は〔時期によって〕変化するため、『基礎づけ』以降に提示される見解でさえもディートリクソンの解決策を認めないであろうことは注目に値する。『基礎づけ』において諸々の事例は、自己に対する完全義務、他者に対する完全義務、自己に対する不完全義務、他者に対する不完全義務に区分される。しかし、〔『基礎づけ』において〕注で予告されているように、カントが義務の区分についての自説を述べているのは『道徳形而上学』においてである（G 421）。この『道徳形而上学』という著作は、正義の義務〔法論〕と徳の義務〔徳論〕とに区分されている。この点を踏まえるならば、正義の義務を狭い義務、完全義務、〔「〜してはならない」などの〕否定形で表現される義務として単純に同定し、同様に徳の義務と広い義務、不完全義務、〔「〜せよ」などの〕肯定形で表現される義務が同じものだと想定することは魅力的であるようにも思われる。しかし、これは過度の単純化であろう。カントによる分類はこれよりも入り組んだものである。[*8] というのは、徳義務は広い義務だと言われるけれども、〔徳義務という〕このカテゴリーのなかには完全義務も否定形で表現される義務も含まれるからである。〔『基礎づけ』においてカントが扱う〕自殺をしてはならないという義務は、〔徳義務というカテゴリーに含まれるにもかかわらず否定形で表現される完全義務であるがゆえに、〕重要な事例である。徳の完全義務はあなた自身の道徳的・自然的人格を悪用してはならないという義務と〔他者を愛する義務との対比における〕他者を尊敬する義務である（MM 464）。

議論の余地があるのは、関連する義務の導出に対して、この複雑な分類がどのように影響するかの正確な見極めに関してである。『基礎づけ』においてカントは、徳であろうと正義であろうと、すべての完全義務は〈考えることにおける矛盾テスト〉から導出されると考えているように思われる。少なくとも、自殺を禁じる義務を導出する際にカントが試みるのは、〈考えることにおける矛盾テスト〉からの導出である。理由は後で説明するが、『基礎づけ』において、カントが普遍的法則の方式を用いて説明するこの〔自殺を禁じる〕義務の導出はうまくいっていないと私は考える。徳の完全義務はカントが『基礎づけ』で与えたよりも複雑な導出を必要とするために、『基礎づけ』におけるその義務の導出はうまくいっていないというのが私の見解である。徳の完全義務は、われわれがそれに反して行為してはならない諸目的があるという事実から生じる。その諸目的をわれわれに与えることができるのは〈考えることにおける矛盾テスト〉ではなく〈意志における矛盾テスト〉である。この点に関して、〔『道徳形而上学』における〕カント自身のテクストから直接的な手掛かりを得ることはできない。というのは、『道徳形而上学』において徳義務を説明する際にカントがほとんどの部分で用いるのは、普遍的法則の方式ではなく、人間性の方式にかかわる概念と決疑論的方法だからである。しかし、完全義務であれ不完全義務であれ、すべての徳義務の基礎には義務である目的があると考えるのであれば、〈意志における矛盾テスト〉を使うことが魅力的なこととして映るかもしれない。というのは、このように考える場合、〈意志における矛盾テスト〉によってディートリクソンの事例をも含む完全義務のうちのいくつかを特定することが可能だからである。

しかし、この〔義務の区分の仕方の〕変更によって問題が解決されるということはありえない。なぜならば、これがいくつかの完全義務を導出する方法であるとしても、このような仕方で導出されるのであればこれらの義務はまだ単なる徳義務に過ぎないからである。徳の不完全義務はわれわれが促進すべき目的を与える。この徳の不完全義務と同様に、法則がわれわれに目的をもたせるということはできないがゆえに（MM 379–85）、徳の完全義務は外的に強制されえない。徳の不完全義務が広い義務であるのは、義務である目的を促進するためにあなたが何をどの程度せねばならないかを法則が正確には指令しないがゆえである。徳の完全義務が広い義務であるのは、それとは幾分か異なった理由のためである。その理由とは、これらの目的のゆえに行われる行為が、われわれがそれに向かって努力せねばならない何ものかだということである。われわれの「現象的な」生において、これらの目的のゆえに行為することをわれわれは単に決心することはできない〔のであり、それに加えて、そのように行為するよう努力せねばならない〕（MM 392, 446）。あなたは表面的な尊敬をもって誰かに接することを決心することはできるが、真の尊敬に基づいてその人に接することを単に決心することはできないのである。当該の態度はあなたが陶冶すべきものである。それは倫理学がわれわれに与える努力の一種であり、あなたが何をどれほどできるのかは、あなたが生きている環境や、おそらくはあなたが克服せねばならない気質上の障害に応じて変化する。しかし、子どもを殺すということは、母親が子どもを目的自体として評価し損なっているということを示してはいるが、それに尽きるわけではない。子どもを目的自体として評価し損なうということが意味しているのはただ、この母親にはもつべき徳が欠けているということである。殺人はまた不正義でもあり、権利の侵害でもあり、殺人を犯してはならないという義務は、徳義務とは異なり、法的に強制可能である（MM 218-221; 383-384）。これが殺人の禁止が強制可能な正義の義務として表現される所以である。この種類の非道徳性を突き止めるために、われわれには〈考えることにおける矛盾テスト〉が必要なのである。[*9]

自然的行為と慣習的行為

ディートリクソンの事例によって明らかとなった問題の根底にあるのは、考察の対象となっている行為が自然的暴力のひとつだということである。約束の事例においてわれわれが論理的矛盾を生じさせることができたのは、約束という実践がそれが普遍的に反故にされることによって消え去ってしまうからであった。約束のようなものはもはや存在しないのである。自然的暴力を扱う際にはこのような分析を行うことはできない。なぜなら、どのような仕方で殺人が行われようとも、殺人が消え去るということはありえないからである。その理由は明らかだ。約束は、ロールズが「二つのルール概念」[*10]において展開した意味において、実践である。約束のような（すなわち、約束を提案し、それを受け入れ、それを守るといったような）、慣習の内部において行われる行為は、その可能性も有用性も、慣習として定着した実践の存在を基礎としている。実践はある種の規則によって構成され、〔それが賞罰を伴う制度のなかに組み入れられていない場合には、〕その規則が一般的に是認され、その規則が遵守されることによって成立する。さて、実践が成立するための条件を正確に述べることはおそらく難しいだろう。規則違反が時折あったとしても、〔その規則によって構成される〕実践が維持されうることをわれわれは知っている。というのは、実際にそのような実践が維持されているからである。しかし、普遍的な規則違反が生じる場合には、その規則によって構成される実践は維持されえない。普遍的な規則違反が生じるときには実践は新たな規則をもち、その実践は〔それ以前とは〕異なる実践になると述べることによって、矛盾が生み出されるかもしれないが、この考え方は幾分か曖昧である。次のように考えれば、より明確となる。実践には標準的目的があり、実践の規則が普遍的に破られる場合には、実践はその目的に対して役立たなくなり、消え去っていく。人々はその目的に達するためにほかの方法を見つけ、その実践は単に不要になる。カントが挙げる欺くつもりでの約束の事例において生じているのはこのことである。返済の約束は、決して受け入れられることがないがゆえに、消え去る。人々は貸付を行わなくなるか、あるいは、貸したものを確実に取り戻すためのほかの方法を見つける。この理由により、思考のなかでそれが存在するための条件として、あるいは、それが有用であるための条件として実践を必要とするにもかかわらず、その実践の規則に違反するすべての行為は、この矛盾テストの論理的解釈でも実践的解釈でも容易に扱うことができる。普遍的な違反を意欲することは、普遍化される行為タイプを存在しないものとし、まさにそのことによって、その行為タイプを役立たないものとすることで矛盾を生み出すのである。

しかし、ディートリクソンの事例においては、実践は存在しない。〔この事例における〕行為は殺人である。どのような種類の殺人行為が行われたとしても、また、どれほど多くの殺人行為が行われたとしても、その種類や頻度が殺人行為を不可能とすることはない。それは、この種の行為の存在と有用性が自然法則のみを基礎としており、慣習的実践を基礎とはしていないがゆえである。簡潔に表現するために、私は約束のような行為を「慣習的行為」と呼び、殺人のような行為を「自然的行為」と呼ぶことにしたい。論理的矛盾解釈は道徳に反する慣習的行為を巧みに説明することができるが、しかし、この解釈が道徳に反する自然的行為をどのように扱うことができるのかは全くはっきりしない。〔なぜはっきりしないかと言えば、〕行為の可能性が自然法則のみを基礎としている場合には、その行為が普遍的に実践されることによって、その行為を考えることができなくなるということはありえない〔からである〕。

二つのヘーゲル的批判

私の考えでは、論理的矛盾解釈にとっての最も大きな困難は自然的行為にかかわるものである。しかし、ほかの見解を取り上げる前に、通常はその最も深刻な問題と考えられている批判に言及する必要があるだろう。この批判をヘーゲル的批判と呼ぶことにしよう。なぜなら、この批判はもともとヘーゲルによって投げかけられ、ブラットリーなどが普及させたものだからである。*11 ヘーゲル的批判のひとつは、普遍的法則テストは空虚だというものである。ここではH・B・アクトンによる説明を借りよう。この説明のなかでは、『実践理性批判』における、寄託物を返すかどうかを吟味する人の事例が論じられている（C_2 27–28）。

> 「自然法の学問的取り扱い方」（一八〇三年）と題された論文においてヘーゲルは、カントの論証によって明らかにされたことは、寄託物のない体系が寄託物のある体系と矛盾するということだけであり、寄託物のない体系のなかに矛盾があるということではないと述べる。カントは寄託物のない体系のなかに矛盾があるように見せかけているが、それは、すべての人が寄託物が存在することを望んでいるとカントが思い込んでいるためである。そしてヘーゲルが言うには、このことによって明らかになったのは、所有（property）の体系をカントは前提にしており、すべての人が他者に属するものを借りたまま返さないならば、所有の体系が存在しなくなるだろうとカントが論じているということだ。ヘーゲルはさらに、なぜ所有〔の体系〕が存在すべきかという興味深い問いを立てるが、この点に関してカントは何も述べない。*12

この批判はこのままのかたちでは有効ではない。論理的矛盾解釈に基づけば、矛盾は寄託物のない社会を思い描くことのうちに含まれているわけではなく、行為者とこの行為者と目的を共有する他者とが、寄託物制度がないにもかかわらず寄託物制度を使用している社会を思い描くことのうちに含まれている。この矛盾は、この行為者が自分の格率とその格率の普遍化とを同時に意欲することを試みるとき、言い換えれば、この行為者が自分の格率を自分自身がその一部である体系にとっての法則として意欲することを試みるときに生じる。普遍化の結果としての実践の非存在が、個々の格率が前提にしているその実践の存在と矛盾するのである。

ほかのヘーゲル的批判は以上のものとは正反対の方向に向かう。すなわち、このテストが空虚であることを明らかにするのではなく、このテストがあまりにも強すぎることを明らかにするのが、もうひとつの批判である。この批判をブラッドリーは次のように説明する。

「財産（property）を盗め」〔という命令〕は矛盾である。というのは、それは所有（property）を無効にし、それとともに盗みを不可能にするからである。

この見解に対抗するためにさらなる形而上学的論証を進める必要はわれわれにはない。というのは、この見解がただちに自滅的事例をわれわれに与えてくれるからである。道徳性の本質は類似した矛盾である……道徳性は……盗みと同様に矛盾している。「貧者を支援せよ」〔という命令〕は貧困を否定するとともに前提〔それゆえ措定〕している。ブレイクは喜劇調に次のように述べる。

われわれが誰かを貧乏にすることがなければ
もはや憐れみは存在しないだろう。

あなたがあなたの敵を愛すべきであれば、あなたは決して敵なしではいられない。けれどもあなたは敵をなくそうと努力しもする。このことは一貫しているのだろうか。要するに、否定されるべき何ものかを前提にしているすべての義務は義務ではない。その義務は自己矛盾しているがゆえに、道徳に反する規則である。[*13]

人々が貧者を援助し、かつ、貧者が存在しない世界を想像することが不可能だということは正しい。なぜなら援助を受ける貧者がいないので、貧者を援助するという事態が生じえないからである。しかし、論理的矛盾解釈の擁護者はこの批判に対処することができる。〔すなわち、〕その擁護者は、ブラッドリーによる格率の記述が誤っていることを指摘することができる。この格率の内容は援助を必要とする人を援助することであり、誰も援助を必要としていない世界においても、この格率を一貫してもち続けること〔それして弱い意味においてこの格率に基づいて行為すること〕が可能である。援助を必要とする人を援助するという行動方針は、誰も援助を必要としない場合に考えることが不可能になるわけではない。〔誰も援助を必要としない場合、〕この格率が行動を導くことはないというだけである。

《II》目的論的矛盾解釈

目的論的矛盾解釈に基づけば、自然法則の方式のもとで二つの矛盾テストを用いて格率をテストする際にわれわれが吟味していることは、普遍化された格率を目的論的に組織された自然の体系における可能的法則として意欲することができるか否かである。この見解には二つのヴァージョンがある。一つ目のヴァージョンを私は、単純な見解と呼ぶことにする。この単純な見解に従えば、矛盾が生じるのは、行為あるいは本能がその自然目的と両立しない仕方で用いられる場合、あるいは、その自然目的が要求する仕方でそれらが用いられない場合である。いま紹介したこの見解の難点は、この見解では普遍化が実際には使われていないという点にある。とはいえ、この解釈を裏づけるテクストがないわけではない。カントはためらうことなく目的論的な言葉遣いを用いる。カントが明確に目的論的な推論を行っている論証は、倫理学にかかわる公刊著作において五回ある。そのなかのひとつが、『基礎づけ』第一章における実践的推論の機能についての論証（G 395-96）である。この論証は明らかに目的論的であり、カントは〔この箇所で〕実際にとても注意深く実践的推論の目的論的基礎を明らかにしている。しかし、この論証は義務の導出にかかわるものではない。ほかの四つの論証のうちの二つが『基礎づけ』においてなされている。それは、最初の事例群〔自己に対する義務の事例〕との関連においてであり、すなわち、自殺を禁じる義務を導出する箇所（G 421-422）、ならびに、自己陶冶の義務を導出する箇所（G 423）である。残りの二つの論証は『道徳形而上学』においてなされている。そのひとつは、嘘をつくことがコミュニケーション能力に備わる自然目的に反すると述べられる箇所（MM 429）であり、もうひとつは、情欲的自己冒涜を性的本能に備わる自然目的に照らし合わせることで非難する箇所（MM 424-425）である。

目的論的矛盾解釈の二つ目のヴァージョンは、H・J・ペイトンが『定言命法』第一五章において説明したものである。[*14] ペイトンは目的論的矛盾解釈の代表的支持者である。ベックはペイトンの見解を部分的に支持している。アウネもまた、自然法則の方式を適用する際にカントが目的論的構想に依拠していると考える解釈者のひとりである。[*15] ペイトンの考えでは、カントが念頭に置いている自然法則が因果的ではなく目的論的であることは明らかであり、このテストは「人間本性に含まれる諸目的の体系的調和を目指す意志が特定の格率を人間本性の法則として矛盾なく意欲する」[*16]かどうかを吟味するものである。ペイトンの見解と単純な見解との相違点は、ペイトンは目的論的体系が道徳法則の範型（type）として役立つと考えており、われわれの行為が実際の自然目的と矛盾してはならないとは考えていないという点である。しかしながら、〔才能を陶冶する義務などの〕事例を説明する際にペイトンは、カントの目的論的言葉遣いを自分自身の解釈を裏づける証拠と見なしてしまっている。[*17]けれども、この言葉遣いはむしろ単純な見解を裏づけるのに適したものである。この両解釈にはペイトンが考えている以上に大きな違いがある。というのは、〔この両解釈では〕合理性に関する前提が異なっているからである。ペイトン自身の見解に基づく主張は、理性的存在者は、理性を有する存在者として、人間的諸目的の体系的調和を尊重するというものであるのに対して、単純な見解に基づく主張は、理性的存在者は、理性を有する存在者として、自然目的を尊重するというものである。以下では、この両見解を吟味していくことにしたい。

すでに言及したように、目的論的見解の通常の理解とは以下のようなものである。われわれはまず様々な本能や行為タイプに自然目的を割り当てる方法を見つけ出す。その後、普遍化された格率がその本能や行為をこの自然目的を無効にするような仕方で用いる場合、あるいは、単に〔この目的から〕逸脱した仕方で用いる場合、矛盾が見出される。[*18]カントが矛盾テストをこのような仕方で理解しているということの最良の証拠となるのが自殺の事例であり、この事例をいま述べた通常の理解形式に合わせて整理することが可能である。

この理解形式をカントは、『基礎づけ』における一つ目の目的論的論証において、目的論的判断の一般的原理として提示している。「われわれが原則として想定しているのは、何らかの目的に役立つ器官(organ)として見出されるものはいずれもその目的に最もふさわしい器官であり、その目的に最も適合した器官だということである」(G 395)。われわれはこの統制的原理を、行為タイプや器官、本能、さらにはそのほかの有機的に組織化されたものに対して自然目的を割り振るために用いることができる。カントがこの原理を用いるのは、幸福の実現が実践理性に備わる自然目的ではないということを明らかにするためである。理性よりも本能の方がより巧みに幸福へと導いてくれるがゆえに、理性は〔幸福という〕この目的にとって最もふさわしいものでも最も適合したものでもない、というのがその論証である。以上のことを踏まえて、次のような場合に目的論的矛盾が生じると仮定してみよう。すなわち、ある種の器官、本能、あるいは行為タイプを、その自然目的に達するために最もふさわしい最善の装置以下のものにしてしまうような仕方で用いることを、われわれが普遍的法則として提案する、という場合である。たとえば、約束の「自然目的」は信用と信頼、そしてそれによって可能となる協力関係を定着させることだと考えてみよう。欺くつもりでの約束が普遍的規模でなされることによって、約束はこの自然目的に達するための最善の装置以下のものにされてしまう。自殺の事例においても同様の仕方で矛盾が生じる。自愛に備わる自然目的は自己保存である。自愛に基づき自殺をするという格率の普遍化から帰結する自然の体系においては、自愛は自己保存という目的に最もふさわしく最も適合した本能ではないだろう。カントが述べているように、「感情の使命は生を促進することであるが、その感情によって生を破壊するという法則を含む自然の体系が矛盾を含んでいるということはすぐに分かる」(G 422)。目的論的判断の統制的原理によって設定された基準が満たされないのは、このような仕方でである。

目的論的矛盾解釈の魅力は、論理的矛盾解釈が直面する最も困難な問題、すなわち、自然的行為の問題を解決することが一見したところできるかのように思われるという点にある。自殺とは要するに自然的行為である。実践の普遍的違反を意欲することのうちに矛盾を見出すことが容易である理由は、その実践が標準的目的をもっているという点に求められる。〔実践の〕普遍的違反が生じることによって、人々は同じ目的を実現するためのほかの方法を見つけ出すことになる。これがこの実践が捨て去られる理由である。目的論的見解は、同様の仕方で自然的行為を扱うことが可能になるという期待をわれわれに与える。というのは、目的論的見解は自然的行為や自然的行為を引き起こす本能に、実践がもっているような目的を、つまり、自然目的を割り当てるからである。自然的行為や本能は、実践とは異なり、それが普遍的に悪用されたとしても残り続けるということはもちろん正しい。しかし、このことは目的論的矛盾解釈にとっての問題にはならない。というのは、行為や本能が普遍的に悪用される場合、その行為や本能はそれらに備わる目的にとって最もふさわしいものではなくなると、この見解の擁護者なら述べることができるからである。行為タイプや本能が〔普遍的に悪用されることによって〕存在しなくなるということではなく、このこと〔目的にとって最もふさわしいか否か〕が矛盾が生じるか否かの基準なのである。

しかし、自然的行為という問題に対するこの解決策、ならびに、自殺の事例一般をこのように理解することには難点がある。その難点とは、自殺志願者自身が自分の格率の普遍化に基づく目的論的体系を意欲することができるとは想定されていないという点である。〔この点を説明するために〕まずは、次のように述べることができるだろう。この自殺志願者の格率を普遍化することによって生じる目的論的体系は、目的論的体系として、それ自身のうちに矛盾（割り当てられた目的に最もふさわしいわけではない本能）を含んでいる。よって、この自殺志願者がこの目的論的体系を意欲することは確かにできない。しかし、これは自殺に反論するための奇妙に抽象的な論法である。目的論的体系における矛盾とは要するに、生命維持のために設計された仕組みが機能不全に陥っているということである。しかし、自殺志願者は自分自身の事例においてこの仕組みがうまく機能することを欲しているわけでもないし、この自殺志願者はほかの〔その機構がうまく機能することが見込まれるような〕事例に関しては無関心かもしれない。すなわち、この目的はこの自殺志願者自身の目的ではないし、ほかの何かがこの人にこの目的をもつように決心させるわけでもない。この点を踏まえた上で、カントの主張が次のようなことに重点を置いていると仮定してみよう。すなわち、当該の目的論的体系が目的論的体系としてそのうちに矛盾を含んでいるということから、自殺志願者がこの目的論的体系を意欲することができない、ということである。そうであれば、カントは単に、この自殺志願者が目的論的体系によって促進される目的を意欲するかどうかとはかかわりなく、理性的存在者は、理性を有する存在者として、うまく機能する目的論的体系を意欲する、という見解をもっていることになるだろう。しかし、この後にこの論証がどのように進められうるのかを理解することは容易ではない。この本能はこの目的に関して機能不全に陥っているが、この自殺志願者がこの本能もそれに備わる目的もともに消え去ってしまうことを意欲するということを邪魔するものは何もない。この問題は、一つ目のヘーゲル的批判が明らかにした問題である。世界が寄託物〔制度〕を必要としていないがゆえにそれを意欲しないとしても、その意志のうちには矛盾がないとヘーゲルは述べる。それと全く同様に、自殺志願者は、人々を生き続けさせる自己保存本能（あるいは、そのほかの目的論的装置）を世界は必要としないと述べるだろう。このようなものが必要となるのは人々が生き続ける方がよりよいという想定をした場合に限られるが、自殺志願者はこのような想定をしない。さらに、われわれが先ほど使ったこの批判に対する答えを使い回すこともできない。論理的矛盾解釈を用いて欺くつもりでの約束の事例を説明した際にわれわれが述べたのは、欺くつもりでの約束を内容とする格率の普遍化を意欲することができない人は、約束が交わされ続けることを思い描いているということであった。この人が約束をしようとしているのである。しかし、自殺をしようという意図をもっているからといって、うまく機能する自己保存本能を意欲したり、それを思い描いたりすることが自殺志願者に要求されているわけではない。この自殺志願者はその本能を使う計画もなければ、その本能が存在するかどうかを気にかけることもない。

この批判はペイトンの見解に対して同じように当てはまるわけではない。ペイトンの見解では、自然の秩序が人間の諸目的の体系的調和にとっての範型である。ペイトンが想定しているのは、この調和に合理的行為者がコミットしているということである。ペイトンのこの想定は功利主義的見解と同じ問題を抱えていると批判することも可能だろう。すなわちその問題とは、この想定が道徳性を〔あらかじめ〕含んだ理性という見解を前提にしているという問題である。しかし、ペイトンはこの批判に対処することができる。自愛は諸目的の調和を生み出さないゆえに道徳性の基礎ではありえない、という『実践理性批判』での論証（C_2 28）をペイトンは証拠として引き合いに出す。[*19] さらにペイトンは、諸目的の調和は純粋理性の最上の形式的統一であるという『純粋理性批判』における見解をも証拠として引き合いに出す。[*20] 合理性がわれわれを諸目的の調和にコミットさせるというカントの考えが、これらの箇所において示唆されていると理解することができる。もちろん、このように結論を下すからといって、道徳的に推論しているときにはわれわれはそのような調和から推論していると考える必要はない。そのように〔道徳的推論の基礎として〕考える代わりに、この調和を、道徳性がわれわれにその達成の仕方を教えるものとして理解することも可能だろう。この調和がどのように達成されるかは別として、行為タイプに対応するものとして提案された自然目的が、すべての人間の目的が体系的に調和するために必要となり、それゆえ、その自然目的を行為者が意欲せねばならない、ということを何らかの仕方で明らかにすることができれば、理性的存在者が諸目的の調和にコミットするという考えは普遍的法則の方式を解釈するための手助けとなるだろう。

問題が生じるのは、欺くつもりでの約束の事例をペイトンが分析する際である。ペイトンは、約束の目的は信用と相互信頼とを生み出すことだと示唆することによって、約束の事例にも目的論的矛盾解釈を読み込む。欺くつもりでの約束は信用を破壊し、そのことによって普遍化は約束の目的を不可能にする。ペイトンは次のような注釈を入れる。

カントが述べていることはある程度までは十分に正しいが、道徳判断の基礎についてはは満足のいく説明が与えられていないので、さらなる前提を付け加える必要がある。その前提とは、そのような約束を守ること、そして、そのことによって引き起こされる相互信頼が人間の諸目的の体系的調和に含まれる本質的要素だということである。[21]

すなわち、目的論的体系は約束を必要とするということをわれわれは前提にしなければならないのである。われわれはここで一つ目のヘーゲル的批判と似た問題に直面することになる。

ペイトンの見解においても単純な見解においても、目的論的分析は、（自殺の事例における生命維持のような）自然目的であれ、あるいは、人間の目的が体系的に調和するために必要となる目的であれ、特定の目的へのコミットメントを必要とする。これらの目的を自然的行為と慣習的行為とに割り当てるために目的論的考察が導入される。それを導入することに伴う困難とは、それらの目的は、行為者が欲することと、あるいは、合理的に欲さねばならないことと、さらには、すべての人間が欲することとさえも、何ら関係がないということである。行為者がこの目的にコミットするということをわれわれが示すことができない限り、この体系は目的を必要としないので、目的論的仕組みを必要とすることもないと述べることが可能である。

この問題は、格率を定式化する際にあらかじめ含まれている行為者自身の目的の実現が妨げられるということに依拠する実践的矛盾解釈によって、解決されるだろう。

《III》実践的矛盾解釈

〈考えることにおける矛盾テスト〉の実践的矛盾解釈[*22]に従えば、道徳に反する格率の普遍化に含まれている矛盾とは、格率が普遍化された世界において行為者は、この行為者自身の目的――すなわち、格率のなかで特定された目的――を実現するためにその格率に従って行為することが不可能になるというものである。この行為者は自分の格率に基づいて〔その格率に含まれる自分の目的を実現するために〕行為しようと意欲するので、その格率に基づいて行為することができなくなる結果として実現が妨げられるのは、〔自分の格率に含まれている〕自分の目的である。この解釈が正しいならば、行為の格率をテストする際に、その格率の定式化のなかに常に目的が含まれていることが必要である。この矛盾にとって重要なことは、この目的に関して何が生じるかということである。

このテストは基本的には、あなたがあなた自身の目的を実現するために行おうとする行為がその目的を実現するための標準的手続きだと想像することによって、実行される。[*23]このテストによって禁じられていることが明らかになる行為を正確に描写すれば、その行為とは、それが例外的な場合にのみ目的を実現するための〔手段としての〕有用性をもつような行為である。普遍化されることによってもはや当該の目的を達成するための手段として役立たなくなるような行為が、この種の行為である。このテストは不公正、欺き、ペテンを暴き出すと言えば、以上の説明を直観的に理解することができるだろう。たとえば、欺くつもりでの約束の事例における〔登場人物が抱える〕難点とは、この人の格率が普遍的法則として妥当する世界においては、金を得るというこの人がもつ目的を、欺くつもりで約束をするというこの人が用いる手段によっては達成できないということである。金を確実に得るための手段として欺くつもりでの約束が役に立つのは、すべての人が同じ仕方で約束を用いるわけではない場合のみである。〔返却の〕約束が金を借りるための有用な手段である唯一の理由は約束が信用されるということであり、約束が信用されるのは約束が通常は守られる場合に限られる。この人は約束を手段として用いようとするがゆえに、〔この人の格率が普遍的法則として妥当する世界においては〕この人の目的が達成されるということは決してなく、この目的の実現は妨げられる。格率が普遍的法則として妥当する世界と格率自体とを（カントが述べるように同時に）意欲する際に、この人は自分自身の目的の実現が妨げられることを意欲しているのである。カントが述べるように、この人は「約束自体とその約束によって達成される目的とを不可能にする」（G 422）。このテストを以上のように考察することによってさらに、普遍的法則テストに違反する際にあなたは他者を単なる手段として用いているということが明らかになる。ほとんどの人がそれをしない場合にだけうまくいくことをあなたがするならば、あなたの行為がうまくいくのはそのほとんどの人の行為のおかげである。欺くつもりでの約束の事例での欺きが有用な手段なのは、ほかの人々の正直さのおかげである。

実践的矛盾

この見解、あるいは、この見解のひとつのヴァージョンを擁護する人々でさえも、実践的矛盾を理論的意味とは異なる弱い意味での矛盾として記述することがある。[*24] これは正しい理解ではない。カント倫理学の基礎には、実践に特有な理性使用があり、この理性使用は理論理性の適用とは同じではないという考えがある。理性の実践的使用のうちには、「矛盾」の実践に特有な意味が含まれている。このことを示す論証が、この解釈を支持するためのほとんど決定的とも言うべき論証だと私には思われる。

三つの種類の命法を提示し終えた後で、カントは仮言命法は分析的だと述べる。このことは、通例の解釈では次の二つのことを意味する。すなわち、この言明によって表現されている関係は概念的包含(conceptual containment)関係だということ、ならびに、その反対ないしは否定は明白な矛盾だということである。〔自分の目的に〕関連する仮言命法に従い損ね、よって自分自身の目的を実現できない、ということのうちに矛盾がある理由は、直観的に理解することができる。ある目的を意欲し、その目的を実現するためにはある手段が必要であり、さらに、その手段を自分が使用することができるということを知っている人が、この目的の意欲とは無関係な事柄がこの手段を使用しない理由となっているわけではないにもかかわらず、この手段を使用するように全く動機づけられないとすれば、この人は非合理的である。この非合理性が帰するのが結局のところ矛盾だと思われる。*25 ここに矛盾があるということの意味は、そのような人は目的を意欲し、かつ、その目的を意欲していないかのように行為していると述べることによって、理解されるかもしれない。しかし、カントはこのように述べるよりもうまく表現している。というのも、カントは仮言命法の分析性の基礎にある包含関係をも説明しているからである。

目的を意欲する人は誰でも、理性がその人の行為に決定的な影響力をもっている限りにおいて、その目的を実現するために必要不可欠で、その人が使用することができる手段をも意欲する。意志に関して言えば、この命題は分析的である。というのは、結果としての客体を意欲することのうちには、行為する原因としての私の因果性、つまり、手段の使用がすでに考えられており、この命法は目的の意欲という概念から目的を実現するための必然的行為という概念を導出するからである。(G 417)

この論証の基礎にある考えが、カント倫理学全体において中心的役割を果たしている。すなわち、意欲するとは自分自身を原因と見なすことだという考えである。『基礎づけ』第三章の最初の論証のなかでカントが述べているように、意志は「合理的である限りでの生物の因果性」(G 446) である。合理性が自律を必要とし、この自律が道徳的義務の基礎であるということが分かるのは、われわれがわれわれ自身を単なる原因としてではなく、自由な原因ないしは初発の原因 (the first cause) として見なさねばならないからである。右で挙げた論証のなかでカントが重視するのは、意欲するとはあなた自身を当該の目的の原因として、つまり、目的の実現を意欲する者として見なすことだという点である。この点において、意欲することと (willing) と、単に欲すること (mere wanting) や願望すること (wishing)、欲求すること (desiring) とが区別される。あなた自身を目的の原因だと見なすということは、その目的の実現をもって終わることになる因果的連鎖を始める者としてあなた自身を見なすということである。このような者としてあなた自身を見なすということは、あなた自身をあなたにとって使用可能な因果的連鎖を使用する者だと考えるということである。ところで、あなたにとって使用可能な因果的連鎖とは、定義上、「手段」のことである。よって、目的の意欲のうちには手段の意欲が含まれている。言い換えれば、あなたが合理的である限りにおいて、目的の意欲はすでに手段の意欲なのである。仮言命法から逸脱して行為することが矛盾しているのは、目的の意欲と手段の意欲とが、実践理性の論理において、「包含」関係にあるからである。このように考えることによって、実践的矛盾（意志における矛盾）の意味が理解される。この実践的矛盾は、「理論的」矛盾とは異なるが、それと比べて弱いわけではない。

仮言命法の分析性が含意する矛盾の種類が実践的矛盾であるがゆえに、この実践的矛盾が定言命法テストのなかで使用されていると考えることは理に適っている。実践的矛盾解釈によれば、道徳に反する格率を普遍化することによって生じる矛盾はこのような矛盾であり、まさにこの矛盾を定言命法テストが明らかにするのである。格率が普遍的法則として妥当する世界において、欺くつもりで約束する人がその格率を形成する際に基礎とした仮言命法はもはや真ではない。その仮言命法は、「すぐに使える現金を欲しい場合には、あなたは欺くつもりで約束すべきだ」というものである。格率を形成する際にこの人はこの仮言命法を使用するのと同時に、約束が偽（false）となるであろう事態（この格率が普遍的法則として妥当する世界）を意欲することによって、約束が無用になること（falsification）をも意欲している。この世界では、欺くつもりでの約束はすぐに使える現金を手に入れるための手段ではない。それゆえ、カントが明確に実践的な「矛盾」理解を有しているというだけではなく、矛盾テストのなかでカントがこの〔明確に実践的な意味での〕矛盾を使用していると理解されるべきなのである。

ヘーゲル的批判

論理的矛盾解釈をとる場合と同様に、実践的矛盾解釈をとることによって、われわれはヘーゲル的批判に答えることが可能になる。さらに、実践的矛盾解釈をとることで、この批判が普遍化可能性テストの道徳的重点を理解し損ねている理由がより明確に示されもする。一つ目のヘーゲル的批判は、普遍化可能性テストは空虚だというものである。〔すなわちこの批判によれば、〕寄託物〔制度〕や約束のような実践を含まない体系には矛盾が含まれていない。論理的矛盾解釈の擁護者たちは、矛盾はその実践を含まない体系のうちにあるわけではないと答え、さらに、矛盾はその実践を含まない体系のうちでまさにその実践に携わる行為者のうちにあると答える。実践的矛盾解釈を基礎とすれば、われわれはよりうまく答えることができる。この格率の普遍化を意欲しようと試みている人は、そのことによって、寄託物〔制度〕や約束のような実践が存在しない状況を意欲しているだけではない。この人は、自分の目的を実現するためにその実践を使用することを意欲しており、まさにそれを理由として、その実践が存在することをも意欲しているのである。たとえば、欺くつもりでの約束の普遍化を意欲する人は、金を得るために欺くつもりでの約束を使用することをも意欲している。しかし、この人は、約束が受け入れられなくなる状況を意欲すると同時に、〔金を得るという〕この人自身の目的を実現するために約束を用いるということを合理的に意欲することはできない。なぜならば、約束が受け入れられなければ、約束はこの人の目的を実現するための手段にはならないからである。よって、実践的矛盾解釈を基礎とすれば、すべての人が寄託物〔制度〕の存在を欲するとカントが前提にする必要はない、というかたちでヘーゲル的批判に答えることになる。この事例で描かれている人は寄託物制度が存在することを欲しているが、それはこの人が自分の目的を実現するための手段としてこの制度を使おうとしているからである。はっきりと言えば、この人は不公正なのだ。

二つ目の批判は、このテストは強すぎるというものだ。「貧者を救え」〔という命令〕を普遍化することはできない。なぜなら、すべての人が貧者を救った場合には、貧困がなくなり、救うべき人がいなくなるからである。実践的矛盾解釈は、この批判に対して容易に——しかも、明確な方法で正確に——答える。貧者を救う際にある人がもつ目的は、貧者を貧困から解放することである。格率が普遍的法則として妥当する世界においてある人の目的の実現が妨げられる場合にのみ、その世界とその人の意志とが矛盾する。〔この事例における格率が普遍的法則として妥当する〕貧困のない世界は〔貧者を貧困から解放するという〕この目的とは矛盾せず、むしろ、この世界はこの目的を〔この目的を含む格率をもつ人がひとりで貧者を救うという仕方とは〕異なる〔よりよい〕仕方〔すなわち、すべての人が貧者を救うという仕方〕で実現しているのであり、〔この世界とその人の意志との間に〕矛盾は生じていない。*26

考えることにおける矛盾と意志における矛盾

この解釈にはほかにも優れた点がある。それは、この解釈をとることによって、同じ意味での矛盾を用いて二つの矛盾テストを解釈しつつも、この二つのテストを区別することができるという点である。〔二つのテストの区別という〕この問題に対して、ほかの二つの解釈であればどう答えるかを考えてみよう。論理的矛盾解釈をとる場合、〈意志における矛盾テスト〉のために全く違う種類の矛盾を探し出す必要がある。

なぜならば、カントの見解が、この〈意志における矛盾テスト〉には考えることの論理的不可能性〈logical inconceivability〉は含まれていない、ということであるのは明らかだからである。論理的矛盾解釈の主たる利点は、合理性に関してある程度議論の余地が残されているような前提が、この解釈には含まれていないという点である。道徳に反する格率を普遍化する際にこの解釈が突きとめる矛盾は、よく知られた種類のものである。しかし、意志における矛盾を理解するためにほかの前提を設けねばならなくなるとき、この利点は失われる。考えることにおける矛盾を解釈する際に論理的矛盾解釈を支持する人々が、意志における矛盾に関して功利主義的見解、あるいは、目的論的見解を提示するはめになってしまうことがある。しかし、功利主義的読解には一つ目のテストに関して生じたものと同様の問題が生じてしまう。すなわち、その読解は、〔あらかじめ〕道徳性を含んだ合理性の構想を前提にしてしまうという問題である。その一方で、目的論的解釈には、この二つのテストを十分明確に区別するための余地がないように思われる。考えることにおける矛盾に関して、何らかの特定の本能や行為がそれに対応する特殊な目的に最もよく適合しているわけではないということが判明したと誰かが述べていると想定しよう。そうであれば、意志における矛盾に関して、目的論的体系にとって、あるいは人間の目的の体系的調和にとって、必要な何らかの積極的善をわれわれは失ってしまう。しかしながら、〔目的論的矛盾解釈をとる場合〕この〔〈考えることにおける矛盾テスト〉と〈意志における矛盾テスト〉という〕両者の違いが〔そもそも〕全く明確ではない。人間の目的の調和にとって約束が必要だと仮定することがなければ、ペイトンは欺くつもりでの約束の事例のなかに矛盾を見つけることができなかったということを思い出そう。この〔〈考えることにおける矛盾テスト〉と

〈意志における矛盾テスト〉とを、目的との適合性を同じ仕方で吟味するテストとして理解せざるをえないという〕問題によって、この二つのテスト〔の区別〕が崩壊するに至る。

さて、それでは実践的矛盾解釈について考察しよう。目的の実現が妨げられることが実践的矛盾なのだとすれば、意志における矛盾も〔次のように〕同様の仕方で理解されねばならない。われわれは意志に本質的に帰属している何らかのひとつの目的、あるいは、複数の目的を見つけねばならない。意志における矛盾テストを通過することのできない格率が普遍的法則として妥当する世界において、この本質的目的の実現が妨げられる。なぜならば、〔その世界においては〕その目的を実現するための手段を使用することができないからである。意志にとって本質的だと考えられるであろう目的の例は、目的追求における意志の一般的有用性、ならびに、新しい目的を採用しそれを追及する意志の自由である。〔『基礎づけ』において意志における矛盾を適用することによって作り出される〕自己陶冶と助け合いとを肯定するための論証は、人間の才能と能力を陶冶することがなければ、あるいは、相互に協力することがなければ、意志の有用性と意志の自由の実現が妨げられるだろう、というものである。もちろん、これは単なる素描に過ぎない。どのような目的が意志にとって本質的であり、その目的が本質的であることがいかにして示されうるかを厳密に追究することは、それ自体でひとつのトピックであり、この点についてここでこれ以上考察するつもりはない。重要なことは、実践的矛盾解釈によって、ほかのどの解釈よりも、この二つのテストの関係をよりうまく説明できるということである。論理的矛盾解釈は、この二つのテストの違いを〔この両者それぞれにおいて〕異なる種類の矛盾が使用されているという点に求めるが、違いはそこにはない。けれども、〔実践的矛盾解釈は、それとは異なった仕方で、次のように、〕この二つのテストを区別することができる。〈考えることにおける矛盾テスト〉を通過し損ねる格率の場合、実現を妨げられる目的はその格率自体のうちに含まれる目的である。よって、この矛盾は普遍化された格率のうちにあると言うことができる。〈意志における矛盾テスト〉において実現を妨げられる目的は格率のうちに含まれる目的ではなく、[*27]意志にとって本質的な目的である。

自然的行為という問題

実践的矛盾解釈は、論理的矛盾解釈と同様に、とりわけ悪い慣習的行為をうまく扱うことができる。しかし、うまく扱うことができる理由は少しばかり異なる。論理的矛盾解釈に従えば、矛盾が生じるのは、行為者が慣習的行為を行うことを意欲はするが、この行為者がこの種の行為がもはや存在しない事態をも意欲するためである。実践的矛盾解釈に従えば、矛盾が生じるのは、行為者が慣習的行為を行うことを意欲するが、この行為者がこの行為がもはや役立つことのない事態をも意欲するためである。実践というカテゴリーに含まれる行為をわれわれが扱っているときには、行為がもはや役に立たない理由がその行為がもはや存在しないということであるがゆえに、この両解釈は容易に混同されてしまう。しかし、実践的矛盾解釈によれば、本当に重要なのは、〔その行為が〕存在しないことではなく、有用ではないということなのである。

以上のように考えることで、実践的矛盾解釈を用いることによって、自然的行為に関して少なくともいくつかの不作為の義務を導出できるようになる可能性が生じる。自然的行為は、誤って使用されたとしても、なくなってしまうことなく存在し続ける。しかし、例外的に使用される場合にのみ、ある目的〔の実現〕にとって有用な自然的行為があるかもしれない。この点についての考察は、目的がどのようなものとして理解され、それがどのように記述されるかに大きく左右される。〔記述の仕方に応じて〕自然的でも慣習的でもありうる行為のひとつの事例は、窃盗である。所有（property）は実践であるがゆえに、窃盗は完全に慣習的であるかのようにも思われるが、しかし、生産と行為の手段について、特定のときに特定の人に対してその使用が保証されていない経済体系を想像することは難しい。*28〔経済体系のなかで〕保証されたこの権利をどのようなかたちであれ侵害することが「窃盗」であろう。さて、窃盗の目的が私的使用や私的所有（あなたが欲しいものをあなたが使いたいときに使うということ）のために何かを手に入れるということであり、あなたと同じ状況にいるすべての人――〔私的使用・私的所有の〕権利はもっていないが〔あなたが欲しい〕その何かが欲しいすべての人――が、その何かを（それを手に入れるための標準的手続きとして）窃盗すると仮定すれば、この条件のもとであなたが欲しいその何かを使用したり、使いたいときに使うために所有することは全く不可能だということが理解されるだろう。ここでの考えは、泥棒が本当に欲しいのは、何かを自分の財産にすること、つまり、その泥棒がそれが欲しいときに手に入れられるというある種の保証だということである。それゆえ、この泥棒の格率が普遍化されれば、この泥棒の目的の実現は妨げられる。

これは自然的でも慣習的でもありうる行為の事例であるが、同様の分析が、純粋に自然的な行為にも当てはまるかもしれない。ここでは馬鹿げた事例について考えてみよう。あなたが職探しの競争における二番手の候補者であり、あなたよりも見込みのある競争相手に勝つための方法としてその人を殺すことを考えているとしよう。これは普遍化されうるのだろうか。殺人は自然的行為であり、慣習的行為ではない。この種の行為が悪用された場合にはその実践がなくなってしまう、と言うことはできない。というのは、その言明は全くもって理解不可能だからである。さらにまた、誰かを死に至らせるという単純なかたちで殺人の目的が特定されていると仮定したならば、どれほど多くの人を殺そうとも、あるいは、どのような殺し方をしようとも、そのことによって目的を実現するための殺人の有用性が無効になってしまうということもありえない。よって、このテストが役立つとすれば、それは殺人の目的を異なった仕方で特定する場合に限られる。われわれが言わねばならないことは、〔この事例において〕殺人の目的は仕事を確保すること（secure）であり、さらに、われわれが強調せねばならないのは、この仕事に——あるいは、どのような仕事であるにせよ、あなたがしている仕事に——誰かが就きたい場合には、〔この事例の格率の〕普遍化によって、あなたが被害者になるという事実である。さて、普遍化によって実現が妨げられる目的（生きたままでいるという目的）は、あなたの格率に含まれる目的（仕事を確保するという目的）とは異なるように思われるかもしれない。実際にそうだとしたら〔論証上〕まずいだろう。実際のところ、行為者の欲求や目的に関するいかなる情報をも〔格率の〕外部から持ち込むことなくこのテストを実行可能としているのは、格率が普遍的法則として妥当する世界において実現が妨げられる目的がその格率のうちに含まれているということである。実現を妨げられるのが〔格率には含まれてはいない〕ほかの何らかの偶然的目的であるのならば、このテストは、(i)人々が〔格率に含まれている目的とは〕別にどのような目的をもっているかに関する経験的情報を必要とし、(ii)〔その別の目的に関して〕異なる欲求をもつ人に対しては異なる結論を与えるという特異な仕方でテストとしての役目を果たすことになるかに思われる。両者ともカント主義者が避けたい結論である。次の点を指摘することでこの結論を避けよう。すなわち、いま考えた事例は、〔格率の〕外側から持ち込まれた目的の実現が妨げられる事例ではない。この事例においては生きたままでいることが重要である。なぜならば、生きたままでいることが仕事に就いていることの必要条件だからである。

この事例においてこのように述べるのは馬鹿げたことのように思われるかもしれない。しかし、これまでに述べてきたことは、一般的に言えば全く馬鹿げていないことのひとつの応用例である。『功利主義』においてミルが論じているように、正義が特にかかわりをもつのは、人間の関心の特別な対象、すなわち、安全（security）という対象である。安全は、いくつも存在するよいもののなかのひとつというだけではなく、カントの言葉遣いで表現すれば、ほかのものがよいものであるための条件である。

……しかし安全なしにやっていける人間は一人もいないだろう。安全があるおかげで、われわれは移りゆく瞬間を超えて、あらゆる害悪から逃れ、ありとあらゆる善の価値をすべて享受できているのである。というのは、次の瞬間にその時点で自分より強い誰かによってすべてのものが取り上げられてしまうとしたら、瞬間的な満足だけしかわれわれにとって価値のあるものにならなくなってしまうからである。[*29]

カント主義者であってもこの洞察を用いることが許される。何かを欲するということは、それを安全に所有することを欲するということである。目的を実現するために暴力的な自然的手段を使用することが普遍化されえないのは、このこと〔その手段が普遍的に用いられること〕によって〔目的という〕その価値あるものの所有が危険に曝されたままになり、所有における安全が失われることによって、その価値あるものがわれわれにとって全く価値のないものとなってしまうからである。よって、目的の安全な所有を行為者が欲するということが目的の一部として含まれている場合、われわれは暴力的手段の普遍化において実践的矛盾を得ることができる。加えて言えば、所有権が存在せねばならない理由に関してカントが「法論」において提示する論拠は、実際のところ、ミルの論拠とそれほど異なるところがない。すなわち、カントが述べるところでは、われわれがある種の価値あるものを安全に所有する必要があるのは、それらを成功裡に使用するためである（MM 246ff）。

自然的行為を扱うために私がいま提案した方法において重要なのは、次の問いである。すなわち、あなたがあなたの目的を、この目的が含む（その目的の安全な所有などの）すべての事柄とともに、あなたの行為がこの目的を実現するための普遍的方法である世界において、本当に実現することができるのかという問いである。〔自然的行為を扱うという〕この問題へとアプローチするためのほかの方法は、暴力が普遍的方法となった場合に、暴力が目的を実現するための方法として役立つことを可能としている社会的条件が存在するか否か、ということを検討することである。暴力的方法がその自然的結果を生み出すために必要とするのは自然法則のみだということは真であるが、しかし、この方法が社会的結果を生み出すためにはそれ以上のことが必要になる。たとえば、入学試験におけるカンニングを否定する論証を作るための最も単純な方法は、すべての人がカンニングを行えば、この入学試験が選抜の基準として使われなくなるということの指摘である。能力の低い多くの人が入学し、入学試験が役に立たないことが分かり、その後、ほかの何らかの方法が選ばれるだろう（「すべての人は入学試験を空虚な見せかけだと嘲笑するだろう」）。人々をある職に採用するということも同様である。人々をある職に採用するためには方法がなければならず、ひとつの方法が普遍的に悪用され（、その結果その方法が役立たなくな）る場合には、その悪用から影響を受けないほかの方法が探し出されるだろう。仕事を得るための殺人が普遍的に実践されるのであれば、一番手の候補者が職を得ることはない。その結果、かつての選抜プロセスを可能としていたことが、それがどのようなものであるにせよ、変化するだろう。おそらく、誰が候補者であるかが誰にも知らされないようになったり、自分がどのような職に就いているかを人々が秘密にするようになったりするだろう。もう一度述べておくが、この事例においてこの論証は馬鹿げているように聞こえるかもしれないが、しかし、この論証が明らかにしようと狙っている事柄は馬鹿げたことではない。カンニングは教育プログラムに参加するための主要な手続き、あるいは標準的な手続きではない。カンニングは本質的にほかの方法の存在に寄生しているのである。社会のなかで暴力が目的を実現するための方法として用いられる多くの場合にも、暴力はこの寄生的本性をもっている。

それゆえ、実践的矛盾解釈には、扱うことができる自然的行為の事例が存在する。〔扱うのが〕より難しい事例は、復讐のための殺人や憎悪に基づく殺人のような事例である。これらの事例で行為者が実現を欲しているのは、その行為の直接的結果であり、何らかの持続的状態ではない。よって、安全についての考察はこのような事例においては役に立たないだろう。[*30] 人間性の方式を用いればこれらの厳しい事例を難なく扱うことができるが、ここ〔普遍化可能性の解釈〕で必要となる種類のいかなる矛盾をも〔これらの事例のなかに〕見つけることは難しいだろう。この問題は自殺の事例にも同様に当てはまる。実践的矛盾解釈に基づきこの事例を分析することはできない。というのは、自殺の目的が自分自身の苦悩からの解放であるとすれば、自殺が普遍的に実践されたからといってその目的の実現が妨げられることはないだろうからである。〔カント倫理学のなかには、〕この問題と類似した重要な問題がある。行為者の周りにいる他者が状況のなかにすでに悪を持ち込んでいるような事例を扱う場合には、カントの理論は最も役に立たず妥当でもなくなってしまうのである。命を狙われている人を家に匿っている際に、その人を殺そうとしている人が家に訪ねてきた場合、〔その人はいないと〕嘘をつくことが許されるかどうかについてのベンジャミン・コンスタンとのカントの議論、ならびに、革命への権利は決して存在しないというカントの主張は、あまり知られてはいないが、他者が犯す悪事を防ぐか正すかしようとわれわれが試みることをカントが妨げようとしている事例である。精神的に何かがうまくいっていない事例、すなわち、問題が普通の目的ではなく、病的目的を利己的に追求することであるような事例に関して、カントが何を言うのかを明らかにしようとする際にも同様の困難があると私は考える。これらの事例に対してカントが説明を与えることができないと私は言っているわけではない。しかし、カントの見解の枠組みとなっている種類の事例、ならびに、この見解が最もうまく扱うことのできる事例は、自分を例外化するという誘惑である。この誘惑は、自分本位、卑劣さ、利益重視、他者の権利への無関心などの言葉で表現される。道徳に反する行為に関するカントの〔見解を理解・活用するための〕ひな型として役立つのは、この種の事柄であり、絶望や病気から発する暴力的犯罪ではない。この点に関してわれわれがカントを非難できるとは私は思わない。というのは、多くの人が日常のなかで誘惑される種類の悪は、ほかでもなくこのようなものだからである。

結　論

カントは以上の三つの解釈の違いに気づいておらず、それゆえにこそカントのテクストのなかにこの三つの解釈それぞれすべてを裏づける言い回しが見出される、ということも考えうる。ある種の事例においては、この三つの解釈は極めて似通っている。道徳に反する行為に実践の悪用が含まれている場合、論理的矛盾解釈ならば、あなたが〔その行為の格率を〕普遍化することができない理由として、実践が存在しなくなり行為を考えることが不可能になるだろう、と述べる。目的論的矛盾解釈であれば、あなたが〔その行為の格率を〕普遍化することができない理由として、目的論的体系のなかでその実践の自然目的であろうものにとってその実践が最適ではなくなるだろう、と述べる。実践的矛盾解釈であれば、あなたが〔その行為の格率を〕普遍化することができない理由として、実践が消え去ってしまえば、当然その行為はもはやあなたの目的を実現するために有用ではなくなるだろう、と述べる。これらの三つの分析は極めて似通っており、この種の事例にとっては〔分析間の〕違いは重要ではない。違いが現れてくるのは、自然的行為によって作り出された問題、ヘーゲル的批判、さらに、われわれが行った分析を意志における矛盾へと正しい道筋を通って拡大する必要について考え始める場合のみである。実践的矛盾解釈は、常に完全な成功を収めるというわけにはいかないが、ほかの二つの解釈と比べてよりうまくこれらの問題を扱うことができるというのが私の見解である。

しかしながら、実践的矛盾解釈を肯定するための最良の論拠は、カントが仮言命法を分析する際に特定する矛盾の意味をこの解釈が利用するということである。理性的存在者が格率とその格率の普遍化とを矛盾なしに同時に意欲することができるか否かを決める際に、それぞれの解釈は合理性についての何らかの観念を前提にせねばならない。論理的矛盾解釈が利用するのは、理論的合理性と同じ矛盾の観念であり、このことは〔この解釈の〕大きな利点である。しかし、われわれが意志における矛盾に着目し、〔矛盾の〕異なる解釈を必要とする場合に、この利点は失われる。目的論的矛盾解釈は、目的の調和を目指すという〔論理的矛盾解釈よりも〕幾分か豊かな合理性の観念を利用する。純粋理性は目的の調和を目指すということがカントの見解だと私は考えるが、しかし、この調和がどのように実現されるかを教えてくれるのは道徳性のみである。われわれは、〔目的の調和という〕この理念から道徳的に推論を行うということはできないのである。実践的矛盾解釈が利用する合理性と矛盾の観念は実践に特有のものであり、この矛盾は因果性としての意志という観念から生じる。この観念は、道徳性をあらかじめ含んでいる観念ではない。というのは、カントの見解ではこの観念は道具的合理性を説明するために必要になるものだからである。

さらに、この同じ観念が、道徳法則がわれわれに適用される理由を説明する際にも利用される。実践的矛盾解釈によって、普遍的法則の方式に一致することが理性の要求であることの理由を、自律の観点から素描的に説明することが可能になる。この説明の出発点は、理論的推論との類似点である。あなたは、理性的存在者として、二つの出来事の連関を因果的連関と見なすことができる。この連関は、あなたが突きとめた原因が結果を産出するのに実際に十分である場合には、常に妥当せねばならない（普遍的に妥当せねばならない）。あなたが突き止めたものが法則であるのは、このような場合のみである。合理的意志は、自分自身を因果性として見なすことによって、因果法則を基礎とした自分の法則の構想を作り上げる。あなたは、理性的存在者として、あなたがもっている目的とその目的を促進するであろう行為との連関を、その行為を行う理由と見なす。けれども、その理由が十分である場合には、この連関は普遍化可能でなければならない。あなたが突きとめたものが法則であるのは、このような場合のみである。普遍化可能性が行為と目的との連関を破壊する場合、目的は行為の十分な理由ではない。実践的矛盾解釈に従えばこのような仕方で、〈考えることにおける矛盾テスト〉によって道徳に反する格率が客観的で実践的な法則として不適合であることが示される。自律的な理性的存在者として、あなたは法則についてあなたがもっている構想に基づいて行為せねばならない。これが、自律が普遍的法則の方式との一致を必要とする理由である。[*31]

原注

＊1　カントの倫理学関連の著作に言及する際には、以下の略記を使用する。その略記に続いて記述される数字は、アカデミー版のページ数である。

G＝『道徳形而上学の基礎づけ』（『人倫の形而上学の基礎づけ』）

C_2＝『実践理性批判』

MM＝『道徳形而上学』（『人倫の形而上学』）

〔コースガードは、これらの著作に言及する際にアカデミー版のページ数のほかにも、彼女が使用している英訳のページ数を記述しているが、本邦訳においては後者は省略する。〕

＊2　Immanuel Kant, *Religion Within the Limits of Reason Alone*, translated by Theodore M. Greene and Hoyt H. Hudson. Harper Torchbooks, 1960, p. 5. 〔アカデミー版では、第Ⅶ巻の五頁。〕

＊3　これらはもちろん一般的カテゴリーであり、すべての解釈者の見解にこれらのカテゴリーを当てはめることによって、それぞれの見解を歪めてしまうことになるかもしれない。というのは、それらの見解にはわずかながらも相違があるからである。しかしながら、これらのカテゴリーは主要な種類の読解方法を代表しており、重要な解釈者のうちの幾人かの見解を本稿にて提示する際に私がそれらをどのように分類しているかを示すための指標となると思われる。

＊4　『基礎づけ』第二章の最後の段落（G 444-445）、さらに、アカデミー版四二〇頁の最後の段落全体も参照。

＊5　John Stuart Mill, *Utilitarianism*, in *Mill: Utilitarianism with Critical Essays*, edited by Samuel Gorovitz, Bobbs-Merrill Text and Commentary Series, p. 15. 〔本文中の引用文は、基本的には以下の邦訳文献のものを用いたが、訳語の一貫性のために部分的に修正した。ミル「功利主義」川名雄一郎・山本圭一郎訳、『功利主義論集』所収、京都大学学術出版会、二〇一〇年、二六一頁。〕

＊6　ディートリクソンの解釈に関しては次の文献を参照。Paul Dietrichson, "Kant's Criteria of Universalizability" in *Kant: Foundations of the Metaphysics of Morals: Text and Critical Essays*, edited by Robert Paul Wolff. Bobbs-Merrill, 1969. この論文は次の文献を基礎としている。Paul Dietrichson, "When is a Maxime Fully Universalizable?" *Kantstudien*, Band 55, 1964. ケンプの解釈に関しては次の文献を参照。J. Kemp, "Kant's Examples of the Categorical Imperative." *The Philosophical Quarterly*, vol. 8 No. 30, 1958. この論文は、前掲の *Kant: Foundations of the Metaphysics of Morals: Text and Critical Essays* にも再録されている。アレン・ウッドがこの解釈を取っているという私の判断の根拠となるのが次の

論文である。Allen Wood, "Kant on False Promises" in *Proceedings of the Third International Kant Conference*, edited by Lewis White Beck. Dordrecht Holland: D. Reidel, 1972.

＊7 Dietrichson, "Kant's Criteria of Universalizability" in *Kant: Foundations of the Metaphysics of Morals: Text and Critical Essays*, p. 188.

＊8 この論点に関する優れた考察を含むものとして、次の文献を挙げておく。Onora Nell (O'Neill), *Acting on Principle: An Essay on Kantian Ethics*. Columbia University Press, 1975. 私はこの著作のすべての点に同意しているというわけではないが、この著作を知っているすべての人にとって明らかなように、私はこの著作に多くを負っている。

＊9 『道徳形而上学』において正義の義務を導出する際にカントは普遍的法則の方式を用いてはいない。その代わりに彼が用いるのは、われわれの行為は普遍化可能な外的自由と両立すべきだと述べる正義の普遍的原理である（MM 230-231）。しかし、『基礎づけ』においてカントが示唆しているのは、権利侵害は欺くつもりでの約束と同じ点で誤っているということであり（G 430）、さらにこのことは、権利侵害〔の禁止〕は〈考えることにおける矛盾テスト〉から導出可能であるべきだということを示唆している。加えて言えば、正義に反すること（injustices）が、その定義上、普遍化可能な外的自由と両立せず、その正義に反することの普遍化がそもそも何かを示しているとすれば、それを考えることにおける矛盾だと考えることは理に適っている。

＊10 John Rawls, "Two Concepts of Rules," *Philosophical Review* 64, 1955.〔ロールズ「二つのルール概念」深田三徳訳、『公正としての正義』所収、田中成明編訳、木鐸社、一九七九年、二八九～三三五頁。〕

＊11 この考察の意図は、ヘーゲルによるカント倫理学批判の全体を論じ尽くすことではもちろんない。私が意図していることはただ、二次文献のなかで繰り返し現れ、その起源として通常はヘーゲルの名前が挙げられる批判のいくつかを扱うということだけである。

＊12 H. B. Acton, *Kant's Moral Philosophy*. Macmillan, St. Martin's Press, 1970, pp. 24-25.

＊13 F. H. Bradley, "Duty for Duty's Sake," Essay IV *in Ethical Studies*. (1876), Oxford, 1970, p. 155.

＊14 H. J. Paton, *The Categorical Imperative*. (1947), University of Pennsylvania Press, 1971, pp. 146-157.〔ペイトン『定言命法——カント倫理学研究』杉田聡訳、行路社、一九八六年、二一四～二四一頁。〕

＊15 Lewis White Beck, *A Commentary on Kant's Critique of Practical Reason*. Chicago, 1960, pp. 159-163〔ベック『カント『実践理性批判』の注解』藤田昇吾訳、新地書房、一九八五年、一九八～二〇一頁〕; Bruce Aune, *Kant's Theory of*

Morals. Princeton, 1979, pp. 59ff.

＊16　Paton, *The Categorical Imperative*, p. 151.〔前掲訳書、二二一頁。〕

＊17　この点が明らかになるのは、ペイトンの次の言明においてである。目的論的言葉遣いをカントが直接的に用いる箇所のひとつについて考察する際にペイトンは、この事例においては、「……カントはより強い基礎のうえに立っている。ここでカントの目的論はより明確である……」と述べる。以下の箇所を参照。*The Categorival Imperative*, p. 155.〔前掲訳書二二七～二二八頁。〕

＊18　この見方はペイトンの見解には反する。ペイトンの考えではこの事例は、カントが範型を通常の因果法則と見なそうとしていたことを示す最良の証拠であり、この事例はよい事例でもない。以下の箇所を参照。*The Categorival Imperative*, p. 148.〔前掲訳書二一七～二一八頁。〕

＊19　Paton, *The Categorical Imperative*, p. 140.〔前掲訳書二〇六頁。〕

＊20　Immanuel Kant, *Critique of Pure Reason*（1781 and 1787), translated by Norman Kemp Smith, Macmillan, St. Martin's Press, 1965, p. 560, A 686-687/B 714-715).〔Aは、カント研究において慣例的に用いられている『純粋理性批判』第一版において該当する頁数、Bは第二版において該当する頁数である。〕

＊21　Paton, *The Categorical Imperative*, p. 153.〔前掲訳書二二五頁。〕

＊22　この見解は、マーカス・シンガーの『倫理学における一般化（*Generalization in Ethics*）』〔書誌情報は注26を参照〕において支持されており、さらに、この見解のひとつのヴァージョンが〔注8でも言及した〕オノラ・ネル（オニール）の『原理に基づく行為――カント倫理学についての論文集（*Acting on Principle: An Essays on Kantian Ethics*）』において支持されている。

＊23　このテストが最も円滑に進むのは、テストされる格率の背景にある仮言的推論（hypothetical reasoning）が純粋に道具的な場合である。格率の普遍化に関して、生計を立てるために医師になるということにかかわる（すべての人が同じことをできるわけではないだろうという批判〔が明らかにするような〕）問題と似た問題が生じるのは、その推論が〔格率の形成にとって〕本質的であるがゆえである。医師であることは、行為者が欲する種類の諸特徴をもった職業のひとつの例である。われわれがそれらの特徴をより細かく特定すればするほど、格率のなかに組み込まれているはずのテスト可能な理由をわれわれはより正確に知ることになる。

＊24　たとえば、以下を参照。Singer, *Generalization in Ethics*, p. 259. 格率が普遍的法則として妥当する世界のなかでこの格率に基づいて行為することの不可能性が強調されていると

いう点において、このテストのネル〔オニール〕のヴァージョンは実践的矛盾解釈と似ている。けれども、彼女は、自壊（self-defeat）や自滅（self-frustration）といった観念を使うよりも矛盾という観念を使う方が明確だということを理由に、カントが自然法則の方式（the Law of Nature formulation）に依拠していると想定している。この点については以下を参照。*Acting on Principle*, p. 63. 仮言命法が分析的だとカントが考えているということを彼女は注記しているが、彼女の見解ではこれは厳密な意味においてではない（p. 70n）。

＊25　このようなことは生じないと述べる誘惑に駆られる人もいるかもしれない。ある目的を意欲しつつも、それを実現するための手段を用いようとしない人にとっては、その目的の意欲とは無関係な事柄が、常に手段を使用しない理由となっているのかもしれない、というわけだ。このように考える誘惑に負けてはならない。カントの考えでは、われわれは不完全に合理的である。このことのひとつの意味は、われわれが理性から影響を受けない場合、われわれにはその理由が常にあるわけではないということである。〔理性から影響を受けない場合には、〕非合理性が常に原因となっているということもありうる。落ち込んでいるために、目的を実現するための手段を使用しない人がいるかもしれない。このことを、理由の型（「私は疲れているので、いまの私にとってそれは価値がない」）を用いて無理に表現することはできる。行為者自身は、このことをこのような仕方で扱おうという気持ちの傾きを感じるだろう。しかし、この行為者には手段を使用しない理由があると述べることは、〔この事例において〕実際に生じている事柄を記述する最良の方法ではないだろう。この行為者が無気力な場合でさえも、この行為者が手段を使用した方がより賢明だとわれわれが考える場合には、落ち込んでいることが採用可能な諸理由の構造を変化させると述べるよりはむしろ、この落ち込みが非合理性の原因になっていると述べた方がよりよいとわれわれは考えるだろう。

＊26　この点については、以下の文献の考察を参照。Singer, *Generalization in Ethics*, (1961) Atheneum, 1971, pp. 279-292.

＊27　『基礎づけ』においてカントが挙げる〈意志における矛盾テスト〉の一つ目の事例においては、格率のうちに目的が含まれていない。しかし、この格率を採用する行為者にわれわれが目的を与えたとしても、重点は変わらない。自分の才能と能力とを陶冶しない人は、安楽に暮らすという目的をもっているかもしれない。しかし、〔この事例において〕実現が妨げられる目的は自分の合理的本性を陶冶することである。

＊28　対象の完全な管理、ならびに、その対象を使って何をしてもよい絶対的権利という特にロック的な意味（thick lockean sense）において、所有が存在すべきだと私は言おうとしているわけではない。私が言おうとしているのはただ、

人々が対象をある程度持続して使用する権利をもっていない社会は存在しえない、ということだけである。〔このことを理解するためには、〕たとえば、あなたが自分のオフィスにある家具をどのように「所有」しているかを考えてみればよい。約束のようなものをもたない体系を想像するのは〔所有のない体系を想像するのと〕同じくらい難しそうだということを、〔本論文の掲載誌の〕編者が私に指摘してくれた。そうであれば、この〔約束の〕事例もまた自然的でも慣習的でもありうる行為の事例である。

＊29　Mill, *Utilitarianism, in Mill: Utilitarianism, Text and Critical Essays*, p. 50.〔本文中の引用文は邦訳を用いた。前掲訳書三三〇頁。〕

＊30　われわれはここで安全についての考察を用いることはできない。復讐心に燃えた殺人者は殺すことを欲し、かつ、うまく逃げおおせることをも欲すると述べることによって、すなわち、この殺人者自身は次に殺されることを欲しないので、自分の復讐心に基づく格率を普遍化することができないと述べることによっては、安全性条件のようなものを得ることはできない。このようにわれわれが述べることができないのは、殺人者がうまく逃げおおせることを欲するかどうかをわれわれは知らないからである。この安全性論証がうまくいくのは、価値ある物の所有における安全性、あるいは、ある状況を継続することの安全性が、その価値ある物や状況を実現するための実際の条件である場合に限られる。〔この場合には、〕安全性と価値ある物や状況とは分離可能な目的ではない。しかし、うまく逃げおおせようとすることは、分離可能な目的である。つまり、うまく逃げおおせることは復讐することの条件ではない。うまく逃げおおせることを復讐の条件とすることを基礎にわれわれが論証を組み上げようとすれば、復讐心に燃え、〔捕まるという〕代償を払うことを気にしない殺人者は道徳的に問題がないことになるであろう、というのは注目に値する。

＊31　編者に感謝を申し上げたい。編者から頂いたコメントのおかげで、私はこの論文をより明確にすることができた。

訳注

★1　カントからの引用文に関しては、各種邦訳を参考にさせていただいた上で、コースガードが使用している英訳に即しつつ、訳者自身の責任で邦訳した。さらに、訳語に関しても一点だけ断っておきたい。Rational / rationality は本翻訳において基本的には一貫して「合理的／合理性」と訳出した。ただし、カント研究において ein vernünftiges Wesen / vernünftige Wesen の訳語として「理性的存在者」が定着しているため、a rational being / rational beings の場合にのみ、「合理的」ではなく「理性的」という訳語を採用し、それらを「理性的存在者」と訳出した。

第二章　性格のための余地を設ける★1

バーバラ・ハーマン（圓増文訳）

アリストテレス主義の倫理学とカント主義の倫理学がとても建設的な仕方で出会う過程で、いくつかのことが確立されてきたように思われる。とりわけアリストテレス主義の側から主張されてきた次のような見解は、いまでは広く受け入れられている。すなわち、道徳判断とは、法制度のやり方のように固定された諸ルールを特定の場面に応用する営みではない、という見解である。*1 一方では、その場面において何を行うのが正しいのかということは、その所与の状況に特殊なことは何であるのかに応じて、典型的にとまでは言わないにせよ、多くの場合変わるものだという認識があり、*2 他方では、せり出し（salience）★2 の必要性がある——すなわち、道徳判断の仕事の多くは、諸ルールのいかなる応用にも先立って、道徳的に関連のある事実を〔関連のないほかの諸事実から際立つもの、せり出すものとして〕特定の環境から取り出すその際に発生するのである。実際のところ、新生の徳倫理学の大きな功績のひとつは、哲学的な注目を、規則-基底的な実践三段論法のメカニズムの問題から逸らし、それに代わって、成長の結果獲得された複雑な道徳的性格がいかなる仕方で道徳判断の条件のうちに組み込まれるのかという問題に向けるようになった点にある。*3 有徳な性格をもつなら、われわれは、自分たちの性格が悪いものであったりそれより幾分ましであるにせよ欠陥のあるものだったりする場合とは異なる物事を見るのか、あるいは実践的に異なる重要性をもつような仕方でそれらの物事を見るのかのどちらかである。そして、自分が実際に見ているものがそう見えるようになったその経緯のゆえに、われわれは行為へと動かされる。

このアリストテレス主義の見解はまさにその通りだと私には思われる。さらに、〔アリストテレス主義が提案するこの〕道徳判断の特徴は、まっとうな道徳理論であればいかなるものであっても組み入れることができなければならない特徴だと思われる。この見解を組み入れるための余地をカント主義的道徳理論のなかに設けることが、この論文の主要な目的である。カント主義的理論にとっての主たる困難は、道徳判断を可能にする性格の一面が、非理性的(nonrational)★3 な力を含む能力だと同定されることに、あるいは、成長のために非理性的な力を必要とするような能力だと同定されることに起因する。しかし、カント主義的倫理学をヌーメノン★4 という重荷から解放しようとするなら、これこそまさに〔カント主義の倫理のなかに〕組み込まねばならない事実である。道徳的知覚が非理性的な力から直接に生じるという考えを否定することと――洗練された徳論者もこの点は否定するのだが――と、判断や行為にかかわるわれわれの能力において非理性的なものが何らかの役割を果たすことを否定することとは、全く別のことである。このことを正しく理解するための鍵となる考察のうちには、欲求と動機の基本的な関係を再検討することが含まれると私は考えている。すなわち、いかにして欲求が動機を生じさせるきっかけになるのか、また、そうなりうるのか、そして、今度はどのように理性的な動機が欲求の構造やその自然な成長過程に影響を及ぼすのか、こうしたことを再検討することである。[*4] この点を見誤ってしまうと、カント主義的倫理学において理性と性格の間に不必要な亀裂を生じさせることになる。

性格の概念に依拠した〔道徳〕判断についての構想は、規範的な面で凝り固まってしまうのではないか、とりわけ、特別な知覚能力の成長がその構想に含まれる場合に、そのようなことが起きるのではないか——こうした懸念から、私が取り組みたいと思っている別の論点が生じてくる。行為者がいかに「正しく理解する」のか、さらに、正しく理解することのうちに、動機についての別個の問いが存在しないのはなぜなのか。性格を基底とする判断は、こうした問題を説明するのに長けている。しかし、正しく理解するためには馴染みのない道徳的な現象を識別して評価しなくてはならない状況があり、しばしば道徳判断にはその仕事として、そうした状況において生じる実践的混乱を収拾することが求められる。私が思うに、〔徳倫理学の〕当初の強みだったことが、ここにおいて逆転する可能性がある。すなわち、道徳判断についてのカント主義的構想のある特徴によって、道徳的混乱、特に判断を取り巻く環境が変化する際に生じやすい混乱とそれを実践的に収拾することに余地が設けられる。古典的な徳倫理学はカント主義よりも柔軟性に欠けるように思われる。——全く融通が利かないというわけではないが、理論の本性上、現代的な道徳の問題を特徴づける相対立する価値や生き方が引き起こす混乱に対して〔カント主義に比べて〕開かれていない。これは、徳倫理学に絶えずつきまとう欠陥というよりは、その歴史的な起源の遺物であるかもしれない。このことは私以外の誰かが述べることであるだろう。ここでの私の狙いは、性格についてのカント主義的な考え方を発展させるために、そして道徳判断についてのカント主義的な説明の強みのいくつかをわずかでも示すために、頼みとなるような基本的な考え方のいくつかを述べることに限られる。

《I》

道徳的動機の「自然主義的な」説明のうちで欲求がどのような位置を占めるのかを再考することは、性格についての確固とした構想をカント主義的理論に導入するにあたって最初に踏むべき段階のひとつである。その理由は、カント主義的倫理学にとって欲求にまつわる問題の多くは、他の〔道徳的動機以外の〕場面で欲求がどのように考察されているのかという点に起因して生じるからである。行為の背後にその原因として欲求、あるいはその他の原初的な（何にも媒介されていない、あるいは非認知的な）活動の原動力があると想定されている場合、それに続いて与えられる理性的行為者の動機に関する説明は、活動を生み出す力の方向あるいはその変更についての説明である。*5 ある行為者の実践的な合理性——動機づけの理由に達するまでの経路——は、行為者の一連の欲求（あるいは欲求のような状態）を前提とした、その行為者にとって可能な数々の行為にまで及ぶ。その行為者は、自分の行うことは自分が欲する何かと合致するのだという理解からその行為をすることによって、自らの合理性を行為のなかで示す。彼女は食べ物を欲しているかもしれない。より具体的に、彼女は、ピスタチオ・アイスクリームを欲しているかもしれない。彼女がいかに行為すべきかは、彼女の手元には何があるのか、その時点で利用できない対象を獲得するために彼女はいかに進んでいくのか、といった判断や環境への適応の結果として定められる。ピスタチオ・アイスクリームを味わうことができるということに関しては、どんな特別な説明も必要ではない。また空腹が理由を与える力をもつということに関しても、どんな類いの説明も必要ではない。また、手段を利用するように動機づけられるということについても、説明を必要としない。すなわち、欲求の対象を自らの行為の結果として表象し、そうした表象を介して行為することのできる、そのような存在として理性的行為者は定義される。こうした説明に依拠した場合に特別な説明を要するもの、極めて奇妙に思えるものは、（自己利益あるいは共感といった）自然的（natural）な欲求との結びつきをもたない道徳的動機である。道徳的動機はどこにも由来しないもののように思われる。その限りで道徳的動機は説明を要しないが、しかしその場合、それはごまかされているか、あるいは別の何かに還元されている。これが、道徳的動機についての標準的なカント主義的説明が役に立たないように思われる理由である。この説明は、可能とは思えない事柄を真理だと断ずるのである。

道徳的動機を説明する上で最も還元主義的な戦略を取ろうとするなら、道徳的帰結を安定的にもたらしそうだと思われる原因を説明するという方向を取ることになる。道徳的行為者が何をなすべきか（たとえば誠意をもって他者を遇し、合意を尊重し遵守するといったこと）がはっきりしており、そしてある理論がいかなる「自然的な」素材に依拠するのかが分かっているなら、次なる課題は、こうした非道徳的素材からいかにして標準的な行為者の道徳的関心が組み立てられるのかを説明することである。われわれの道徳的関心の原因がそれ自体曖昧でない——それが共感だと仮定しよう——場合でも、その相対的な優先度および射程範囲は補正を必要とする（共感は強くもなければ普遍的なものでもない、それは正義にまで達しない）。道徳的な動機に直接裏づけを与えることができる自然的な欲求が存在しない場合には、道徳に関係のない情動的な状態から道徳的な動機（たとえば反省的な自己利益など）への変容を説明するための様々なメカニズムが仮定される。最終的に生じた動機は、それとは独立して定義される（道徳的な）対象がより確実でより予測可能なアウトプットとなるように、補正を加えることが必要とされるかもしれない。しかし、〔結果と動機が〕合致しないということは、こうした説にとって全く重要なことではない。というのも、〔この説にとって〕重要なのは、道徳的な行為へと動機づけられる可能性が少しでもあるということを示すことだからである。*6

すべての自然主義的な説明が、道徳的動機を説明する上で〔そうした道徳的動機とは〕独立に定義された道徳的帰結に注目するわけではない。たとえばサミュエル・シェフラーは、次のような道徳能力についての説明が精神分析の理論には含まれているという理由から、〔道徳的動機について〕説明の枠組みを与えうるものとしての精神分析の理論の可能性を探求している。すなわち、エディプス状況における攻撃的な性的欲求に対処するため、親が幼い自分の子に対して命を脅かすような行動をとることがあるが、シェフラーが注目するのは、小さな子どもがそうした危機的場面に対処する際に働くメカニズムとしての道徳能力である。*7しかし、こうした説明は、道徳的な行為と関心とについての能力が発現することについてはうまく説明することができるが、前理性的段階の成長の不透明さによって覆い隠されてしまっている個人の道徳的性格については説明しないままである。フロイトにとって、道徳的性格の隠された起源は説明的機能を有している。ひとたびその起源が明らかにされれば、それは、自分の道徳信念は自分にとってよいものではなかったという（おそらくは正しい）行為主体の知覚を説明することができる。*8しかしながら、精神分析の治療にとっては利点となることでも、道徳理論に関しては利点とはならないかもしれない。人格の深層構造はただ単に道徳の形態を――すなわち、単にコスト重視型の規則や、親密性と分離性の折り合いに関連した理念を――定めるに過ぎないという事実を考慮するなら、特にそう言うことができる。そのことによって標準的な範囲の成長が道徳的に有害な内容を排除することはない。[*9]

還元主義的な理論が回りくどく控えめな解決策に甘んずることができるのは、おそらく、道徳的動機の奇妙さに対する自覚がこのような理論を駆り立てているからであろう。実際、そうした奇妙さを説明によって取り除く必要によってこの理論は駆り立てられている。われわれの道徳への関心は、複雑なプロセスを通じ不可解な仕方で生じるものなのか。あるいは、その本性は精査されていない道徳とは別の関心であり、道徳への関心はそれを隠す仮面に過ぎないのか。こうした問題はこの理論のなかで重大な問題とはされていない。〔還元主義的な理論にとって〕重大なのは、われわれが道徳的な傾向をもっていることが説明され、その限定的な意味において、その傾向が正当化されることなのである。これは間違ったことだと私は思う。道徳的動機の起源がわれわれに知りうるものだということは、極めて重要なことである。こう述べることは、われわれの性格を生み出す成長のあらゆる段階を明らかにし承認できなくてはならない、と言うことではない。しかし、そうした成長プロセスの産物である性格の構造は、道徳的な内容と反省的な結びつきをもっていなくてはならない。性格の構造は中立ではない。反省の圧力を被るとき、われわれが道徳性を気にかける諸条件は、道徳的な応答のために利用可能なリソースに影響を与えるのである。

「道徳的帰結」の範囲が不確かである場合、新しい事実や環境の変化によって道徳的行為者の反応の仕方や行為の仕方に変化が求められうる場合に、道徳的であろうとする関心の源と道徳的動機との間で有効な結びつきが欠落しているということは、深刻な道徳上の失敗のきっかけとなりうる。道徳性が要求する安定した動機づけの本質をわれわれは見誤る傾向がある。それは、違反の誘惑に直面してもなおそれに抗うことができるかどうかの問題というよりは、むしろ新たに生じる要求に対応して持続的に成長していくことができるかどうかの問題であるかもしれない。この意味で、行為者の反省的な自己理解は、その性格にとって極めて重要な構成要素でありうる。*10

こうした誤りは、二つの見解——それらはしばしば結びつけられるのだが——を受け入れることに起因する。ひとつは、非還元主義的な（あるいは純粋な）道徳的動機の可能性に対する懐疑主義であり、もうひとつは、現代版の動機－内在主義——道徳性や道徳的理由の範囲に関する決定的に重要な事柄は、ある時点である個人の動機となりうるものに左右されるとする見解——である。この場合、論点は次のことに限定される。すなわち、因果の結びつきのうち実践理性が熟慮において用いることのできる範囲はどこまでなのかという問題であり、さらには、熟慮を経てはいないが理性的な〔性格の〕変化が、それにもかかわらず行為者を現に動機づける利害関心の内側につなぎとめられることは可能かどうかという問題である。*11

人は、道徳理論が人間の動機に関する事実によって制約をかけられねばならないということを受け入れなくてはならないが、しかしそれを受け入れる際、同時に次のような考えをもつ必要はないと私には思われる。すなわち、道徳的理由は、どんなに弱い結びつきであれ行為者の利害関心との結びつきを通じて、関連するあらゆる時点において各個人をその道徳的理由の範囲内において動機づけることができねばならない、という考えである。この考えはとても信じがたい立場であるため、極めて強固な内在主義者はほぼ必ず、たとえば十分な情報や、明確な熟慮上の結びつき、注意散漫や抑うつの不在といったことを付け加えることで、〔道徳的動機と行為者の利害関心との〕結びつきを補足している。極めて当惑するのは、このような形の内在主義が道徳理論として確実に成功するとなぜか見込まれている点である。マクダウェルが示唆するように、仮にこのような内在主義が、変質した普遍的な理性の信奉者による乱暴な議論を回避するためのものであったとしても、道徳性が人間の性格につきつける要求への犠牲があまりにも大きいため、このような形の内在主義は戦略として受け入れがたい。[*12]

その代わりに、行為者がいまこの時点でもっている理由――あるいは、もつことができたかもしれない理由――の問題と、道徳性を可能にする条件の問題とを切り離して考えることにしよう。そうすれば、行為者の行為の理由という問題に取り組む場合の〔内在主義の〕要求とはまた別の、道徳理論に関する内在主義の要求があると、われわれは考えることができるかもしれない。内在主義の理論にとって関心のある領域は、多様な方向で進みうる人間の成長の本質と段階であるだろう。そうであれば、規範的な企てとしての道徳性は、個人がある時点において行うことができるものに限定されることはない。道徳性は主観的に変容するものでありうるし、実際しばしばそうであるべきなのだが、それは単にある特定の時点の道徳性の要求にかかわるだけではなく、人がどのような人格へと成長するかにかかわる。道徳的生のあり方を決定づけるものではないが、しかしそれを制約するものとして人間本性に関する諸事実を見ることとは、こうした類いの内在主義と両立するだろう。われわれは、人間の繁栄という極めて目的論的な考え方に何ら訴えることなく、多様な方向で進みうる道徳的成長と発達とについて論じることすらできなくてはならない。経験、とりわけ道徳的経験は、性格の様々な可能性を生み出す。[*13] 私は、カント主義的倫理学は単にこうした考えを自由に利用することができるだけではないと思っている。すなわち、カント主義的倫理学は、この倫理学が提供する性格についての構想を通じて、次の一歩を踏み出すための貢献をすることができる。その貢献とは、道徳的動機が行為者の意図と格率の構造のうちで変化の役割を果たすことに基づいた貢献である。

《II》

ここで私は、道徳的成長と道徳的性格についてカント主義的な説明をする上での要は動機と欲求の関係にあるという、以前行った主張に立ち戻りたいと思う。そのような、生物を活動へと向かわせる状態について述べるため、最も一般的な意味での欲求を取り上げることにしよう。ここで言う「欲求」には、(たとえば飲み物や名声への欲求、人との親交への欲求といった)日常的な意味での欲求が含まれるだけでなく、われわれが本能(たとえば群れや生殖などを制御する本能)と見なすようなものも含まれる。カント主義に特徴的な主張は、こうした一般的な意味での欲求は行為の理由を直接には裏づけない、というものである。欲求はわれわれを活動へと動かすかもしれない。そして欲求は、行為の理由のきっかけ(および行為の理由づけのきっかけ)を提供するかもしれない。しかし、それにもかかわらず、欲求は理由ではないし、またそれ自体で行為の理由を行為者に与えることもない。

カント主義的な主張は、何がそこに存在するのかにかかわっている。すなわち、効力をもつ実践的な行為の理由というものをもつ理性的行為者が存在しない世界においても、活動する者は存在するかもしれない。またそこには、自分の目的のために手段を選択する者も存在するかもしれない。しかし、そこには行為の理由は存在しない。理由とは評価的なものである。ある行為者が理由をもつのは、(特定の仕方で)行為することは何らかの意味においてよいのだとその行為者が判断する場合である。そのような判断がその行為者の活動を制御している場合に、その行為者は理由に基づき行為している。行為の理由に関する判断には、熟慮や推論が含まれる必要はない。そうした判断に必然的に含まれるのは評価であり、その評価とは、ある仕方で記述される行為もしくは可能的な行為を、それ自体価値あるものとして——あるいは、価値あると判断される何かを促進するものとして——評価することである。

カントの言葉を用いれば、行為者が理由をもつとか理由に基づいて行為をするとか言うことは、その行為者が格率に基づいて行為をすると言うことである。このように述べることは、行為者を実践的に有効な評価的態度をもつ者として提示することであり、その態度とは、行為者が自身の内部および外部において出会う活動の源泉に向けられている。*14

とは言うものの、人間の行為についての十分な説明には欲求が含まれなくてはならない、という見解には幾分の道理がある。この見解によるなら、実際、欲求の存在はある意味で、行為の有効な理由を行為者がもつことが成り立つための条件である。われわれはこうした類いの生命体なのである。問題は、このようなことを認めることから何が言えるかということである。これから探求したいのは、たとえカント的な意味での理由に基づいてわれわれが行為する場合でも、われわれを動かすものの系譜のうちには、何らかの原初的（primitive）な欲求や欲求に結びついた状態が存在するのだ、という命題である。欲求に結びついたそのような複雑な状態は、人間の成長のありふれた産物である。また、そうした状態は欲求にまつわるカント主義的な問題への自然な解決策でもあると私は考えている。

私が主張したいことと そうでないことをはっきりとさせておくことが重要である。「欲求優越」説を受け入れるという私の主張は、欲求という言葉に関することではない。すなわち、私の主張は、ただ単に「欲求」と呼ばれるものの範囲を「われわれを動かすものすべて」にまで広げるということではない。欲求に結びついた状態について述べるとき、私が言わんとしているのは、情動的で実践的な状態のことであり、さらに言うと、たとえば食物への欲求や性愛的結びつきへの欲求といった基本的（primary）な欲求から何らかの仕方で引き出された状態のことである。（われわれが起源的（original）な欲求をどんなものとして思い浮かべるのかは、いまは問題ではないにしろ、まさにこの先問題になるだろう。）理性と欲求とは違うということ、ならびに、理性的行為ですら欲求に依拠していること、このどちらも私は受け入れたい。しかしながら、私は次のことも主張したいと思う。すなわち、ある事例のなかでわれわれを行為へと動かすものが何であるのかを十分説明するのに基本的な欲求に訴える必要はない、と。こうした欲求はわれわれの動機のうちに認知可能などんな跡も残さないかもしれないというだけでなく、われわれを動かすものの内容やその対象は「理性に由来する」かもしれないのである。

欲求に（何らかの仕方で）依拠する行為はすべてその構造において機械論的であり、その目的のなかには快楽・欲求の充足の追求が含まれるという見解を、カントはしばしば背負わされる。これはカントの見解ではない。[*15] 理性的行為者としてわれわれは、欲求の存在を行為の理由のきっかけ（または根拠）と見なす。われわれの行為が（欲求の）充足をもたらすと述べたからといって、それは欲求とは何であるのかについての多少のこと（われわれは自分の欲求が満たされた時に行為を無事やり遂げるということ）を述べているのであって、それによって欲求に依拠した行為のすべてにあてはまる唯一の目的を示したことにはならない。カントの基本的な関心は、自律的な意志の作用から他律的な意志の作用を区別することであるため、欲求に関してカントが注意を向けたのは、欲求を頼みとした理由は最終的には理性的な意志とは異質な偶然の事実に由来するという事実だった。ひとつの人格における理性と欲求の関係は極めて複雑なものだという事実を、カントは無視することができる。しかし、われわれの関心が、性格についてのカント主義的な構想を発展させることにあるとするなら、この事実をわれわれは無視できない。

理性と欲求について、カント主義にとって可能なテーゼを考えることにしよう。われわれが実践的に理性的な存在者であるということが意味しているのは、欲求を実践理性の要求に一致するよう成長させ修正する傾向がわれわれには本性上あるのだ、ということである。人間の通常の成長は理性への応答性を有する。このように述べたからといって、理性的な原則を遵守したいという元々の欲求をわれわれはもっていると言いたいわけではない。われわれはそのような元々の欲求をもつことができないかもしれないと、私は考えている。そのような欲求を期待するのが理に適っているように思われる場合があるとすれば、それは、およそ標準的な仕方で――つまり非壊滅的な仕方で――人生を送ってきた、成熟して適度に反省的な人の場合である。人が理性に従って行為することに価値を認めるだけでなく、理性的な欲求をもつことにも価値を認めるようになるというのは普通のことだと、われわれは見なしている。そしてわれわれは、一般的な（あるいは二階の）欲求が理性に合致して成長することを期待している。この点は必ず完全なものになるわけでもないし、成長するにつれて必然的なものになるわけでもない。人は〔成長を通じて〕自分の人生のある領域に関しては、価値あるものとして合理性を評価するようになるかもしれないが、別の領域ではそうならないかもしれない。また人は、合理性のある側面を評価するようになるかもしれないが、別の面についてはそうならないかもしれない。

われわれの成長は、そもそも理性への応答性を——理性への追従とは相対立する意味で——もっている。この主張は、「欲求をもつ理性的存在者（rational-being-with-desires）」とはいかなる存在であるかについての主張である。この主張には、特殊な学習メカニズムをわれわれがもっているという考え方が含まれている。そのようなメカニズムには少なくとも、われわれが成長の初期段階で獲得した情報のいくつかを、新たに獲得された認知的機構が活用できるように記憶するメカニズムがある。すなわち、われわれのうちにある合理性への萌芽は、知覚や認識、記憶といったものの前‐合理的〔理性的〕構造のうちに表れているはずなのである。さらに次のように推測することができるかもしれない。すなわち、そのように構造化された情報は、より高度な認知的機構が発現することにまつわる後成的（epigenetic）な原因に寄与する、と。そうであればわれわれは、理性的行為者に典型的とされる特徴——自己意識や判断、規則遵守——を、複雑な成長プロセスの後の段階に生じるものとして見るべきである。欲求をもつ他の種類の生き物は、学習や成長について異なるメカニズムをもつだろう。また、次のように推定することができるかもしれない。すなわち、動物において本能はより大きな役割を果たすのであり、獲得された情報の形式と欲求の成長の可能性とをより厳格に制限するだろう、と。

合理性の諸原理はこのように、われわれの活動と成長がどのような類いのものかに関する記述的な原理である。それらの原理はまた、現にそのような類いの存在者であるものとしてのわれわれの成功がどうあるべきかに関する（反省的な意味で）規範的な原理でもある。これらの原理がわれわれ個人の繁栄や福祉にとって有効な手引きであるかどうかということは、付随的でローカルな問題であり、（個人的、身体的、制度的な）状況と（当然のことだが）幸運とに依存する。それにもかかわらず、これらの原理はわれわれにとって便利な道具である。そして、われわれにとって体系的な規範的原理は他にありえない。[*16]

私がここで行おうとしていることをはっきりとさせておくべきだろう。私は理性的存在者としてのわれわれに関する、ある自然的事実を――幾分思弁的な仕方で――記述したい。その事実とは、実践理性についてのカント主義的な見解にも、また「理性に与る」魂の非理性的な部分についてのアリストテレス主義的見解にも、どちらにも共鳴する事実である。私は次のような仕方で、アリストテレス主義的な筋道に沿って話を続けていくだろう。すなわち、理性への服従はいくつかの欲求にとっては可能である。というのも、そうした欲求は、理性に関係しつつ成長していくことが、必然的ではないにせよ可能だからである。そのようなわけで、子どもは他の人間の理性に根差した手引きを必要とする。つまり、欲求が満たされてよいのはどのような場合か、欲求不満を我慢できるのはどのような場合か、またどのような場合に欲求の対象への様々な代替物が存在するのか、またそうした代替物が存在するのはどのような欲求についてなのか等々のことについての手引きである。このような指導が可能なのは、すでに欲求の体系がある特定の構造をもっているからである。その構造とは、成長の軌道上に（いくつかの）欲求を位置づけて、親密な人間関係や成長の初期段階の絆といった人間関係のコンテクストのなかでもたらされる訓練と新たな知識との影響を通じて、欲求に変容の余地を残しておくものなのである。*17

ここまでの議論を追ってきた人のなかには、次のように考える人もいるだろう。曰く、理由についての自然主義的な説明とカント主義の企てとが共鳴するという、このような主張を擁護することはできないし、また、そのような主張はカントの企ての致命的な弱さを示してすらいる、と。このように考える流れにおいて、道徳的成長についての説明に少しでも受け入れられる部分があるとするなら、それは、理性筋（rational musculature）のようなものの発現についての説明、すなわち、抑えがたい欲求に直面したとして、それでも道徳的に正しい行為への十分な動機を提供することのできる特別な力の発現についての説明である。道徳的学習とは、判断を改善していくことである。すなわち、道徳的学習によって改善されていくのは、人を取り巻く環境のなかから、道徳的に際立った特徴を見分ける能力である。欲求の体系において生じることは深淵なものなどでは全くない。すなわち、欲求が協調的なら道徳的人生は容易なものとなるだろうし、そうでないなら、その人生は困難なものとなるだろう。欲求の体系において生じうることのなかで、道徳的企てにとって深く関連するものは何もないだろう。結局のところ、カント主義にとって基本的な道徳的事実とは、われわれのうちにある義務の根拠に欲求は含まれえないというものである。しかしながら、その基礎づけに関する議論から〔道徳的〕成長に関する結論へと至る——道徳判断と行為との実践へと至る——〔こうした〕推論は、妥当なものではない。

次のことが問題として出てくる。道徳の基礎——すなわち、意志を規定する根拠——はただ純粋な実践理性のうちにのみ存しうるという事実から、次の(a)と(b)いずれかが必ず帰結するはずなのかということである。すなわち、(a)道徳に値する行為者の動機は超物質的なものでなくてはならない（生じるたびに奇跡である）か、あるいは、(b)義務の動機に求められる純粋さは、人間の行為者の経験的な生から完全に分離されていることに存するかである。道徳法則の適用（われわれへの適用、あるいはいかなる理性的存在者への適用も）は経験的ではありえない——すなわち、いかなる理性的存在者であれその意志の法則となるという道徳法則の要求の条件は、「完全にアプリオリで、またいかなる感覚所与（sensuous data）からも独立している」[18]のでなくてはならない。——われわれは、カントに倣ってこのように主張することが可能だと思われる。ただそれは、この主張を権威に関する主張であって効力に関する主張ではないと解釈した場合に限ってのことである。すなわち、道徳法則は、われわれに適用され、われわれの傾向性の状態とは無関係にわれわれの意志作用を正当に規定する。これは、普遍妥当性を保証する条件である。しかし、われわれを動機づけるものとして理解される道徳法則、つまりわれわれにとって効力のある道徳的動機と私が呼ぶものは、純粋である必要はない[19]。道徳法則に本質的に含まれていなければならないのは、誘因の規範的秩序を承認することである[20]。

道徳的に成長した欲求、あるいは合理化された欲求は、成熟した道徳的行為者にとって、〔行為・意思規定に至るための〕実践的な糧の一部になるという事実、ならびにその経緯に対して、カントは主だった道徳のテキストのなかでそれほど多く関心を向けているわけではない。しかし、この点についてもまたわれわれは、テキストのなかで何が強調されているかに注意を払わなくてはならない。カントは道徳教育に関して多くのことを述べている。そして、実践的な事柄に注意を向けるとき、カントは、通常引用される彼の見解が示すよりもはるかに強い道徳的感受性を示している。[*21]おそらくこの点に関して特に注意を向けておくべき最も重要な議論は、幾分逆説的ではあるが、『実践理性批判』における道徳的な誘因（incentives）についての議論だろう。[*22]この著作においてカントは、道徳法則が傾向性を挫き、自己愛（それは「うぬぼれ」として記述される）の要求を打ちのめす仕方について、極めて堅苦しい調子で記述している。〔すなわち〕この〔幸福を道徳よりも優先する〕物質的自己の謙遜を、法則に対する尊敬の感情の発生を通じて、道徳法則は、その法則の最高権威を認めることでもたらす。しかしながら、極めて修辞的なこうした説明のもとには、道徳法則に対する応答性をもち、ある意味においてこの法則に共鳴するものとして欲求を捉える見解が、そしてまた、欲求能力のためになされた要求をそのように捉える見解が示されている。欲求をこのような仕方で打ちのめす影響力が苦痛や抵抗感ではなく、高尚な感情――われわれを道徳へと引き入れる感情――でなければならないというアプリオリな必然性は全くない。しかし、われわれは、苦痛や抵抗の感情によって欲求を打ちのめすようには作られていないように思われる。われわれが望んでいるもの、自分が望んでいると理解するものは、自分がそこに置かれていると理解する評価的な状況によって影響を受ける。これが、欲求それ自体の体系についての事実である。すなわち、欲求は〔法則を承認するという意味において〕

謙遜をすることができる。[*23]

理論理性と実践理性はどちらも、外的源泉（理性の外部）から与えられた実質に対して形式を提供する。自分の感情とは無関係に、思考の正しい形式として論理の諸規則の権威を受け入れる限りにおいて、われわれはそのことを通じて、論理的な帰結が全く自分の関心が向かない帰結であったり、あるいはそれを否定することに自分があらん限りの関心を向けるような帰結であったりしたとしても、そうした帰結を自分が受け入れうることを承認する。モードゥス・ポネンスは、自由連想とは違って、推論的思考に対する権威ある形式である。こうした形式に匹敵する強制力ある形式を、道徳法則は、われわれの行為に対する実践的格率に対して提供する。[*24] なぜわれわれはどちらの形式的制約にも敏感に反応するのかという問題は単純ではない。すなわち、どちらの場合も問題に対する答えには、われわれが秩序だった世界に住まうことの条件に何らかの形で訴えることが含まれる。[*25]

《III》

道徳的成長に関する説明をカントの倫理学に付け加えるための枠組みにおいては、意志の自律の原理としての道徳法則という考え方が基本的なものとして捉えられなくてはならない。自律の原理としての道徳法則の効力は、あらゆる傾向性が意志を直接的に規定する影響力をもてないようにするという点にある。[*26] 道徳的行為が関係する場合に欲求が脇へと追いやられてしまうように思われるのは、この点に由来している。しかし、もはや〔理性と欲求の〕厳格な対立モデルにわれわれが制限されないとするなら――欲求の体系はそれ自体で理性に対する応答性をもつとするなら——、成長していくわれわれの道徳的・理性的能力の影響を欲求の内容が受けずにいる必然性はない。

このことは、動機の重複決定という古くからの問題を超えたところに議論を進める。行為者を動機づける誘因が道徳法則への尊敬である限りにおいて、欲求の存在には害がない——こう主張することにいまや私は関心をもっていない。むしろ私は、次のような考えを探求していきたい。すなわち、人間においては成長していく欲求の体系と理性とが結びついている可能性があることを考慮するなら、義務という、理性に関連する動機から、欲求を厳格に分離することは適切ではないかもしれない、という考えである。いかにして欲求は変化しうるのか、そして意志の自律と一致する行為において欲求はいかなる役割を果たしうるのかということが、次に取り組むべき問題となる。

欲求の役割について考えるにあたって、欲求の体系が成長に伴い変化することを考慮する場合に否定されることになるのは、行為についての単純なタイプの欲求‐信念モデルである（実際、これは他のモデルに取って代わられることになる）。私が喉が渇いているとする。そして、あそこにあるグラスに新鮮な水が入っているのを私が見たとする。その場合、欲求と信念がひとつにまとまって、私は水を飲む。これは起こりえないことではなく、起こりうることである。問題が生じるのは、複雑で理性的な行為の構成要素を示すのにこのような例が用いられる場合である。行為と判断のうちにどのように合理性が現れるかについて理解しようとするなら、われわれは別の側から議論を始めなくてはならないと私は思う。すなわち、成熟した行為者の複雑な実践的判断の側からである。そうした判断を正しく理解してはじめて、次のような問題を、その意味を理解した上で問うことが可能になるだろう。すなわち、たとえば喉の渇きといった傾向性が、一方で誰かを行為へと動かし、かつ他方で、その人が飲む行為を行ったとしても直接にはその意志に影響を及ぼさない、ということがいかにして可能なのか、といった問題である。傾向性を原初的な要素として説明を始めたならば、成熟した行為についての最も理に適った説明に至ることはできないのである。「喉の渇き」は、欲求の体系を特徴づける原初的な要素と見ることができそうに思われる。確かに〔なぜある行為をしたのかを〕説明する際に、喉の渇きはおそらく理由の連鎖の最後に置かれる。すなわち、飲むという行為を完全に説明するのに、喉の渇き以外のどんなことにも訴える必要はない。しかしこの事実は、確かに事実ではあるのだが、誤解を招く。何かが説明の連鎖の最後に置かれうるということは、その何かが欲求の体系の原初的な要素であることを示すものではない。次のことを考えてみよう。すなわち、新生児が喉の渇きを覚えるのは——あるいは、いっそう奇妙に聞こえるが、飲み物への欲求をもつのは——いかなる意味においてなのか。おそらく水分不足という生理的状態があって、そして明らかに、乳飲み行動を誘発するメカニズムが存在する（これが、成長の初期段階で養育と親密性との興味深い混同を引き起こす源泉である）。しかし、この状態——その初期の形態では飢えとほとんど違わない——は、飲むという意図でなされる行為の説明において役割を果たす喉の渇きではない。そのような状態は、発生の起源に位置している。それは、喉の渇きに発達する自然史の一部をなしているのだ。というのも、生理的状態はまだ生命体の意図的な状態ではないからである。つまり、その状態はどんな対象ももたない。興奮の状態があり、そして〔それに対する〕機械的な反応がある。新生児の自然な環境にあっては、授乳や保育が興奮を鎮め、快を与える。喉の渇き——飲み物への欲求——はもっと後になってはじめて生じうる。[*27]〔成長の〕はじめからある意味で対象をもち、その後、知識と経験が獲得されるにつれてその対象を精錬していくというような、一連の原始的あるいは原初的な欲求のイメージを想定するよりは、むしろ次のようなモデルを用いて考える方が、われわれの幼少期にとっても、標準的な行為者へと至る〔成長の〕結果にとっても、正しいように思われる。それは、「起源的な欲動状態（original orectic states）」とでも呼べる状態から始まるモデルであって、その状態とは、われわれのような行為者が有している認知的・意志的な能力へと、成長の過程で開かれている状態である。（「この感覚」が「あの対象」——すなわち飲み物——に関連性をもつに至るのは決して偶然ではないだろう。）現在のところ、われわれの欲求が歴史（およびある程度において自然史）をもつという事実は、行為を最も完全な仕方で説明するためには起源的な欲動状態に目を向けなくてはならない、ということを含意するわけではない。もし仮に、規律の行き届いた職場を求めるという欲求の点から〔行為を〕説明する代わりに、自己と他者の間に境界を築くという原始的なニーズから説明した場合には、たとえその原始的なニーズが、前者——すなわち、規律の行き届いた職場への欲求——に至るまでの〔成長の〕歴史に不可欠なものであったとしても、われわれはきっと行為の理由を十分に理解できなくなってしまうだろう。

もちろん、欲求が〔成長の〕歴史をもつという事実はときに、説明上関連がある過去の欲求の地層変化（geology）を示唆することがある。たとえば依存症の原因がいまなお影響を及ぼす幼少時の窮地に帰せられる場合のように、あるいは〔規律正しさへの欲求がなすべき仕事を妨げる場合のように〕自滅的な行動パターンが欲求の背後にある別の欲求の究明を求める場合のように、通常われわれは、根源的なことや成長の過程で十分受容されてこなかったことに訴えることで、非理性的な行動や衝動、熱望を説明する。

欲求が〔成長の〕歴史（および自然史）をもつという事実は、人間の成長が理性への応答性をもつという事実と結びついた場合、熟慮と判断についてのわれわれの理解を変える。成熟した行為者においては、判断の対象（何をすべきかについての当惑、何が正しいことかに関する問題）はすでに熟慮的で評価的な内容を帯びて立ち現れる。子どもの有害な要求を、たとえば健康とか快とかいったものの相対的な重要性に関する何らかの誤りに基づくに違いないと見なすなら、われわれは子どもについて間違った認識をもつことになる。大人を操作するための癇癪《かんしゃく》は別として、子どもが要求をする際の激昂した激しさは、命がけの感覚のものであるが、それは〔理性に〕媒介されていない欲求――その瞬間的な強烈さという直接的な作用が重要であるような要求――の産物として捉える方がよりよく理解される。小さな子どもが理性的であることができないのはこうした理由からである。彼らは知識に乏しいかもしれないし、そうでないかもしれない。また間違いなく、彼らの意志は弱くはない。小さな子どもに欠けているもの、あるいは極めて限られた程度にしか彼らにないものとは、欲求と理性的な理解との共同的成長なのである。

これとは対照的に、標準的な理性的な大人の判断と熟慮を正確に表現するには、欲求の体系と実践的に有効な合理性の能力とが相互に絡まり合った成長を提示するモデルが必要となる。欲動状態から対象をもった欲求への変容が生じるのは、幅広い評価的概念によって統制された環境においてである。飲み物への欲求は、安全で快適な（危険だったり不快だったりしない）飲み物への欲求になり、そしてまた、自分が入手可能な（他の人の持ち物ではない）飲み物への欲求となる。欲求それ自体が社会的なものになるのである。

こうした点は、たとえば子どもや高価な日用品といった、欲求のより重要な対象について考えた場合、さほど奇妙に見えないかもしれない。新しいコンピュータや車に対する私の欲求は、他人にすでに所有されているコンピュータや車に対してまで及ぶことはない（なぜなら、そうあるべきではないから）。また子どもが欲しいという欲求には、他人の子どもへの欲求は含まれない。そうでなかったら、悲劇的なまでに間違ったことが起きてしまう。間違った方に向かってしまったことは欲求それ自体に関すること――欲求がどのように成長してきたのか、また成長し損なってしまったのか――である。このように述べることは理に適っていると私は考える。

もちろん、現象を別の仕方で表現する方法はある。相対立する欲求――たとえば一方の欲求は飲み物への欲求であり、他方の欲求は他人の持ち物を取ることを欲しないということ――と理性的成長の物語を語ることができるかもしれない。この場合の理性的成長とは、二つ目の欲求の統制的な優越性に目を向ける成長であり、そのような成長は、二つ目の欲求の増強を通じて可能になるか、あるいは所有への尊重をある種の欲求として――その欲求の充足が他の欲求の充足の条件であるような欲求として――選択する二階の欲求の発現を通じて可能になるかである。こうした説明の誤りは、生じうる事柄を記述し損なっている点にあるのではなく、そこに含意されている考え方にあるように思われる。その考え方とは、欲求それ自体は通常、それらの置かれている統制的空間から何の影響も受けずにいるか、影響を受けたとしても、変化するというよりは打ち負かされるのだ、という考え方である。[*28]

より適切な説明とはどのようなものだろうか。より適切な説明は、欲求の成長の様々な道筋が交差するところで生じる欲求の複雑さをうまく捉えることができなくてはならない。また、より適切な説明は、原初的欲求の残骸が残り続ける仕方や、そのような残骸が成長後の欲求にとって対応すべき緊急課題の一部になったり、そうした欲求の背後にある要求の一部になったりする仕方に対して敏感でなくてはならない。統制的原理とは独立に欲求が体系を形成するモデルや、成長の初期において欲求同士が道具的経路を通じて互いに互いから派生してくると捉えるモデルは、われわれの経験や説明にしばしば見られる欲求についての入念な基本設計をうまく処理することができない。さらに、理性的存在者である限りにおいて、われわれはある種の欲求や利害関心をもつようになる。というのも、原初的欲動状態から複雑な欲求へと至る成長の経路は、部分的には実践的合理性の原理によって組み立てられるからである。われわれは学習する能力をもち、そして最終的には原理に基づいた意識的な自己統制を行うことができるようになるという事実は、欲求が現れる環境の一部として表現されなくてはならない。*29

したがって、欲求の熟慮的あるいは評価的な場は常に欲求にとって外在的なものだというわけではないだろう。よく眠れなかった次の日に現れる寝入りたいという欲求――日中の熟慮の動きに反して働く欲求であり、無視したり抗ったり、コーヒーによって対応したりすることが求められる欲求――とは違って、他のより派生的な欲求はそれぞれ相対的な価値を携えて生じる。映画を観に行きたいとか、おいしい食べ物と共にワインを飲みたいといった私の欲求は、朝私が仕事に取り掛かっているときには抑制される必要はない。そうした欲求は、ある意味そのとき存在している。というのも、その日の残りの時間の計画にそうした欲求は組み込まれているからである。しかし、そうした欲求の内容は複雑であり、私が受け入れている様々な統制的規範を表現するものである。たとえば、朝のうちに仕事を済ませるという規範とか、家族にかかわる義務や職務上の義務を常に優先するという規範といった、幾分面白味のない規範である。こうした規範が私の生活のなかで構造上一定の優先性をもっているために、〔映画を観に行きたいとか、おいしい食べ物を食べたいといった〕私の欲求が表す〔対象ではなく〕価値は、たとえば私が大学何年生だかの時やパリを訪れていた時にもっていた同じ欲求の価値とは異なっている。この点について、どんな必然性も不変性もない。つまり、私は明日の十一時の映画に行こうと決めることが可能である。むしろ私が言いたいのは、評価的に中立な欲求――たとえば「映画に行きたい」という欲求――があって、今日はそれが抑制され明日に行為に移されるのだと、もしこのように主張するなら、きっとわれわれは欲求を間違って描写することになるだろう、ということである。ここでも、当該の欲求をもつというのは次のようなことでありうるだろう。すなわち、映画に行くという強い欲求が常にあるというのは可能だ。――むしろ、私がほとんど常にその欲求をもっており、そのため、私は普段通り自分の仕事をこなすために自分の欲求を抑えなくてはならない〔ということもありうる〕。しかしこのような可能性は一般化されるものではない。ある活動への欲求を人がもちうる数々の仕方を、価値中立的な記述によって十分表現しきることはできないのだから、そのような記述は、成熟した理性的行為者の熟慮や選択において、原初的欲求から派生して形成される欲求が機能しうる仕方を隠してしまう。

成熟した人間の行為者の欲求には通常、対象についての構想に加えて、対象の価値についての構想が含まれる――その価値とは、それ自体としては、他の価値あるものとの適合によって定められるものとしての価値、また、その欲求の充足が一般的にも、ある特定の場合においても、実践理性の原理に適うものとしての価値である。そのように構想された欲求はすでに理性の領域のうちにもたらされていると言ってよいかもしれない。あるいは、欲求それ自体がすでに合理化されていると言うことができるかもしれないし、あるいはまた、行為者の欲求の体系が理性への応答性を有する仕方で発展したその程度において、その行為者は少なくともそうした点において理性的な行為者の性格を有している、と言うこともできるかもしれない。もちろん、標準的な行為者は完全に理性的な性格をもっているわけではないし、実際それは不可能である。すなわち、われわれの欲求のすべてが理性への応答性を有するわけではない（あるいは、完全に有するわけではない）。また、人間の欲求の自然史は、たとえ理性への応答性を有していたとしても、理性的な計画に従うわけではないだろう。[*30]

《Ⅳ》

欲求は成長し、そして欲求の体系は理性への応答性を有している。このような欲求の成長についての説明を受け入れてみることにしよう。カント主義的な倫理学の体系にとってこの説明はいかなる点で強みとなるのだろうか。このような説明が、理性と欲求の対立を和らげる方法を提供してくれることは明らかである。この方法はそれ自体で魅力的である。また、このような〔欲求の成長についての〕説明は、道徳的な動機の構造における理性と欲求の関係についての再考を促す限りにおいて、カント主義的な倫理学が道徳的徳についての理に適った説明を擁護しようとする場合に必要なものでもある。このことも同じように明らかである。

標準的なカント主義的説明に依拠するなら、理性的行為者は目的のために行為するのであり、欲求を直接的な動機として行為するのではない――すなわち、衝動や強い刺激としての欲求のゆえに行為するのでもないし、また、目的が魅力的なものであるために必要な、独立した条件としての欲求のゆえに行為するのでもない。欲求の存在は行為のきっかけを、つまり誘因を提供する。それ以外にも誘因は存在する。理性的行為者にとって問題なのは、所与の誘因に応えて行為することはよいこと（あるいは正当化されること）なのか否かである。よいと行為者が判断するとき、その行為者は、他の条件が同じなら、関連する目的を採用することの（また格率をもつことの）、そしてそれゆえに行為することの理由をもっている。*31 さらに、ある誘因は、その誘因のゆえに行為することが何らかの意味でよいと判断されるとき、そしてその限りにおいて、熟慮のために利用可能である。そのときにはじめて、そしてその意味においてのみ、誘因は可能的「動機」と見なされる。このようにして、「この欲求を満たすために行為することはよい」という判断は、動機と目的、行為との間に、単なる因果的適合性といった事柄を超えた結びつきを作ることによって、行為の動機の一部を成す。相対立する誘因が理性的行為者にとって必ずしも常に相対立する動機という脅威をもたらすわけではないのは、こうした理由からである。

行為者の理性的熟慮が生じる空間を表現するために、私は「熟慮の領域」という装置を用いることにする。それは、行為者の価値の構想を表現する原理とコミットメントとによって構成されている。欲求とそれ以外の誘因は、この領域のなかにある場合にのみ、熟慮のために存在する。そのとき、そうした誘因は可能的動機である。このことが意味しているのは、理性的行為者であるということには、欲求を行為の理由として価値あるものと見なす動機づけの能力を有していることが含まれる、ということである。価値のより複雑な構造は、欲求の充足にさらなる条件を付すことを通じて、複雑な動機を生み出す。

誘因の表象とその情動にとっての重みとが変容して、衝動（またはある対象を意図的に求める傾向性）にとっての重みから理性的な価値になるその限りにおいて、誘因は、規範化あるいは合理化された形態と呼べるような仕方で——可能な動機として——熟慮の領域に存在する。熟慮の領域に「存在する」誘因のなかには、すでにある程度「理性的」でありうるものもある。すなわち、そうした欲求の成長は部分的に、理性的原理によって形作られたものでありうる。それ以外の欲求は、いわばそのまま生じて、それを充足してよいのは理性的原理に反しない場合に限られるという付加的条件を満たすことによって、（熟慮の領域への）入場許可を得る。このようにして、道徳的観点からすると、誘因には多くのことが起こる。誘因は部分的にしか変化しないこともありうる。行為者は、熟慮の領域の制約のすべてではなく、いくつかの制約だけを——しかもそのうちのいくつかを間違った仕方で——内在化することもありうる。

道徳的であろうとする動機が歪んでいる、というのはありうることだ。そのいくつかの歪み方を考察してみよう。用意周到な犯罪者だけでなく、小心で従順な行為者（道徳的に振る舞わないことでもたらされる帰結への恐れから道徳を守る人）は、道徳的制約に部分的に、しかし間違った仕方で応答する動機をもっている。このような行為者にとって道徳的制約は、外から課され受動的に直面する制約として機能するのであり、それはまるで私の近所に誤って置かれた自動車一時停止の標識に似ている。その標識は、地元の保安官補佐官が近くで待ち伏せし、チケットを切りたがっている（それは、私が進んで負いたいとは思わないリスクである）という事実以外に、停止するどんな理由も私に与えることはない。それ以外の行為者にとって道徳性は、疑似的な身体的バリアとして、つまり理由というよりは禁忌や恐怖症として——誘因が乗り越えることのできない何かとして——経験されるかもしれない。こうした例のいずれにおいても、行為者の動機は、その行為者を取り巻く環境の道徳的特徴に対して直接に——もしくは正しく——応答していない。それは、道徳的規範が適用されるか否かの問題ではない。つまり、それ〔規範の適用の問題〕は、理性的行為者の道徳的行為の動機の内容をどのように評価するかという問題とは全く別の問題である。

動機が道徳と結びついている場合ですらも、全か無かのどちらかだけということはないかもしれない。人が一方では、他人に身体的な危害を加える可能性のある行為や状況に対しては強い感受性をもち、それに対して応答する動機をもっているにもかかわらず、他方では、精神的な危険や害に対して無関心な場合がある。あるいは、直接的な危害には関心を向けるのに、不正には関心を向けないという場合もある。こうした事例では、道徳性の特徴のいくつかは分離されるかもしれない。アスペクト盲（aspect blindness）★5の道徳的形態の可能性は、カントの理論にとって特別な困難をもたらしてきた。不正にまつわる事実やせり出しを認識し損ねるということを、単に定言命法に基づく判断の誤りとして説明することはできない。そして、もっと満足のいく説明や応答を提供するために、カントの理論が〔定言命法の〕他にどんなリソースをもっているのかは、これまでのところ明らかではない。こうしたことはカントが関心を向けた問題ではないが、現代的な論点のためにカントを磨き直すことに関心をもつわれわれにとっては、注意を向けるべき事柄である。そのような〔カントを磨き直すことの〕可能性に余地と意味を与えるという点に、動機の説明を自然的で複雑なものにすることの強みのひとつがある。そのような説明は、とりわけ、道徳判断に影響を及ぼす性格の道徳的欠陥について論じることを可能にする。

先に私は欲求の自然史について述べた。すなわち、欲求の体系は成長するなかで合理性の原理に対して応答性をもつが、欲求の自然史はとりわけそのような原理によって形作られるのである。その後、私は動機について論じてきた。すなわち、動機とは、行為の誘因のなかで、実践理性の原理による評価および（あるいは）それによる変容に耐えて残った場合に熟慮の領域に入ることが許された誘因である。成長した欲求と動機とを混同すべきではない。生成された欲求が道徳的内容をすでに内在化していることはありうる。たとえば、道徳的制約を侵害することなしに欲求を追及するということが、欲求の対象の概念の一部を構成している場合がそうである。しかしその場合、そうした欲求は理性的な動機の熟慮上の内容を欠いている。すなわち、ある人のある物への欲求が、その人の育ちのよさゆえに他人の所有物にまでは及ばないということは、事実としてあるかもしれない。しかし他方で、それでもなお、そのような欲求から行為する際に、その人が自身の最も強い欲求を満たすという格率に基づいて行為しているということがありうる。人が（十分に）理性的な動機をもっているのは、その人の欲求充足の格率が十分に熟慮的な枠組み（人がその欲求から行為するのは、そのように行為することが思慮深くかつ道徳であるような原理に一致している場合においてのみ、またそうであるがゆえにのみである）を含んでいる場合だけである。

動機の成立――すなわち、誘因が熟慮の領域への入場許可を得る方法――には、判断と評価のプロセスが含まれている。誘因とそれに合致する行為の可能的な対象の範囲（対象または目的）の組み合わせは、よいと判断される。そして、よいという理由により、可能的な行為に対する根拠として受け入れられる。実践理性の諸原理は評価（善）の領域を記述するので、結果として生じる動機は、実践的原理と元々の誘因との双方から内容を引きだす。そのような動機は、元々の誘因（および、言ってみれば、私の最も強い欲求を満たすという原理）に基づいて人が行ったであろう行為と同じ行為を生じさせるかもしれない。しかし動機が成立した場合に行為は、その〔行為の〕価値についての〔元々の誘因に基づく場合とは〕異なった統制的構想を伴い、またそのような構想から実行されるのである。〔元々の誘因に基づく場合とは〕異なった格率が存在するのだ。

以下は新たな主張である。理性‐応答的な仕方で成長した欲求を行為者がもっている場合、またその限りにおいて、誘因はそれ自体でさらなる合理化へと――すなわち、より強く原理づけられた合理化へと――開かれる。一方では、動機と成長した誘因とが概念上一致する可能性があり、他方では、欲求が変容するという実践上の可能性がある。欲求の成長はこのような仕方で道徳的な性格をもつための条件を成しているが、この条件には、道徳的であろうとすることによって情動的生一般を抑圧することになるということが必ずしも含まれているわけではない。

しかし、カントが言うところの義務の動機には何が起こっているのだろうか。このこと――すなわち他の構造や動機によって為される義務の働き――は、誘因の複雑さ、成長、そして変容という、これまでの話題すべてにおいて見落とされてきたかのように思われる。私の考え方は次のようなものである。道徳的性格をもつ行為者にあっては義務の動機は、熟慮の領域の制約を満たす動機のなかに散在している。それは、行為へのすでに完成された意図に付け加えられる別個の動機である必要はない。[*32] そこで、次のように考えることができる。すなわち、「義務から」行為するとき、普遍的法則と合致する原理をもつという、自分の格率についての構想からわれわれは行為しているのだが、しかしこのような構想は、行為とその目的とを正当化された全体として捉えるというわれわれの〔行為と目的についての〕捉え方と、動機の上で区別されている必要はない、と。

熟慮の領域という考え方および理性的性格についてのこのような考え方はいずれも、排他的にカント主義の倫理学にだけ属しているわけではない。われわれが理性的行為者であるという事実を、〔合理性の規範あるいは諸規範をどのように肉づけするにせよ〕われわれの欲求と利害関心の成長の歴史の一部と見なす場合に、二つの考え方はいずれもわれわれの実践的な生の構造を表現するのに便利な装置だと私は考える。これらの考え方はとりわけ、カント主義の倫理学と連携するのに適切な装置である。なぜなら、これらの考え方は、合理性の諸原理がどのように理性的行為者の動機における価値構造を構成しうるかを提示するからである。このような構造は、実践理性の原理としての定言命法と、経験に位置づけられた理性的行為者——すなわち人格——の可能的な動機としての義務の動機、この両者の結びつきを理解するのに不可欠である。

義務の動機をこのように——理性的行為者の行為への動機のなかに散在していると——理解することには実践上かなりの強みがある。例を挙げよう。実践上の〔要求の〕衝突を、相対立する誘因〔欲求あるいは利害関心）を満たすことのできない行為者の問題として考えるなら、熟慮の上でまず問題になることは、共約項を確立することであるだろう。すなわち、私的に緊急に必要性を感じる事柄と、長期的な目標が現時点でもつ関連性、より重要な道徳的要件から目下生じる要求、さほど重要でない道徳的要件から生じる要求といったもののための比較の基礎を見つけ出すことであるだろう。様々な実践上の関心事をこのような仕方で提示する道徳の理論家が、〔帰結や選好の算法であろうと、あるいはアイデンティティを決定づける基礎的企てとの結びつきの算法であろうと関係なく〕ある種の功利主義的な算法に向かう傾向があることは、決して不可解なことではない。

反 - 功利主義的な代替物として最近の研究のなかで提案されているのは、状況に固有の判断に訴えかけるものであるが、これは事柄を明確にするというよりはぼやかすものである。瑣末な約束事を果たすことよりも久々に会う友人と一緒に過ごすことの方が、ある特定の環境下では私にとってよいし、またより重要だと、私が認めることはありうる。このことは疑いようのない真実である。さらに、どんな深い知識も包括的な知識も必要ではないと、付け加えたがる人がいるかもしれない。ここから、どのような場合に友情は責務に勝るのかを規定するどんな原理も存在しないということが帰結すると言われる。〔そうした説明によると〕ある種の事柄を行うのが適切なのはどのような場合であり、別種の事柄を行うのが適切なのはどのような場合なのかという、状況ごとに固有の知識を人はもつに至る——あるいは、経験を通じて獲得するに至る——のだという。

しかしながら、そのように、より深い内容に全く依拠しないものとして判断を描くことは、誤解を招くと私は思う。というのも、もし二つの選択肢の相対的な価値に関して人が誤りを犯すなら――間違いなく人はそのような誤りを犯すことがあるのだが――、その誤りの説明は、人が誤りから学習する方法のうちに求められる。そのような学習方法は、的に命中させようとして風の影響を補正するのとは違う。風の影響を補正する場合、あなたは微妙に右側に狙いをつけ、そして、その最初の判断が誤っていたなら、もう少しだけ右側に修正する。さらに、その修正が行き過ぎていた場合には左側に少しだけずらして狙いを定める。しかし、責務と利害関心との相対的な重要性について、あなたが間違いを犯してしまった場合、その間違いは、責務や道徳的関心事のうち瑣末なものと重要なものとのバランスを取り損なうといった間違いではない。そのような間違いとして理解することには、どこか欠陥がある。すなわち、そう理解した場合には、人は友情を過大評価し、責務を過小評価していることになる――あたかも、義務と友情を超えたレベルに価値があり、その人の誤りはそのレベルに存在するかのように。★6

義務の動機が散在しているという考え方――義務の動機を〔理想的には〕行為のあらゆる格率における動機の構成要素として見なす考え方――は、道徳的〔要求の〕衝突の見方を変える。誘因と行為との結びつきが理性的動機によって媒介されるとき、熟慮は、状況に固有の「読み」にも依らなければ、また行為者の格率にすでに表現されている価値とは異なる基準を持ち込むことにも依らない。幾分優先度の高い格率から生じる要求のゆえに友人と一緒にいることができない場合であっても、私は、自分が道徳の下位に友情を置いているとか、友情を低く評価しているとかいった仕方で、自分を見る必要はない。道徳が要求を課しうるその仕方は、成熟した友情の構造の一部を成す。真の友人なら理解してくれるだろうと私が信じる理由はここにある。

このような観点に照らして、自己利害に何が起きているのかを考察することは有益だろう。自己利害に対するカント主義の非難は、それが本来的に道徳に反するという点にあるのではない。自己利害は必ずしも道徳に反するわけではない。問題は、自己利害が前提と見なされる傾向をもつ点にある。われわれは、自らの利益を特別重視する傾向をもつ。さらにわれわれは、自己利害の原理を自分の意志の規定根拠のひとつとして、暗黙のうちに受け入れている。標準的なカント主義的説明によるなら、道徳は、理由同士の対立のなかで〔自己利害に〕拮抗する重りのようなものを〔義務の動機を通じて〕提供することによって、自己利害を抑制する。しかしながら、義務の動機が、単に理由の間のバランスにかかわるのではなく、それどころか行為者の理由一般の構造の一部を成すものだとしたら、道徳的理由についての説明だけでなく、自己利害についての説明もまた、異なって見えてくる。十分に理性的な自己利害の動機は、〔自分の利害関心が〕独立した権威をもつという前提を行為者の熟慮の領域に持ち込まない。それは、道徳的行為者は自分の利害関心や便宜を無視するということではない。むしろ、自己利害についての行為者自身の構想が理性−応答的な仕方で成長し形作られるか、あるいは作りかえられてきたのである。自己に対する〔いくつかの〕利害関心が道徳的な推定を退けうるのは、このような理由からである。すなわち、私的に重大な事柄のために瑣末な約束事を破ることは許容されるかもしれない。しかしそれが許容されるのは、行為者の関心が道徳的身分を有していて、かつそう見なされる場合に限ってのことである〔行為者の関心は責務の様々な根拠を表現していなくてはならないと、カントなら言うだろう〕。行為者の自己利害は、熟慮の領域の外でそうであったところのもの——あるいは、そうであったであろうもの——ではない、というのはこの意味においてである。*33

性格が道徳判断を形作る。そうあるべきである。PTAの会合で預けられた基金を私が着服しない場合、それは、いくらか余分のお金を得ることの利益に私が気づかない、ということではない。つまり、私は単にこのお金を自分が利用できるものとして見ていないだけである。それは、誠実であることによって利益を無視する癖がつくようになる、ということではないし、あるいは、道徳的であろうとすることによって、利益の在り処をささやく声が聞こえなくなる防壁が設けられる、ということでもない。こうした環境では、どんな利益も、すなわち、ある理由を支持する利害関心へのどんな訴えかけも存在しない。それは、道徳的性格をもつということに由来する。そのような性格にあっては、欲求と利害関心とが成長して熟慮の領域に入るための枠組みがあるのであり、道徳法則はそうした枠組みの一部を成す。

非‐道徳的な欲求を包摂することを通じて、〔カント主義的道徳判断の〕全体像のうちに性格の構想を取り入れるような、道徳判断についてのカント主義的な説明がありうる。このことを、私はこの論文のはじめの箇所で示唆した。私が概略を述べてきた成長——すなわち誘因から理性的動機への成長——の説明は、一方で欲求の自然史、そして他方で、道徳的動機に対するカント主義的な制限、そのどちらにも両立するような仕方で道徳判断を説明する方法を示していると、私は考えている。欲求の側に立って述べるなら、人間の行為者は欲求と何らかの仕方で結びついた理由によってのみ行為へと「動機づけ」られることを、私は基本的なこととして受け入れてきた。しかしながら、私は二つの方法を通じて欲求の説明を複雑化させようと努めてきた。一つ目は、欲求の自然史あるいは「地層変化」という考え方に訴えることを通じた方法である。この方法によるなら、われわれが欲求と見なすものは、対象を意図的に求めるすでに高度に成長した傾向性であり、欲求が影響力をもつための様々な起源と、欲求の一連の可能的対象についての多くの学習とに依拠している。二つ目は、われわれの欲求の成長はある程度高い水準で理性・応答的であるということは、理性的存在者としてのわれわれの本性の一部だという考え方である。人間の成長のこのような構造的な特徴は、道徳的行為についてのカント主義的な理解と十分に調和し、また、義務の動機に対して自然な空間を十分に提供する。

《V》

私が本稿冒頭で主張したことのひとつは、カント主義を修正して描き出すことには一定の強みがあるということ、とりわけこの修正版カント主義は道徳的複雑さに対応するための適切な余地を提供する、ということである。この最後の章で私にできるのは、この問題の性質についてわずかなことを述べることだけであり、強みがあるという私の主張の理由についてはよりわずかな紙幅しか費やすことができないだろう。道徳哲学にとって中心であるようなテーマには、規範倫理学にとっては外在的であるような関心がしばしば反映されている。理由と動機の関係（内在主義の領域）をめぐる問いかけによって、道徳的行為の典型事例は次のような事例であるかのように思わされてきた。すなわち、行為者はある行為が道徳的に意味ある行為（すなわち責務であるとか、禁止されているとか、望ましいとか）だと認識しており、そのため、問題として残っているのは知識と動機の結びつきである、という事例である。責務がもたらすとされる必然性という性質に関する謎が、義務の対立を、道徳的不確定性を示す標準的事例にしている。

こうした理論的戦略を弄することによって失われるのは、道徳的生の核となる道徳的熟慮という骨の折れる作業である。すなわち、行為者にとって目下の――あるいは、今後予想される――行為の環境のうちに現れる多様な道徳的配慮に取り組むことである。道徳的な複雑さの範囲は、理論が提示するよりもはるかに広く、その範囲には、相対立する道徳的配慮のバランス調整や重みづけの方法を見つけようとしている行為者が典型例として含まれている必要はない。たとえば援助行為が必要とされているのは明らかであるかもしれないが、しかし、援助の受け手の尊厳を保つために人はいかにして援助すべきであるかは問題であるだろう。平等な処遇という基準を遵守することへの関心は、男女別の学校環境の方が女の子の成績はより向上するという証拠によって弱められるかのように見えることがある。またカリフォルニア州全域の試験のなかにアリス・ウォーカーの短編集からの一節が含まれていたことに対し、生徒の親のグループが「反宗教的である」ことを根拠にして抗議したことがあるが、この際提起された問題は、ローカルな宗教的価値に対する差別と言論の自由との衝突という観点からでは十分に捉えることのできない、道徳的な複雑さをもった問題なのである。[*34] われわれが住まうのは、損害や攻撃についての異なる基準を承認する、複雑で多様な価値観の交錯する共同体であるのだから、われわれが必要とするのは、いわゆる寛容が適切なのはいかなる場合かを定める方法だけでなく、われわれ自身の価値を脅かしたりそれらと拮抗したりする、全く異なるローカルな価値に実質的に向き合う方法でもある。公的な行為によって脅かされる可能性のあるローカルな価値のなかには、一方では保護されるべきものがあるが（宗教儀式を理由に生徒を罰することは不当な犠牲を課す）、他方では保護されるべきではないものもある（公立学校の卒業の際に宗教的な祈祷を禁止することは、より重要な利害関心を幅広く保護する）。

もちろん、道徳的複雑さを示す興味深い事例のすべてが、リベラルで多元的な国家の制度や相対立するローカルな諸価値にかかわっているわけではない。自律と正当な干渉とは常に調整するのが難しい（それは若者に聞いてみれば分かることだろう）。また、約束を破るという決定から生じるあらゆる種類の問題がある（結果として生じることに人はいかに責任を負うのかにかかわる問題、そして、異なる社会的・私的文脈のなかで将来的に信頼や信任を確立していくことにかかわる問題）。社会的な事例に注目することの主要な利点は、責任ある行為者が直面するだろう道徳的問題の範囲が明確になるという点にある。どんなに育ちがよくとも、また統制的な道徳的動機をどんなに完璧に内面化したとしても、人がこれから先何を知らなくてはならないのか、あるいは、人が自分自身の価値をどのように再考しなくてはならないのか、それは予測できない。こうして、判断と動機のどちらのうちにも一定程度の柔軟性があることを裏づけるような仕方で、道徳的生を特徴づけたいと考える理由があるのであり、その理由は、道徳的現象に内在するものなのである。

こうしたことは、性格を道徳判断と道徳的動機の基礎として捉える新生（もしくは再生）アリストテレス的構想が特に関心を向ける事柄のように私には思われる。外的世界にかかわっていると同時に、動機づけにもかかわって備えつけられた感受性によって、道徳に関する仕事の多くが為されうる。自らが置かれる環境において何が道徳的に際立ったことなのかを、正しく理解したり読み取ったりすることを通じて、行為者は、何が行われるべきかを定めることができる。感受性は性格のうちの判断にかかわる側面であるのだから、それは、養育や訓練、慣行、そして幾分かの熟慮から生み出されたものである。動機に関して、別個の切り離された問題は存在しない。なぜなら、道徳的知識は感受性なしには利用できないのであり、さらに感受性とは、動機づけの状態の作用ないしは表出だからである。関心を向けるべきと思われることは、性格についてのこのような構想において感受性それ自体を吟味する方法――すなわち、感受性が自らを批判的評価の対象と捉えること――が一見すると存在しないように思われることである。

私がカント主義的理論のうちに見出した柔軟性は、動機と関心・欲求との種的な区別に由来する。熟慮の領域への規範化の過程を通じて、利害関心と欲求は、理性的原理に発する熟慮上の要求に対して内的な応答性をもった動機へと変容する。これは、道徳的性格をもつということに関する〔アリストテレス主義とは〕異なった構想である。形式的で統制的な規範が、行為者自らのもつ目的についての構想に内在するようになった場合、道徳性によって要求されることについての行為者の理解のうちには、当然と思い込んできた生き方が実は受容できない慣行や伝統に依拠していたという承認を、よりたやすく加え入れることが可能になる。

例を挙げるなら、一流の学術機関の多くで採用されている雇用に関する慣行は、ジェンダーや人種などとかかわりなく能力ある人材を登用することに対して各機関が積極的な姿勢をとっていることを示すものだと見なされている。しかしながら、仮にそうした機関が属する社会が人種別に階層化されており、さらに、事実として有色人種が能力を高めるための資源に平等なアクセスを有することができないとしたら、機関の側としては厄介な、それどころか機関を変容させるような、より根本的な公平性が求められるかもしれない。仮にわれわれが、自分の職業が受け入れがたいほどに白人優位の職業だと考えていると想定してみることにしよう。さらに、われわれは、自分の所属する機関の大学院入学の過程が手続き上はいかに公正なものだったとしても、有色人種の志願者のうち、入学の資格がある多くの人を受け入れていないと分かったと仮定してみよう。こうした状況に対しては、遺憾に思うというのがひとつの反応として考えられるかもしれない。このような反応は、なすべきことを人が行ったにもかかわらず、それによって得られた成果が極めて貧弱だった場合にとられるものである。しかし、より根本的な公平性に適うよう、あらゆる努力を尽くそうとするならば、その場合、最上位層の哲学科はもっと別のことをするべきではないかとわれわれは疑問に思うかもしれない。たとえば、黒人のために開設された伝統を有する大学に所属する同業者との間に継続的な協力関係を築いていき、それを通じて、われわれにとって（現在の状況下では）馴染みのない学部・学科を有する機関からの学生を今後より適切に審査できるようにしていったり、また、そうした学生の訓練を行ったり客員研究員や交流事業に資金を使ったりしていくことなどが考えられる。こうした活動には、新たな手法をとる必要性を正しく評価すること以上の作業が必要とされるかもしれない。公正な手続きを考え出していくことのより根本的な難しさが分かるにつれ、公平性という価値が何を意味するのかについての人の理解も変わっていく。こうした理解の変化を受け入れることは、これまで自身が馴染んできた行為のありようを変えうるのであり、さらには、自分の行いがどのような価値をもつのかについての自身の理解すらも変えうる。このような事実を人は、私が思い描く類いの道徳的性格をもつ限りにおいて、受け入れる態勢がある。

カント主義的な道徳的性格をもつ人格をこのように理解し直すことによって、理想的には、この新たな理解は実践面において効果的に受け入れられるようになるだろう。なぜなら、道徳的性格の一部を成す動機は、熟慮の手続きやその帰結から独立するものではないからである。もちろん、理想像について言えるのはこれだけである。心理的に入り組んだ過程を通じて生じる複雑な動機がそうであるように、動機は構造上のより原初的な基礎から完全に切り離されるものでもなければ、十分に理性‐応答的なものでもない。われわれがもっているのは、それを適用する権限がしっかり認められているような、道徳的な批判の言葉であり、われわれは、たとえ情動面での失敗（affective failure）に直面したときですら、そうした言葉をもっている。

〔道徳的性格に関してこの論文で論じてきたのと〕匹敵する議論を発展させることが、性格に関するアリストテレス主義の倫理学ではできないということ、そのことを示す論拠を私はいささかももっていない。[*35] 実際のところ、アリストテレス主義の倫理学がそうしたことを行いうる方向を私は示唆したのである。われわれが道徳的に際立った事実に対していかに注意を向けるのかが、アリストテレス主義の倫理学が展開する性格の観念によって説明されるならば、性格に関して倫理学が取り組むべき問題とは、新たなせり出しの問題だと考えてよいかもしれない。すなわち、いかにして道徳的事実が変化したと分かるのか、という問題である。道徳世界が予測不可能である場合、道徳的行為者には世界探検家のようなところが必要とされる。その行為者が遭遇するすべてのものが等しい価値をもつわけではない。またその行為者が自らの意思とともにもつすべての価値が、最初の形のままで存続するわけではない。概念上の変容に開かれていることは、（今日極めて評判の悪い）理性に対する啓蒙主義的価値へのコミットメントに由来するものであるが、それは携えるべきまっとうな装備であるように思われる。★7

第二章　注

原注

*1　もっとも、固定された法則が与えられている場合にも判断がいかに下されうるかはとてもはっきりしている、ということを言っているのではない。

*2　この事実はときに「成文化不可能性（noncodifiability）」を示すと捉えられることがある。それは、行為を取り巻く環境についての道徳的特徴は規則によっては記述しえないという命題である。しかし、文脈依存性から成文化不可能性は導かれない。

*3　この種の説明のうち、最も説得力があり意欲的である説明は、ジョン・マクダウェルの研究のうちに見出される。

*4　特定の欲求を満たすために行為することはある意味でよいと理性的行為者が判断する場合に、その行為者が行為する上で動機として依拠することのできる誘因（incentives）が、カントにとっての欲求である。もちろん、欲求だけが理性的行為者の唯一の誘因だというわけではない。

*5　ひとつの読み筋としてあるのは、カントが行為のあらゆる起源のうち、義務の動機以外の起源がもっている動機としての力を明らかにする際に、このような説明を受け入れているように見える、ということだ。私はカントをこのように理解することが正しいとは思わない。しかし、本論考での私の関心は、これとは別の見解を提示することにあり、その見解が本当にカントのものだとか、そうでありうるとかいったことを証明することではない。

*6　驚くことではないが、このような説明を、道徳についての規則 - 基底的な構想から解き放つことは極めて難しい。

*7　Samuel Scheffler, *Human Morality* (New York: Oxford University Press, 1992), chap. 5.

*8　もちろん、そのような説明の真価は、個人やその症状に限定されるものではなかった。集団ヒステリーやカリスマ指

導者の発現、そしてそれ以外の社会病理を説明する際にも、説明の真価が現れる。

＊9　これによってシェフラーの理論形成が妨げられることはないだろう。彼がこの点に関して探求し続けているのは、何らかの目的（たとえば他者の福祉や自己の利害など）の促進と結びついていない自然的な道徳的動機の可能性であって、そのため、道徳性が目的を基礎づけることがない場合でも、彼の研究が無に帰することはない。彼は、道徳的内容を制約するための他の種類の議論を提案している。

＊10　透明性と道徳との関係は、公示性と正義との関係と同じだ、と言うことができるかもしれない。

＊11　クリスティン・コースガードは、内在主義の要求それ自体には、実践理性の実質的な構想を否定するようなものはないと主張する（Christine Korsgaard, "Skepticism about Practical Reason," *Journal of Philosophy* 83［January 1986］: 5-25)。ジョン・マクダウェルは、「回心」のようなものの可能性をこの要求に付け加えている。それは、ある種「個人の心理に関する単なる事実を超越したもの」であり、それによって、行為者は正しく熟慮する立場に立つことが可能になる。マクダウェルが思い描いているのは、いわば〈曝される〉ことで「……理由へと人を注目させる」ことができる非熟慮的なプロセスの可能性である。重要なのは次の点だ。すなわち、ある行為者に、現時点で何が〔自分に理由として〕はっきり妥当すると思っているのかを分からしめるような熟慮のプロセスがたとえなかったとしても、彼にとって最初から理由があったとするなら、非熟慮的なプロセスは、理由だとわれわれが言いたくなるもの、かつその行為者が理由だと言いたくなるかもしれないものでありうる、という点だ。マクダウェルが例として挙げているのは、〔シェーンベルグの〕十二音技法を評価するようになる場合である。それは、行為者自身が聴いた当初はそれとして好まなかったとしても、非理性的とは言えないようなものである。しかし、音楽についての経歴をもった行為者にとっては、〔十二音技法に〕曝され続けたり、その歴史を記述したり理解したりすることが、彼を動かすかもしれない。つまり、そうしたことによって、彼が聴くものが変わるかもしれない。何かを得られるようになるという、そうしたプロセスは、非熟慮的であるからといって非理性的だというわけではない。以下の論文を参照のこと。John McDowell, "Might There Be External Reasons?" in J. E. J. Althen and Ross Harrison, eds., *World, Mind and Ethics: Essays on the Moral Philosophy of Bernard Williams* (Cambridge University Press, 1995), pp. 68-85.〔マクダウェル「外在的理由はありうるか」村上友一訳、『徳と理性──マクダウェル倫理学論文集』所収、大庭健編・監訳、勁草書房、二〇一六年、七三〜一〇一頁。〕

＊12　実践的合理性についてより確固とした説明を与えるから

といって、何もかもが成し遂げられるわけではない。そして、たとえ「回心」が可能なものだったとしても、いくつかの重要な背景条件が整っている必要がある。サウロがパウロになったとき、彼はダマスカスへの道のりをただ歩いただけではなかったのである。以下の論文を参照のこと。John McDowell, "Two Sorts of Naturalism," in R. Hursthouse, G. Lawrence, and W. Quinn, eds., *Virtues and Reasons: Essays in Honour of Philippa Foot* (Oxford University Press, 1995), pp. 149-79, and "Might There Be External Reasons?"〔マクダウェル「二種類の自然主義」佐々木拓訳、『徳と理性』所収、大庭健編・監訳、一六七～二二〇頁。および前掲の「外在的理由はありうるか」。〕

*13　この類いのものは、ジョン・ロールズの考え方のうちに見出すことができる。彼によると、ある種の公的文化の影響を受けることで、市民は公平性への関心によって動機づけられるようになるという。また、このような考え方は、ミルの『功利主義論』における主張の核でもあると私は考える。ミルはこう論じる。一連の教育や文明を通じて、各人にとって他者の善は「われわれの生存のためのその他の物質的条件と同じように、その人にとって当然、そして必ず注意を向けるべきもの」となる、と（『功利主義論』第三章〔ミル「功利主義」川名雄一郎・山本圭一郎訳、『J・S・ミル功利主義論集』所収、京都大学学術出版会、二〇一〇年、二九九頁〕）。このような可能性は、自然的な共感に基づいて打ち立てられ、首尾よく進んだ共同作業の統一的経験を通じて発達し、さらに、教育と宗教によって強化される可能性であるが、このような可能性こそが、道徳的な生のあり方としての功利主義の可能性の根拠となっているのである。

*14　欲求は評価的であるということが、何人かの論者によって主張されてきた。すなわち、Xを欲求することは、そのXを何らかの仕方でよい、もしくは魅力的だと見ることだ、という主張である。私はそのような説明にはそれなりの利点があると考えているが、この論文の限られた紙幅で論じることは難しい。また、n階の欲求という概念によって評価をうまく表現することができるかどうかという問いについても、私は議論しようと思わない。その議論もまた別の問題群に属する。

*15　以下の文献を参照のこと。Andrews Reath, "Hedonism, Heteronomy, and Kant's Principle of Happiness," *Pacific Philosophical Quarterly* 70 (1989): 42-72.

*16　入念な推測が当てることができなかったことを、思いつきの憶測が当ててしまうという事実は、推測のための計算を断念する理由を与えるものではない。もっとも、このような修正版合理主義の筋立ての魅力のひとつは、真のひらめきを十分に説明できるという点に、すなわち、真のひらめきは単なるまぐれあたりの憶測ではないという点にある。

＊17　このことは、なぜ合理性は個人の決定的な特徴であるにもかかわらず、その表出は社会的であるのかを、部分的に説明する。
＊18　Immanuel Kant, *Critique of Practical Reason*, ed. L. W. Beck (Indianapolis, Ind.: Bobbs-Merrill, 1956), p. 94.〔Ak. 91, カント『実践理性批判』坂部恵・伊古田理訳、『カント全集7』所収、岩波書店、二〇〇〇年、二五六頁。〕
＊19　ほとんどの場合、道徳的動機の純粋さについて言及があるのは、道徳の理論構築における動機と根拠とを混同する危険についての文脈である。すなわち、純粋さの要件は、われわれが「行為の原理を経験的な作動原因や法則のうちに捜し出そうという下劣な考え方」を避けて、道徳的責務の本質と射程範囲に注目し続けるよう仕向ける（*Groundwork of the Metaphysics of Morals*, Ak. 426〔カント『人倫の形而上学の基礎づけ』平田俊博訳、『カント全集7』所収、岩波書店、二〇〇〇年、六一頁〕）。
＊20　以下の論文を参照のこと。*Religion within the Limits of Reason Alone*, ed. T. M. Greene and H. H. Hudson (New York: Harper & Row, 1960), pp. 21-7.
＊21　われわれの感情を喚起し刺激するような環境を探し出すことによって、共感という自然的動機を働かせ鍛える必要があるという見解をカントは提示しているが、こうした彼の見解がそのよい例である（*The Doctrine of Virtue*, Ak. 455〔カント『人倫の形而上学』樽井正義・池尾恭一訳、『カント全集11』、岩波書店、二〇〇二年、三三九〜三四〇頁〕）。
＊22　*Critique of Practical Reason*, pp. 74ff.〔Ak. 72、前掲訳書二二七頁。〕
＊23　「圧制者」と一体感をもつ傾向（パトリシア・ハースト症候群）のゆえに、おそらくわれわれは体系的な〔欲求に対する〕妨害に対してこのように応答するのだ、と考えることはできるかもしれない。このことが問題を提起するかどうかはよく分からない。理性‐応答性は欲求の目的の一部だというのは、私の主張ではない。しかしまた、計画立案に関するある種の硬直化は、将来の満足のために目下の欲求を我慢する能力の獲得へ向けた成長が止まってしまっていることを示している、と考えるのとちょうど同じように、パトリシア・ハースト症候群はそれ自体で成長の失敗や未完成の表れであったのだと考えることもできるだろう。
＊24　相互援助を主張するに至るカントの議論について考えてみよう。道徳法則は、われわれのリソースを要求する資格をもつものとして他者のニーズを承認するようにわれわれに求める。これはすでにわれわれがもっていた目的に対して、新たな目的を、すなわち理性（のみ）によって付け加えられた目的を課すことだと考えることは可能だろう。しかし、カントの議論の本質が示唆しているのは、そうではなく、自然に採用する目的を形式的に制約することで生じたものとして、

われわれは義務である目的を捉えるということである。すなわち、道徳法則に従うなら、私が他者のニーズの正当な要求を基礎づける状態を認識しなくてはならないのは、私が自分自身の状態を、ニーズをもつ依存的存在として認めることに由来する。この後者の見解は、カント主義的倫理学における性格の構造にとって核となるものである。

*25 「というのも、いかにして道徳法則がそれのみで直接に意志の決定根拠であることができるか、ということ（まさにこのことがおよそすべての道徳性の本質をなす事柄であるが）は、人間の理性にとって解くことのできない問題であり、それはいかにして自由な意志が可能であるか、という問題にかんするのとおなじことである。それゆえ、われわれがアプリオリに示さなければならないのは、道徳法則がみずから誘因となるにあたっての根拠ではなく、道徳法則が誘因であるかぎりにおいて、この誘因が心のうちに結果として生ぜしめる（生ぜしめずにいない、といったほうがよい）ものであるということになろう」（*Critique of Practical Reason*, p. 75）〔Ak. 72, 引用文は基本的には前掲訳書を用いたが、訳語の一貫性のため部分的に修正を加えた（二二八頁）〕。

*26 Ibid., pp. 73ff. 〔Ak. 71ff., 前掲訳書二二四〜二二七頁。〕

*27 飲み物という概念が、そしてそれゆえに飲み物への欲求という概念が存在するためには成長が必要だということだけを、私は主張しているのではない。明確に感じられるニーズとしての渇きが原初的だということもまた、疑わしいように思われる。

*28 病的事例は重要な事例である。子どもをもてないことへの絶望が自暴自棄の行為を引き起こしてしまう悲劇的な事例がある。そして、こうした欲求を、理性に媒介されていない欲求あるいは原理化されていない欲求と特徴づけるか、それとも単にあまりに激しい欲求であり道徳的制約に対する二階のコミットメントを圧倒してしまうものとして特徴づけるのか、ということが重要である。私が注意を喚起したいのは、道徳的失敗を標準的な行為のモデルとして捉えているように思われる説明を用いてはならない、という点である。関係はそれほど単純なものではないかもしれない。すなわち、ある種の失敗は、成長が欲求の全体に関して、あるいは欲求の一部に関して、標準的なものではなかったことを示唆するかもしれない。

*29 脳機能の複雑な神経回路の観点からこうしたことの多くを記述することは可能である。すなわち、視床と皮質のシステム上にパターンがどのように置かれているのかという観点からである。脳神経科学あるいは特定の系統の脳神経科学は、現代における超越論的観念論の受遺者であるように思われる。

*30 ここ〔欲求の自然史〕にすら秩序があるとカントが見なしているとしたら、それは、全体としての人類の潜在力においてである。

＊31　こうした説明にあっては、自由と実践的合理性の能力はひとつである。

＊32　熟慮の領域の原理に対して十分規範化された動機を有する行為者は、道徳的内容を伴う格率に基づいて行為している。すなわち、そのような動機は、行為者の自律を表現している。欲求（あるいは他の誘因）への追従の原理を含んだ格率をもつ行為者は、評価の過ちを犯している。すなわち、そのような行為者は、自分が正当化されない場面で、自分を正当化されると見てしまっている。

＊33　カントの見方からすると、責務の根拠とは、行為の理由に関する規範的前提を設ける熟慮の原理である。たとえば（『人倫の形而上学の基礎づけ』Ak. 422での標準的事例に見られるように）定言命法は人を騙すことをよしとする格率を排除するが、そのような定言命法による排除は、個人的便宜という理由で人を騙すことに反対する熟慮上の前提を設定する。同様に、他人を援助しないという格率の排除は、〔他人への〕関心の欠如や自分のプロジェクトの妨げになるということを根拠として「真のニーズ」にかかわる他人の要求を否定することはできないということを定着させる。他人を助けないことや欺くことは決して許されないということが帰結するわけではない。しかし、他人を欺いたり助けないという格率が熟慮上の前提を退けうるのは、その正当化の基礎が自己利害以外の何かに置かれる場合に限られる。（熟慮についてのカントの原理をこのように解釈することについてのより詳しい説明は、以下の私の論文にある。"Moral Deliberation and the Derivation of Duties," in *The Practice of Moral Judgment* [Cambridge, Mass.: Harvard University Press, 1993], pp. 132-58.）

＊34　『ロサンゼルス・タイムズ』一九九四年二月二六日（*Los Angeles Times*, February 26, 1994）。生徒たちは、アリス・ウォーカーの短編「ローズリリー」からの引用で、次のような一節について自分の感じたことを書くよう求められた。「……ドレスとベールを身につけていたが、必ずしも彼女が花嫁で処女だとは限らない。……いまでさえ彼女の身体はサテンとボイルのドレスから自由になりたくて仕方がない。……結婚したらどんなふうになるのだろうと彼女は思う。仕事に行く必要がなくなるのであり、縫製工場で働くこともない。……彼女の居場所は家庭のなかになるのだと、彼は繰り返し言ってきた。そして、彼女が願い続けてきた安息を彼女に約束する。しかし、いま彼女は迷っている。十分な安息を得たら、彼女は何をすることになるのだろう？　彼らは子どもを作ることになるだろう――彼女は、実際的な視点で、自分の立派な茶色い肉体について、そして彼のたくましい黒い肉体について考える。彼らは子どもを作ることを避けられないだろう。彼女の手は満たされるだろう。何で満たされるのか？　子どもたちである。彼女は不安でたまらない」。〔引用

文の訳出にあたって、以下の邦訳文献を参考にした。風呂本惇子・楠瀬佳子訳「結婚――ローズリリー」、『アリス・ウォーカー短篇集――愛と苦悩のとき』山口書店、一九八五年、八七〜九六頁。〕

*35 たとえば、いわゆる非認知的傾向性と道徳上の知識との結びつきに含まれるものの一部を説明する際に用いられてきた美的アナロジーを引き合いに出すとよいかもしれない。仮に道徳的性格が、美的享受あるいは芸術活動に少しでも似ているとしたら、卓越性や美についてのこれまでの規範がどのように変化するのかについては、様々な説明の仕方がある。たとえば、芸術にはそれを享受するための規範と基準が必要とされるとカントは考えるが、芸術上の天才とは、新しい基準についての説得力ある事例を生み出す才能であるとも考える。おそらく、真の道徳的手本となる人にはそのような類いの才能が備わっている。

訳注（監訳者による）

★1 本論文には底本（*Aristotle, Kant, and the Stoics: Rethinking Happiness and Duty*, S. Engstrom & J. Whiting (eds.), Cambridge University Press, 1996, pp. 36-60）のほか、再録版（Herman, B., *Moral Literacy*, Harvard University Press, 2007, pp. 1-28）があり、後者で加筆修正が施されている部分が数多く存在するので注意されたい。たとえば、七二頁の「自己愛（それは「うぬぼれ」として記述される）」という表現は、後者では「うぬぼれ（「傲慢にも」行為の第一原理として捉えられた自己愛）」（p. 12）と書き改められている。以下の訳注6および7も参照されたい。

★2 本論文で何度か言及される「せり出し（salience）」というのは、ジョン・マクダウェルの用語ならびに議論を踏まえたものである。マクダウェルによれば、有徳な者は特定の状況を、徳を備えていない者とは別様に知覚するという。すなわち、有徳な者が当該の状況を構成する諸事実を知覚する際には、道徳的に関連のある事実が、関連のないほかの諸事実から実際に際立って見えている――道徳的に関連のある事実がせり出しており、それによってほかの諸事実が背景に退き、沈黙させられている――のだという。この点に絡むマクダウェルの代表的な議論として、「徳と理性」（荻原理訳、『徳と理性――マクダウェル倫理学論文集』大庭健編・監訳、勁草書房、二〇一六年、一〜四二頁）を参照されたい。

★3 本論文において「理性的」と訳出している語は、原語では rational――「非理性的」は nonrational――である。rational は一般的には「合理的」と訳される場合が多いが、本論文では、カントの言う意味での「vernünftiges Wesen（理性的存在者）」などを前提に議論が進められているため、「理性的」という訳語を採用している。

ただし、rationality については、reason（理性）と区別するために、すべて「合理性」と訳出している。さらに、後者のreasonは文脈に応じて「理由」とも訳出している。「理由」と「理性」が原語ではreasonという同じ語で表されるという点にも留意されたい。

★4　「ヌーメノン」とは、カント哲学の体系において、感性的直観の対象である「フェノメノン」と対照的なものとして措定される、純粋理性の対象のことであり、一般的には「物自体」と同義だと解釈されている。

★5　ここでいう「アスペクト盲」とは、道徳的な事柄のある側面・相貌（アスペクト）をそれとして認識することができない――あるいは、その側面に対して鈍感である、認識においてせり出してこない――というあり方を指している。なお、「アスペクト盲」というのは元々は後期ウィトゲンシュタインの議論に由来するが、ウィトゲンシュタイン自身にとっては「アスペクト盲」とは、アスペクトの転換をそれとして体験できないという思考実験上の現象を指すので、ハーマンの用法とは異なっている。

★6　この箇所は理解しづらい。というのも、「……人は、友情を過大評価し、責務を過小評価していることになる――あたかも、義務と友情とを超えたレベルに価値があり、その人の誤りはそのレベルに存在するかのように」という部分が、この段落冒頭の「より深い内容に全く依拠しないものとして判断を描くことは、誤解を招く」というハーマンの主張と相反しているようにも読めるからである。ただ、再録版（訳注1参照）では当該箇所が、「……人は、友情を過大評価し、責務を過小評価しているが、しかし、正しい判断と間違った判断の意味の違いを理解するための何らかの価値（あるいは原理）が存在するという見方なしにそうしていることになる」となっており、段落冒頭の主張との整合性が明確になるかたちに書き改められている。

★7　再録版（訳注1参照）では、この後にもう一段落分の加筆が施されており、そこでは、カント主義とアリストテレス主義には互恵的な効果が期待されるべきだと主張されている。ハーマンによれば、カント主義は合理的な原理の優位性を放棄することなく性格のための余地を設ける必要がある一方で、アリストテレス主義は、有徳な行為者のもつ豊富な評価概念のレパートリーを超えて、柔軟な評価概念（行為者の見通しの内部にありつつも、正しさの標準に対して責任を負えるような評価概念）のための余地を設ける道を見出さなければならないという。

第Ⅱ部　功利主義

第三章　理想的規則功利主義（『善と正の理論』より抜粋）

R・B・ブラント（水野俊誠訳）

第9章　道徳コードの概念

《1》社会的道徳システムの本性

すべての社会ではないとしても、ほとんどすべての社会は、法的なシステムとは異なる、行動に対する制約のシステムをもつと考えられている。本節でこれらのうちのひとつを十分に（次節で他のシステムについてより手短に）述べ、それを「社会の道徳コード」と呼ぶつもりである。

「社会の道徳コード」とは何か。ある集団が道徳コードをもつとは、何かがその集団のなかの個人について成り立つということである。そこで個人の道徳コード、すなわち広い意味での個人の「良心」とも呼べるものから始めよう。すべての人が道徳コードをもつとははじめは言いたくなるかもしれないが、明らかにそれは正しくない。赤ん坊はそれをもたない。三歳児が冷蔵庫漁りをしないのは、そのようなことをすると叩かれる傾向があると知っているからに過ぎない。だとすれば、彼が道徳コードをもつとはわれわれは言いたくない。事実、幾人かの成人は、このレベルを決して超えないように見える。お望みなら、こうした大人は初歩的なレベルの道徳コードを有しているとも言える。しかし、どちらかといえば、彼らは何の道徳コードも有していないと言う方がシンプルだろう。彼らには何が欠けているのだろうか。以下、私は六つの特徴を提案する。私が言わんとしているのは、六つの特徴をすべて備えている人は確実に道徳コードをもち、普通、成人は六つの特徴をすべてもつということだ。しかし、人は個人によってかなり異なるということをわれわれは認めなければならない。ある人が以下の特徴のうちのいくつかをもたないとすれば、われわれは言葉の好み次第で、彼が「道徳コード」をもつと言ったり言わなかったりするだろう。

(i)内在的な動機づけ　人はある仕方で行為する〔あるいは行為しない〕ことに関して、現在の内在的な欲求や嫌悪をもつ。たとえば、約束を破ることへの嫌悪、他人を傷つけることへの嫌悪、必要な援助を他人に与えないことへの嫌悪である。これらの嫌悪や欲求は様々な強さをもつ。私は、自分がいなくても気づかれない大きなお茶会に出席する約束を破ることよりも、誰かを殺すことを嫌悪する。それらの欲求や嫌悪は、あらゆる内在的な動機づけと同じように、第3章〔本書では省略〕で述べた法則に従って行為に影響を与える。さらに、これらの欲求や嫌悪のひとつによって動機づけられた行動の理由について行為者が尋ねられるとき、彼は、正負いずれかの価《あたい》を付与された関連行為を普通は挙げることができるだろう。「私がそれをしたのは、それをしなかったとすれば、約束を破っていたことになるからである」。

自分がある仕方で行動することを嫌悪するとき、人は普通は他の人々がそのように行動することも嫌悪する。そして、自分がある行為を行うことを嫌悪するとき、自分が行うかもしれないことのひとつがまさにその行為を行うことであると理解していれば、その行為を回避する行動性向を発達させるだろう。同様に、他人がそのような行為を行おうとしていると彼が考えるとすれば、その人を阻止する行動性向をしばしば発達させるだろう。（現代では、傷つけることを防ぐためでなければ、他人の行動に干渉することに対する「道徳的な」嫌悪もあるのだが。）自分自身がある仕方で行動することに対する嫌悪の普通の範囲は、他人がそのように行動することに常に拡張するとは限らない。いくつかの種類の行動（たとえばある種の性的行動）は、「個人的な基準」の問題だと考えられており、そのときには拡張は起こらない。さらに人は、他人のために大きな個人的犠牲を払うように動機づけられ、自分がそうしないことを嫌悪しさえするかもしれない。だが彼は、他人がそうしないことを嫌悪しない。あるいは、自分の道徳的な動機づけ同士（たとえば約束を破ることへの嫌悪や援助しないことへの嫌悪）が対立し、一方が優勢となり自分の行動を命じる場合でも、彼は、同じ状況に置かれている他人のなかで同じ欲求／嫌悪が優勢であることや、それゆえ彼の行動を命じることを、期待したり望んだりしないことがしばしばあるだろう（MacIntyre, 1957; Raphael, 1974-75）。

これらの内在的な動機づけ――これらのどれかが道徳コードの必要な構成要素であると私は言っていない――のなかで最も重要なのは、他人を傷つけることへの嫌悪と、援助しないことへの嫌悪である。これらの背景には、第7章〔本書では省略〕で論じている慈愛という基本的な動機づけがある。後で見る慈愛も、「帰納的」方法（ある種の行動が典型的にはどのように他人を傷つけたり助けたりするのかを子どもに説明すること）によって他の道徳的な動機づけを教えるために重要である。

ある人々は、他の動機づけ、すなわち道徳的に不正であると考えられることを行うことへの嫌悪という意味での良心に、第一のそして唯一ですらある重要性を与える傾向がある。というのも、どの行為が道徳的に正しいかあるいは不正かを特定することは主として知的な問題であり、道徳の観点から重要な動機づけは単に、すでに不正であると特定されたあらゆる行為に対する嫌悪だと彼らは考えてきたからである。なるほど、大多数の人々にとって何らかの可能な行為が道徳的に要求されると（どのような方法によってであれ）考えるようになることは、その行為をする一層強い動機を彼らに与える。だが、すべての社会ではないとしても大多数の社会において、人々は、他人を傷つけるのを回避すること、約束を守ること、ある種の性的行動を回避することなどを独立に動機づけられてもいる。それゆえ、われわれは、良心を唯一の「道徳的な」動機づけと見なすことを望まない。

ある「標準的な」レベルまである行為を行うように動機づけられること、あるいはその行為を回避するように動機づけられることは、対応する性格特性——本質的にある種の持続的な欲求・嫌悪である性格特性——をもつことである（Brandt, 1970）。そこで、正しい人または正直な人または良心的な人とは、まさに（あるレベルまで）正しく行為すること、真実を語ること、義務を果たすことを動機づけられた人である。（すべての性格特性がまさにある種の行動にかかわる動機づけであるとは限らない。いくつかの性格特性、たとえば他の人々の福利や幸福にかかわる慈愛は、事態に向けられた欲求・嫌悪にほかならない。また、性格特性は必ずしも道徳的な動機づけにかかわる必要はない。欲求や貪欲を考えよ。）

(ii)罪悪感と否認　ある人がそのような動機づけに反して行為するとき、彼は不快、すなわち罪の意識あるいは後悔を感じる。他人が観察者の動機づけに反して行為すれば（観察者が回避するように動機づけられている仕方で行為すれば）、観察者は彼に対して、苛立ち、嫌悪、義憤、あるいは（観察者がたまたまその行為者の許容できない行為の犠牲者である場合には）憤りといった反対的態度（anti-attitude）をとる傾向があるだろう。*1 少なくとも洗練された個人や社会においては、関連する動機づけのレベルが不十分であることを示す行為のみがこれらの反応を引き起こす。その行動が軽率に行われたか、当該の状況の事実について不可避的に誤ってしまった結果として行われた場合、あるいは当人が自分が正しいと考えることをそのときに行うことができなかった場合などには、その反応は引き起こされない。その場合、その行動は「免責される」。しかし、だとしても、誰かが傷つけられたとすれば、その行為者は自らの行為について普通は気まずさを感じ、何らかの補償を行うだろう。

　人々は他人に自分の行動を否認されるのを好まない。人は自分が行ったことを他人に否認されていると知れば、「罪悪感」と呼ぶこともできる何らかの不快を感じるだろう。（人々は否認するとき、ある人に対して冷淡に行為し、ある地位に就くために有利な推薦状を与えないといった制裁に関与しさえするかもしれない。それゆえ、反対的態度を単に嫌うことを超えて、人々が他人による否認を回避したいと望む理由がある。）他人が否認するだろうという知識は、行為を抑止するものとしての道徳コードの効果を高める。さらに、その知識は、ある個人が自分自身の道徳コードを獲得する際に、条件づけの過程を通して役割を果たす。だが、他人による否認を知るときに不快を感じるある人の傾向が、彼の個人的な道徳コードの一部であると考えるとすれば、それは混乱である——その傾向は、まさに個人的な道徳コードの一部ではないものである。彼の個人的な道徳コードは、自律的な罪悪感によって立証される——というのも、罪悪感は、自分自身の道徳的な動機づけに従って行為しないことから生じるからである。

(iii)重要だと考えられていること　人は、これらの動機づけが行き着く行動は重要であると考えているので、関連する種類の行動をある人にとる気にさせるために、ある程度の強制を（おそらく彼自身の良心の圧力によってのみ）加えることが適切であると考えている。他方で、他人がテニスでダブルフォールトをしても、何か不愉快な物事によって脅かされるべきだとか、自分のダブルフォールトに罪悪感を抱くように何らかの教育プロセスを要求すべきだとか考えたりはしない。

(iv)賞賛と尊敬　不十分な程度の「道徳的な」動機づけを示す人に対して他の人々がもつ傾向のある否定的な態度の反対物とは、基本的な動機づけのうちのひとつを行為において並外れて高い程度で示す人に対する尊敬あるいは賞賛である。大多数の人が行為しようと考えもせず、行為するように動機づけられもしないであろう親切な仕方でしばしば行為する極めて思いやりの深い人、たとえば戦友を守るためにまだ爆発していない手榴弾の上に覆いかぶさる兵士、あるいは、病人を治療するために疫病が流行する地域に留まることが、自分の立場によって要求されるもののひとつでないときにそのようにする宣教師を考えよう。これらのケースそれぞれで、個人は義務の要求を超えて社会的に望ましい仕方で行為し、それを下回ると否認を引き起こすという程度の基準を超えるレベルの、重要な動機づけを示した。そのような行為はときに「義務以上の行為」と呼ばれる。

(v)特別な用語　ある人がこれらの内在的な動機づけや罪悪感などをもつが、それらを表現するのにぴったり合った言語的な仕組みをもたないということは、論理的には可能である。しかしながら、すべての社会あるいはほとんどすべての社会は、事実、そのような仕組みをもつ。英語では、「morally ought（道徳的にすべき）」、「morally reprehensible（道徳的に非難すべき）」、「moral obligation（道徳的責務）」、道徳的権利の用語などがこれに該当する。そうした仕組みがあるのは単なる偶然ではない。人々が重要な動機づけと感情を伝達できないとすれば、道徳コードは個人間の行動をほとんど規制できないだろう。自分の道徳的な動機づけがある法案を最終的に支持するのかどうかを、行為者が立法前に熟慮しなければならないときのように、基本的な動機づけを表出してはっきり述べるためには、特別な用語が必要である。それゆえ、私は、ある個人的な道徳コードをもつことの第五の特徴として、そのような用語の存在を付け加える。

道徳コードはまた、かなり複雑な概念枠組みも必要とする。たとえば人は、傷つくことや約束のような ある概念をもち、それを適用できなければならない。加えて、作為（や不作為）の結果の概念をもたなければならない。そして、楽しい状態や苦しい状態にある他人の概念や、欲求をもつ他人の概念をもたなければならない。この最後のものがなければ、子どもは慈愛の動機を発達させることができない。さらにほとんどの場合、心理学者が「帰納法」と呼ぶもの――すなわち、他の人々による、善悪にかかわるある種の行為の諸結果に注意を払うこと――によって、人々が道徳的な動機づけを獲得するということをわれわれは知っている。それゆえ、これらの動機づけを獲得する子どもは、因果的傾向の概念をもたなければならない。[*2] 行為者に対する否認や賞賛が不適切であるケースを識別できるようにする免責のシステムは、とりわけ行為者の欲求と嫌悪、行為者の意図、行為者による結果の予見、軽率さ、事実誤認、性格特性といった、また別の一連の概念を必要とする。

(vi)正当化の根拠があると考えられていること　最後の要素が個人的な道徳コードの概念に付け加えられなければならない。人は、自分の動機づけ、罪悪感、自分の行動に関する行為者による是認や否認の態度、適切な種類の行動の重要性についての自己評価が、正当化される――恣意的ではなく何らかの意味で適切なものである――と考えるのでなければならない。どのような種類の「正当化」が望まれるだろうか。人々がどのような種類の正当化を探し求めているのか、彼らが何を概ね手に入れることができるのかについて、私は後で多くのことを述べるつもりである。まさに何が「正当化」と見なされるのかを、人々が自分の心のなかではっきり知っているとわれわれは想定するべきではない。人々は、自分の道徳が単に慣習的なものではないと考えている。自らの道徳に知的に馴染むことを可能にするいくつかの考えがあると考えている。だが、普通はそれが何かを知らず、自分が探し求めている種類のものをはっきり述べることさえできない。哲学の任務のひとつは、それらの選択肢が何かを明らかにするのを助けることである。そのような正当化の一例は宗教である。自らの道徳原則が神の要求であると信心深い人が考える場合、神学的信念の構造と、結果として生じる神に対する態度（崇拝、愛、服従）があれば、彼は自分の道徳に満足し、自分の長期的な個人的福利に反するように見えることを行うのが合理的であると考えるかもしれない。

　要するに、ある人が個人的な道徳コードをもつということは、彼が(1)自分がある種の行為を行うことに賛成したり反対したりする内在的な動機づけをもつこと、および、他人がある種の行為を行うことに賛成したり反対したりする内在的な動機づけを大いにもつこと、(2)自分の行為がそのような動機づけの不足を示すときに罪悪感を経験し、他人の行為がそれを示すときに否認を経験し、他人の行為がそのような動機づけを十二分に示すときに賞賛や尊敬を経験すること、(3)行為することを自分が動機づけられているか、あるいは、行為しないことについて罪悪感を抱く行為（など）の形式が重要であると考えること、(4)いま述べた、あらゆる種類の自分の態度が正当化されると考えること、(5)これらをすべて言葉で表現する言語的能力をもつことである。

　後の章で、私は「道徳コード」のこの概念からときにいくらか離れるつもりである。つまり、私は「ある人の道徳コード」が、以上のうちの意欲・情緒的な構成要素、すなわち(1)と(2)だけを指すものとしてしばしば用いるつもりである。ある人がもっている、（この意味での）自分の道徳コードが正当化されるという信念について自由に語ることができるのは、そのときだろう。そしてそのとき、ある人の道徳コードを表現するものとしての当人の規範的言明について自由に語ることができるだろう。どちらの意味で私がこの表現を用いているかは文脈のなかで明らかであり、二重の用法が混乱を招くと思う人はいないだろうと私は確信する。両方の語法をもつ理由は明らかだろう。意欲・情緒的な構成要素のみを指す語法をもつことがなぜ重要なのかは後に明確になる。だが、ある人が自分の意欲・情緒的な態度が適切な仕方で正当化されると信じていないとすれば、彼が普通の種類の道徳コードをもつとわれわれはほぼ考えないだろう、ということもまた真実である。それに比べて、ある人が道徳コードをもつのはそれを表現する言語的能力をもつ場合だけである、というのはおそらく自然ではない。ある人がこの概念を「ある人の道徳コード」の何らかの定義に含めたいと望まないとすれば、私は反対するつもりはない。私がこの概念を定義に含めるのは、それが事実であり、より適切な一括提案を完成させるからである。

右の説明はおそらく、とりわけ個人の理想に言及していないせいで、不完全であるかもしれない。だがこの説明は、形式的な構想であるという長所をもつ。つまりこの説明は道徳コードを、いかなる内容にも言及せずに定義している。それゆえ、〔この定義で示されている〕概念は、非常に多様な個人的道徳コードをもつ人々によって受け入れられうる。事実、これと関連のあるものが、ギリシア、ヘブライ、現代の西洋をはじめ、あらゆる文化のなかに現れていることを否認すべきもっともな理由はないように思われる。

個人的な道徳コードについての右の説明は、意欲・情緒を重視しているという理由で、通俗的な伝統的理解とは大きく異なる。私は、個人の道徳コードを行動の内的な監視者だと言った。第一義的には、ある種の行動に向けられた、対応する罪悪感と否認の態度とを伴う内在的な欲求や嫌悪だと言った。伝統的な理解によれば、個人の道徳コードは、第一義的には、どの種類の行為が道徳的に正しいか（あるいは不正か）に関する知識、あるいは少なくとも信念であり、この知識に対する反応として現れる動機づけと情緒とを伴う。このように、伝統的な理解では、知的な構成要素が因果的に最も重要なものであり、意欲・情緒的な現象はそれに対する反応である。伝統的な著述家たちは、道徳的な経験の意欲・情緒的な側面はあまり重要ではないと一般に考えてきた。そして、その側面について、相対的にわずかなことしか述べてこなかった。彼らが知りたかったのは、知的な構成要素、つまり何が正しいか（あるいは不正か）についての信念を正当化する方法なのである。

この『善と正の理論』は、前世紀の道徳哲学によって証し立てられる、主知主義的な理解の破滅的な問題を詳しく述べるべき場所ではほとんどない。一方で、主知主義者は、彼らが根拠なく主張する重要な信念がかかわると想定されているものについて、あるいはそれらの信念を立証し確認することができる推論について、もっともな説明を与えることができなかった。[*3] 第1章〔本書では省略〕で見たように、これらの問題の源は、通常の規範的概念が曖昧で分かりにくいということにほかならない。明らかに、それらの概念が曖昧で分かりにくい場合には、それらを立証する方法に関して問題が生じざるをえない。しかしながら、目下の目的のためには、人間の良心についての主知主義者の理解がどれほど説得力のないものであるかを、心理学の観点から指摘することが一層重要である。意欲・情緒的反応が、（たとえば、Aを行うことは不正だろうという）道徳判断に対する反応であるとその理論は想定しているが、意欲・情緒的反応がそれに対するものであると想定されている判断（「Aが不正だろう」）がとても曖昧で分かりにくいとき、そのような反応がどのように生じることができるのかは謎である。実際、われわれが応えるものは主として、ある行為が嘘をつくことや誰かを傷つけることだろうという考えであるように見える。その考えこそが嫌悪を引き起こすのであり、その行為が不正であるだろうという考えが嫌悪を引き起こすのではない。あるいは、われわれが他人を傷つけたことを反省するとき、後悔や罪悪感を引き起こすのは、自分が彼をどのように傷つけたかという考えである。それは、われわれが行ったことが不正であったという考えではない。実際、「〜が不正である」はあらゆる状況で同じ述語であり、意識・情緒的な反応がまさにそれに対するものだとすれば、その反応はあらゆる状況で同じものであるように思われるだろう。他方、事実として、意欲・情緒的反応はその状況の性格（どれほど大きな傷か、どれほどひどい嘘か、どのような種類の約束か）に応じて、ケースごとに異なるように思われる。それゆえ、主知主義の伝統は、道徳的な動機づけ、罪悪感、否認を、行為が正しいだろう（あるいは、不正だろう）という信念や知識に寄生するものであり、それゆえ二次的な現象であると見なすことによって、事柄を逆行させているかのように見える。したがってわれわれは、主知主義的な伝統と、人間の良心についての先述の理解との相違について心配する必要はないのである。

ある一定の社会では、個人の道徳コードは概ね同じだろう。相違はある。原始的な社会においてさえ相違はあった。われわれ自身の社会では、裸の男女がビーチで一緒に過ごすことの適切さについて、あるいはマリファナ吸引の適切さについて意見の対立がある。だが、自分が取るに足らない犠牲を払えば他人の差し迫った必要を満たす援助を与えることができるときにそうしないことなどと同様に、殺人、強盗、子どもの誘拐、暴行、レイプ、嬰児殺し、子どもの虐待、契約違反のような重要な事柄（刑法によって処罰されることの大多数）のリストについて、意見の対立はない。

個人的な道徳コードの類似性あるいは重なり合いが、特定の社会の「道徳コード」を定義することを可能にする。それは、少なくともひとりの人間の道徳コードによって命令されるか禁止されるあらゆる種類の行動を列挙し、その後に当該の社会の個人的な道徳コードのなかにそれらが現れる頻度に応じて、リスト上の項目を配列することによってである。その後われわれは、成人の間でほぼ普遍的である項目を選び出し、それらに「社会の道徳コード」という資格を与える。「社会の道徳コード」という表現を用いる、同じように有益なもうひとつの方法は、集団全体に関して先述のすべての項目について統計（強度の範囲を示すパーセンテージ）をとり、これを「社会の道徳コード」と呼ぶというものだろう。私はこの言葉を用いるときに、通常は前者の意味を念頭に置くつもりである。

このように定義された「社会の道徳コード」は、刑法といくつかの類似点をもつ。両者は行動を規制するコードである。道徳コードとちょうど同じように、刑法はあること（人を傷つけること、契約に違反すること）を防ぐことを目指す。これらの目的はときに対立する。そのとき、どちらが重要かを決定しなければならない（「正当化」された行為は処罰されない）。両者は――精神錯乱や事実誤認の申し立てのような――免責や、法的な減刑、免罪の制度をもつ。だが、二つのシステムはいくつかの点で異なる。刑法は、義務以上の行為の是認に対応する部分をもたない。動機づけに関する相違は一層重要である。道徳的な人の動機づけは、第一義的には、ある種の行動に向けられた基本的な欲求と嫌悪にほかならない。なるほど、人々は不道徳であると考えられた何かを行うことに嫌悪を感じるのとちょうど同じように、法に違反することを普通はそれ自体として嫌悪する（法の尊重）。だが、法システムは主として刑罰の脅しによって動機づける。さらに、行為は判決によって違法とされうるが、判決によって行動が道徳的に不正とされる、ということはありえない。
法と道徳が「効力をもつ」仕方にも相違がある。法律は、統治機関によって可決され裁判所によって廃止されたり非合法とされたりしなければ、違反すれば処罰されるという条件で、個人の行動の基準となる。法が何かを違法であると宣告すれば、個人はそれを違法と見なさなければならない。しかしながら、社会の道徳コードが何かを不正であると宣告しても、個人はそれが不正であると考える必要はない。個人がその禁止に違反すれば、普通は他人によって否認されたり批判されたりするだろう。だが個人は、自らの道徳的義務が本当は何であるかを社会の道徳コードが定めると考える必要はない。彼は社会の道徳コードを不整合で不合理で、正当化できないものと見なし、自分の行うことが正しいと考えるかもしれない。彼がそのような見解を表明すれば、他の人々は、もちろん彼の道徳コードが正当化できないとか不整合であるとか考えるかもしれないが、彼の個人的な道徳コードを尊重して、自分の個人的な道徳コードに従うことを批判しないかもしれない。要点は、個人にとって何が法的に正しいのかを法が定めるのと同じようには、個人にとって何が正しいかを社会の道徳コードが定めはしないということである。*4

「社会の道徳コード」は、禁止や要求が通用しているということが当該の社会の成人に周知されていなければ、どのような禁止や要求も含まない、というふうに定義されるべきだろうか。言い換えれば、社会の道徳コードは公然と知られていなければならないのだろうか。事実、道徳コードのなかで最も広く共有された重要なもの、とりわけ殺人や暴行の禁止など法律によって禁止されたものが、よく知られているということは疑いない。だが、私が社会の道徳コードと呼んできたもののいくつかの特徴は公然とは知られていない、ということも明らかであるように思われる。こう想定してみよう。同性愛の関係や不倫、近親相姦、そしておそらく妊娠中絶の禁止も、ミシガン州の道徳コードの一部だと一般に信じられているが、個人の見解について注意深く行われた調査では、成人のせいぜい五〇%がこれらの種類の行動を否認しているに過ぎないことが示される、と。そのとき、われわれはおそらく、これらのことはその道徳コードに属していないと言いたくなるだろう。というのも、何かが否認されていると一般に信じられているというのは、その禁止を道徳コードの一部にするためには明らかに不十分だからである。さらに、ミシガン州の住民は人気のある映画の入場券を買うための行列に割り込むことを否認するかどうかを、人々が聞かれるとしよう。この行動が否認されているものかどうかは公然とは知られていないので、彼らの答えは不確かである。だがさらに、注意深い調査が、ほとんどすべての人がその行動を否認することを示すとしよう。そのとき、この禁止は当該の道徳コードの一部であるとわれわれは言わないだろうか。「社会の道徳コード」を定義する際には、何らかの禁止が社会の道徳コードに属するためには、その禁止が周知の事柄であることは必要ではない、ということを反映したものにするのが適当であるように思われる。私はこの言葉をこうした仕方で用いるつもりである。もちろん、道徳コードが公然と知られていないときには、道徳コードの利益の一部が失われる。他人による否認の見込みが抑止効果をもつためには、目論まれた行動が否認されるという知識が必要である。普通は、社会の道徳コードの大半は公然と知られている。だが、周知されていることが、社会の道徳コードの定義の一部であることを要求する必要はない。

これまで、個人がどのように自らの道徳コードを獲得するかについてはほとんど何も述べてこなかった。

しかしながら、われわれが道徳コードをどのように獲得するのかを理解することによって、われわれは道徳コードの本性についてよりよく理解できる。それゆえ、十分に説明すると極めて複雑になるので、若干の概要を述べることにしよう。*5 私は二つの事柄、つまり基本的な動機づけの獲得と罪悪感をもつ傾向の獲得とに言及したい。第一に、前者について。基本的な動機づけは、結局のところ欲求と嫌悪であるので、それらの発生の説明は、欲求および嫌悪一般の発達にかかわる原則（第5章〔本書では省略〕）、とりわけ古典的な条件づけの原則を含むであろう。あらゆる道徳的な動機が同じ仕方で獲得されるとは限らない。とりわけ、他人を助け害を加えない配慮は、その発生について第7章〔本書では省略〕ですでに論じた慈愛とほとんど同じものである。他方、約束違反や窃盗に対する嫌悪が「帰納的方法」（福利への不都合な結果を示すこと）によって習得されるとすれば、それらの嫌悪は、これらの悪い結果についての考えとの連想の結果である「二次的な」動機あるいは誘因と見なされなければならないのだが、まだほかのプロセスがある。ひとつには、信心深い人にとっては、イエスという模範、神の命令、神のユダヤ人に対する処遇の物語が、何らかの道徳的な動機づけを習得する際に大いに役立つように思われる。さらに、同性愛的行動に対する嫌悪は、他人を傷つけることへの嫌悪と同じように習得されることはほとんどなく、どう見ても「帰納的プロセス」によっては習得されえない（というのも、誰かがその行動によって危害を加えられるとは通常は考えられないからである）。では、その嫌悪はどのように習得されるのだろうか。ここでわれわれは、直接的な条件づけの原則、あるいは「同一視」、あるいは、うまく言えないが同性愛の関係は何だかひどく嫌なものであるという、教師（および両親、仲間など）の示唆による条件づけを通じた効果に訴えなければならない。もちろん、これらの結果をもたらす際には様々なプロセスが、道徳コードの様々な項目について、様々な仕方で——そしておそらく「社会化」という多様な技術を利用する様々な親によって様々な仕方で——組み合わせて用いられるだろう。

罪や後悔を感じる傾向の習得は話が別である。というのも、少なくともそれらの傾向のいくつかは——失望の感情が欲求の挫折の自然な結果であるのと同じようには——基本的な内在的嫌悪や欲求の自然な一部ではないからである。（失望は、第2章〔本書では省略〕で見たように、法則的に——あるいは定義上ですら——欲求にかかわる）。われわれが「罪悪感」と呼ぶものは質的に同一ではないので、様々な種類の因果的説明を必要とするだろう。たとえば、後悔は罪悪感として分類されるかもしれない。だが（恐怖を感じることが自分の命が危険に曝されていると考えることに対する自然な反応であるのとちょうど同じように）後悔は、知覚された状況に対する直接的で「自然な」反応であるように思われる。このとき後悔は、自分が傷ついてほしくないと思い、同情するような、感覚をもつ生物——しかも、傷ついたことに対して自身が憤慨をもって答えるような生物——に対して、その傷の原因が自分自身である、と考えることに対する反応であるように思われる。特定できる観察可能な犠牲者がいない行為についての罪悪感は、良心の呵責とは異なる。たとえば、いくつかの性的な不快について成り立つように、犠牲者が全くいないケース、あるいは、会社からの窃盗や所得税還付についての偽証のケースのように、共感の対象となることができない何らかの法人が犠牲者であるときについての罪悪感である。われわれはこれらの感情をどのように獲得するのだろうか。罪悪感は、明らかに単なる処罰についての不安ではない。ひとつの可能性はこうだ。他人によって表明された否認に対して、あるいは性格について他人によって表明された不都合な推定に対して、われわれは、(危険の恐怖のような)基本的な反応を示す、ということである。そのとき、この「自然な」罪悪感の反応は、その行動に対して(あるいはその行動が生じるという考えに対して)条件づけられるだろう。われわれはさらに遡って、その自然な罪悪感はそれ自体、両親による処罰や愛情の差し控えとの過去の関連づけによって、否認の表明に対して条件づけられた不安の感情であると言うことができるだろう。他人による処罰や否認が、自分の行動に対する他人の側の恣意的な苛立ちに過ぎないと子どもが感じ取らないということが、子どもの反応/態度にとっておそらく重要である。道徳的基準を正当化する何らかの根拠があると他人が考えていること、および、これらの基準は、子どもの行動が満たすことを期待されるものであるだけでなく、教師が自分自身の行動を従わせるものでもあることを、子どもは学ぶ。

「社会の道徳コード」があるとはどういうことかに関する以上の提案は、何らかの規範的な闘争に勝つことを意図していない。特定の道徳コードが善いものかどうかという問い、そして、十分に理性的な人が、自分がそのなかで生きると予想される社会のために特定の道徳コードを支持するかどうかという問いは、完全に未解決である。自分の支持する道徳原則がこの定義によって幾分排除されると誰かが思うのならば、その人はそれを別の名称で再び導入することができる。実際、私は喜んでその人に「道徳」や「道徳原則」という名称の使用を譲り、「行動に対する内的制約のシステム」とかその類いの表現を用いるつもりである。彼の行為指針が善いものであり、おそらく最善のものである可能性をその用語が排除しないことは確かである。私が「道徳コード」を先のように定義したのは、私が述べたような種類の文化的構造を現代の世界が有しており、その文化的構造を指すには「道徳コード」という言葉を用いることが有益だと思われるからである。

最近、哲学者たちは「道徳」、「道徳判断」、「道徳的べし」という言葉の適切な用法について詳しく論じてきた。明らかに、幾人かの論者は次のように考えている。「道徳」という語の用法から、いくつかの原則が分析的なものとされ、たとえば利己主義が道徳としての資格を全くもたないとされれば――あるいは、人間の福利のために何らかの点で重要でない限り、社会的規則はタブーに過ぎないものであり、道徳原則ではないとされれば――、ある種の規範的な論証が強化されることになる、と。だが、いまや、そのような論証がうまくいかないことは明らかだろう。一体なぜ利己主義者が、自分自身の見解がまともな論証において道徳として分類されるべきかどうかを気にかけるはずだというのだろうか。[*6]〔以下、本章第2節から第14章第1節まで省略〕

第14章　三種類の一元論的な道徳コード〔第1節「利己主義」は省略〕

《2》行為功利主義

〔一元論的な道徳コードとしては、まず第一に、「常に自分の福利を最大化することを行うべし」という類いの原理をとる利己主義がある。次に、〕第二の一元論的な道徳コードは、行為功利主義（Act Utilitarianism, 以下、ＡＵ）

である。行為功利主義によれば、ある行為が道徳的に正しいのは、それによって影響を受けるすべての人々にとって、その行為から期待される福利の総和が、その行為者がとりうる他のいっさいの行為から期待される福利の総和と比べて、少なくとも同じくらい大きい場合、かつその場合に限る。

われわれは、自分たちがこの原理に向けている問いを想起すべきである。われわれは、ある社会のための道徳コードとしてこの原理に関心がある。つまり、その社会の多くの人が、最大の福利をもたらすと期待されるあらゆる行為を行うように内在的な動機を与えられており、(弁明できる場合を除いて)そのような行為を行わなかったとすれば罪悪感を抱き、他人が(再び、弁明できるものを除いて)そのような行為を行わないとすれば、その人に対して否定的な態度をとることなどに関心がある。この道徳コードに関するわれわれの問いは、十分に理性的な人が自分の社会のためにそれを支持するか——より正確に言えば、他の道徳コードやそもそも道徳コードがないことよりもこの道徳コードを強く支持する傾向があるか——というものである。

以上の原理を明確にするためには、いくつかの説明が必要である。(1)「行為」という言葉は何か特定の物事を行うことだけでなく、何もしないこと(不作為)も含む仕方で解釈される。そして、何らかの長さをもつ複合的な行為、すなわち単純な行為の継起を含む仕方で解釈される。(それゆえ、自分の車を車庫から出すことだけでなく、これを行い、その後に誰かを病院に連れていく、という複合的な行為も、ひとつの行為と見なすのが好都合である。)(2)われわれは、行為とその結果との区分線をどこで引くだろうか。「行為」はある人の身体の動きだけを含むのか(それとも、あることを考えるというような意図的な心的出来事を含むのか)。(行為自体のあらゆる効用がその結果の効用と一緒に考慮される限り）どこで区分線を引くかは普通は違いをもたらさない。だが身体的な動きだけでなく、それらが周囲の世界にもたらす変化も、それらの変化が本質的に行為者によって制御されているときには「行為」に含めるのが好都合である。(3)ある行為に代わる「別の選択肢」は、その行為と両立不可能なものである。二つの行為の両方を行うことが不可能であるならば、それらの行為は互いに両立不可能である。(4)期待される福利の総和とは何か。この概念を明確にするために、行為Aを行うことを別の選択肢Bを行うことと対比しよう。その後、AかBの開始の後に起こりうる出来事を考えよう。われわれは、その蓋然性がAかBのどちらか一方を行うことによっては影響されないような出来事を切り離して考え、無視する。その後、われわれは残る一連の可能な出来事を取り上げ、Aが行われると仮定して、これらの出来事がそれぞれどれくらい起こりそうか（p：probable）を決定する。その後、その出来事が起こる場合の福利の変化量を判定し、その変化量に正か負いずれかの対応する数値を割り当てる。その後われわれは、それぞれの出来事について、Aが行われる場合にその出来事が起こる可能性に、福利の増加に応じて正か負を乗じ、これらの積〔＝その可能性と福利の増加分との積〕を合計する。（「福利」を幸福あるいは享受と同じものと見なすとすれば、原理的には効用の数値が割り当てられうるということを、われわれはすでに理解している〔本書では省略した第3章にて詳述〕。）そのプロセスを、Bについても繰り返す。先述の原理によれば明らかに、Aが正しいのは、積のこの総和が、行為者がそのときにとりうる別のどの行為Bに関連する積の総和に対しても、少なくとも同じくらい大きい場合、かつその場合に限られる。*7

以上の諸概念は、利己主義にとっても重要である——実際、理性的な人によって真剣に考慮されるはずのあらゆる道徳コードにとって重要である。だが、私はここにこれらの諸概念を導入することを選択した。ある人が常にもつ選択肢のひとつは、立ち止まって、自分に選択できるものがもたらしうる利益を見積もるために重要な情報をより多く入手することである。彼は、反省するためにより多くの情報を入手するか、より長い時間をかけるだろう。どれほどより多くの情報を入手し、どれほどより長い時間をかけるだろうか。情報の調査と反省は、それ自体コストのかかる行為であり、それ自体基本原則の支配を受ける。幾人かの著述家はここで、〔効用計算に時間をかければかけるほど、得る見込みのある効用が減っていくという〕悪性の後退が見つかると主張した（Duncan-Jones, 1957）。だが、これ以上省察すればそこから得られる利益よりコストの方が大きくなる（あるいは小さくなる）、という時点は、ときとして――あるいは通常は――明らかである。

AUの道徳コードについて以上述べたことは、動機づけと罪悪感がどれほど強いものであるべきかを知る手掛かりを与えない。歴史的に、この理論の支持者はこの点についてほとんど何も言ってこなかった。いくつかの議論は、その動機づけは個人的な利益を常に圧倒するほど強いだろうということを前提にしているように思われる。だが、とりわけそのような動機づけを教えることの心理学的なコストに鑑みれば、この前提は非現実的である。ひとつの提案は、その道徳コードを教えるどの行為がその原理自体を満たすかと問うことによって、強度のレベルが設定されなければならないというものである。つまり最適なレベルの動機づけは、それを教えることが期待可能な福利を最大化するようなものである。

AUのコードの主要な特徴の、子どもにおける内在化――可能な最大の善の利益あるいは期待可能な最大の利益よりも少ない利益しかもたらさないことに対する嫌悪の内在化——は、ある特殊な種類の行為が、たとえばある種の嘘をつくこと、約束を破ることのように、善や害悪をもたらす可能性が高いということを知ることと整合する。この教育は、学ぶ側に考える時間がほとんどないか傾向性に流される誘惑があるときに、最善をもたらすものについての誤解を防ぐかもしれない。そのような学習が行われるならば、これらの行動に関連して何らかの内在的な動機づけが発達する傾向があるだろう。だが、ある人の道徳コードがAUであるとわれわれが言えるのは、入手可能な情報に基づいて福利あるいは幸福を最大化するような、他を圧倒する動機づけがある場合だけである。

十分に理性的な人は、自らの社会のためにこの種の道徳システムを望むだろうか。一見したところでは、肯定的な答えがもっともらしく思える。少なくとも、十分に理性的で慈愛深い人が（先に論じたように）福利を最大化する道徳システムを望むとすれば、最大限に福利に貢献するために行為するようにすべての人を動機づけることから主として構成される道徳コードを望まないだろうか。

しかしながら、ひとつの重要な区別を強調しなければならない。道徳システムが与えるのは、ある方向の動機づけ、ある状況における罪悪感や他人に対する反対的態度である。だが、最大の福利をもたらすと期待される行為を行うように動機づけられることは、その行為者が最大の福利をもたらすと期待される行為を行うだろうということを決して保証しない。どの行為がこの特徴をもつか特定する能力を絶望的にもたない人がいるかもしれない。彼は完全に確信をもっているが、ほとんどすべてのケースで確信をもって誤るかもしれない。どの種類の行為が最大の福利をもたらすと期待されるかということに関して、彼が教わる経験則は優れたものかもしれないが、しかし、人はしばしば、これらの規則が場合によっては指針として誤りうると考える十分な根拠があると考えるかもしれない。（定義により）平均的な知性をもつ人々から成る、われわれの社会のような社会において、AUの道徳システムは、「常に、期待される福利を最大化するために行為せよ」というひとつの法だけをもつ法システムと同じくらいうまくいかないだろう。税務署からの指示が、「自前の証拠に基づいて、期待可能な福利を最大化すると思われる額の税金を納付せよ」というたったひとつの規則しか含まないとしたらどうだろうか。

AUの道徳コードによって与えられる動機づけが、現実の行動に対して相対的に不都合な仕方で影響する見込みがあるとすれば、十分に理性的な人は、期待可能な福利を最大化するものを納付せよというだけの以上の指示よりも、税務署によって定められる特殊な規則を選好する場合と同様に、何か他の種類の道徳システム、たとえば特殊な規則の道徳を選好するだろう。

遅くともバークリ主教（Berkeley, 1712）が生きた時代から哲学者たちは、善を最大化する可能性が高いと各人がそれぞれのときに判断したあらゆる行為の遂行を端的に命令する道徳と比べて、特殊な種類の行為を禁止したり命令したりする道徳の方がより多くの善をもたらすだろうと考えてきた。最近、D・H・ホジソン（Hodgson, 1967）はもっと強く、次のように論じた。住民全員が確かな論理的能力と十分な情報を有しており、かつ「ここの全員が道徳コードにおいてAUである」と知っているような理想的社会において、全員が実際にAUの導きに従うことは生の質の点で破滅的結果をもたらすことになる。というのも、約束を守るという実践や確実に真実を語るという実践がそこでは存在しないと考えられるからである、と。ホジソンの著作によって触発された諸文献により、彼独自の論証は決定的なものでないということが明らかになったが（Lewis, 1972; Peter Singer, 1973; Mackie, 1973）、ＡＵの道徳コードがある種の規則道徳と比較して不都合だと考える点で、ホジソンが正しい可能性は残っている。

ＡＵの道徳は、ある特定の種類の行為（たとえば約束を破ること）が普通は福利の喪失に行き着くと考えることを含むだろうと私は指摘した。これらの考え（およびそれと結びついた蓋然的な内在的動機づけ）は、この道徳コードが次章で論じる「規則」道徳に近似するという帰結を招くだろう。この帰結が生じる場合には、その限りで、行為功利主義道徳の特別な魅力と特別な短所の両方がなくなる傾向がある。だが、ＡＵの道徳が予想される行為のケースバイケースの費用便益分析を含むと仮定して、以下ではＡＵの道徳の短所を考察することにしよう。

⑴必要な推論はしばしば複雑であり、それゆえ自己利益に基づく合理化を受け入れやすいだろう。将来の納税者が千ドルを節約するために収入を隠すべきかどうかを考えているとしよう。彼はどの行動が利益を最大化するだろうかと自問する。明らかに脱税は、たとえばギリシアでの休暇のような多くの楽しみを彼にもたらすだろう。納税の利益は何だろうか。減税の見込みのわずかな増加であり、これはおそらく多くの人々にとっての幸福の付随的で小さな増加を伴う。減税が行われる理由とその見込みの少なさを考慮すれば、この利益は非常に思弁的なものである。（全員が彼のまねをすればどのような結果が生じるかをわれわれは尋ねているのではない、ということを思い出そう。）自分の将来の行為が不誠実、窃盗、偽証の実例であるかどうかだけに注意を払えばよい場合に起こることとは全く異なり、必要な推論は繊細なものになるに違

いない。そしてその人は、余分な税金を納付すべきではないという結論に至るのは容易だと考えるだろう。

(2)他の人々が何をするつもりかを予め知ることができるということは、部分的にはまさに心の平安のために重要であるが、有効な計画を立てるためにも重要である。AUのコードが要求する個人によるケースバイケースの費用便益分析は、多くの種類のケースに関してそのような保証を不可能にする。(a)ときにこれは、前の段落で説明したように、その推論が繊細なものになるに違いないからである。(b)だが、約束を守ること、親が自分の子どもの世話をすること、警察が法を執行してすべての被告人に自らの法的権利に応じた扱いを保証することのような「制度的な」種類の行動を考えよう。AUの社会では、何か（たとえば業務に対する報酬）が私に約束され、その相手が約束を果たすことを私が期待していると彼が考えていて、そのことを私が知っているとしても、多少の疑いが残るに違いない。というのも、彼の個人的な状況は、彼が約束を果たしても社会全体の幸福を全く最大化しないようなものであるかもしれないからである。公共の利益（など）の差し迫った反対の理由がない限り、あることを行わなければならないと人々が思うことは、明らかに有益である。(c)不確かさは、評価の違い、すなわちわれわれが「保守的な」価値や「革新的な」価値と呼びうるものから生じうる。遺言の執行を考えよう。個人が自分の死後の遺産の処分を決定できるということは、ある事柄が起こることを知るという終生の満足と、自分の財産によってこれらのことを準備すべき立場にいようという動機づけとの両方から、長期的に見て好都合である。保守的な人は、その制度が乱用されうること（自分の飼い猫の一生分の贅沢に備える、など）を認めるとしても、この利点を重視するだろう。革新的な人はこの利点を重視しないだろう。人々は公共善を念頭に置いて遺書を書くべきであり、彼らがそうしないときに自分の遺書が尊重されると期待することは許されるべきでないと、彼らは考えるだろう。もしこの領域に保守的な人々と革新的な人々とがいるとすれば、人は何を期待するべきだろうか。安楽死に関する価値をめぐる同様の対立は、道徳的野心家の親戚が自分の死を看取るべき立場にいる場合に、自分の同意が必要だろうかという疑いを、AUの社会における高齢で虚弱な人に抱かせるだろう。（いかなるAUの道徳も、人々が自分の子どもの将来の福利に配慮したいと望むことや、この世を去ることが公共の利益になるときに生き続けたいと望むことを妨げないだろうと、私は仮定している。）それゆえ一般的には、道徳的な人々は例外的な状況以外では特定のことを行わないだろうし、特定の承認された義務を果すだろう、と知るのはかなり好都合なことだと思われる。こうしたことは、AUの道徳には不可能だろう。

興味深いことに、いくらか「保守的な」種類の自称行為功利主義者たちは次のように書いている。こう述べることが整合的であると彼らが考えているのは驚くべきことだ。

行為功利主義の原理そのものだけを子どもに教えるという直接的な目先の試みは、明らかに破滅的なものである。……成人の行為功利主義者が、子どものときに教えられた規範を他人に対してのみならず自分自身に対しても課し続けることは、合理的である。……このように共有された社会道徳のシステムは、行為功利主義に基づいて構築された法システムにとてもよく似ているように見える。効用に対する配慮は、効用に直接依拠することを禁止し制裁に裏づけられた規範のシステムの創造および維持に、各人が関与することに行き着く。*8

注意深い熟慮と議論とによって、保守的な人と革新的な人が対立するケースでどちらが正しい解決かを示すことができる、ということを疑う必要はない。期待できる利益を最大化する道徳コードを特定し教える可能性を疑う必要はない。事実、私はまさにそのことを、次章で論じるつもりである。損失が大きいのは、ケースバイケースの根拠に基づいて行われるべきあらゆる決定を、注意深い分析をしばしば行うことができない人に委ねることである。

(3)行為功利主義は極端で抑圧的な要求を個人に課すので、真剣に考慮するのはほぼ不可能である。〔イエスが弟子たちと群衆に語りかけた〕山上の垂訓と同じように、それは聖人のためだけの道徳である。行為功利主義によれば、たとえば私は次の段階に至るまで、自分の給料を慈善のために寄付すべきであるとされる。すなわち、私が自分自身のためにとっておく最後の一ドルから私が得る利益がもはや、その一ドルが他の誰かに与えられた場合にその人が得る利益と同程度になる、という段階である。（道徳がこれほどの慈善を要求するなら、うまく機能する動機づけがどれだけ残るだろうか。）AUは義務（道徳が要求するもの）と「義務以上の働き」――それらがもたらす利益に鑑みて道徳的に要求されないが道徳的に望ましい行為――との明確な区別を認めない。AUによれば、誰かが投げたがまだ爆発していない手榴弾の上に私が身を投げ出して、他人のために自分の命を失うとしても、私は自分の義務を果たしたに過ぎない。この区別を維持しないことは、道徳における不都合な欠点であるように思われる。

さらに、M・G・シンガー（Singer, 1961, p. 184）が行った次のような批判については、言うべきことがたくさんある。その批判とは、AUは「道徳的狂信、すなわち、どうでもよい行為や取るに足らない行為など何もなく、あらゆるケースが重要であるという考え」に行き着くというものである。この言説はおそらく極端である。行為功利主義者は、小さな害悪か小さな善をもたらすという見込みによって一喜一憂する必要はない。自分が他人のためにもたらしうるあらゆる善を調べることは、ある状況では時間を費やす価値がないと経験則は告げるだろう。だが、われわれが現在採用している種類の道徳コードによれば、現時点で私のどの義務も――より心の広い慈善以外には――免除されないわけではないということ、私には小説を読む道徳的な自由があるということを、私は知る。他方、可能な限り最大の善をもたらすべきだと私が本気で考えているとすれば、いまこの瞬間に私の居間で家具を掃除している人々の状況を、私は調べるだろう。おそらく、このようなことがもっとあれば世界はより幸福になるだろうが、自分自身の目標を達成するためにしたいことをする自由、単に楽しむ自由の余地を残さないとすれば、その道徳コードは抑圧的である。AUのコードでは、完全に免除されていると知りうるような義務の有限集合は存在しない。

われわれの社会に完全にAU的な道徳コードがあるというのは、どのようなことだろうか。それは、幾人かの行為功利主義者が考えるようなものではない。すなわち、他のあらゆる点において同じだが、現在のシステムを規則と禁止への注意を減らす方向にはわずかしか修正せず、人間の福利の方向にはより大幅に修正する、という程度のものではない。

私が提案するのは、十分に理性的で慈愛のある人は、AUの道徳コードに納得せず――私が第15章〔本書一四九頁以下〕で述べるつもりのシステムと同じように――AUの短所はもたず長所だけを結び合わせうる何らかの代替案を探し求めるだろう、ということである。そして、十分に理性的で利己的な人々も、AUのシステムに対して同様に納得しないだろう。*9

《3》功利主義的な普遍化

目下の論題に関する最近の大多数の文献に鑑みれば、利己主義、行為功利主義と並ぶ、第三の理論――AUの論駁可能な特徴をもたない代替案となるという目的で考案された、AUと密接にかかわる理論――を論じる価値があるように思われる。大まかに言えば、重要な点で類似した状況に置かれているすべての人が、あなたが行いうる他の何かの代わりにAを行うとすれば期待可能な長期的な福利が最大となる場合、かつその場合に限って、あなたがAを行うことをその理論は命じる。この提案を「功利主義的な普遍化（Utilitarian Generalization）」論、略してUGと呼ぼう。ある行為の「格率」が、万人の行為に関する法則として行為者が反省的に受け入れうるものである場合に、そしてその場合に限って、その行為は正しいとカントが言っていると解釈すれば、UGの提案は彼を彷彿とさせる。というのも、行為者による反省的な受容を幸福最大化の観念で置き換えることによって、ある行為の「格率」に基づいて行為するすべての人が社会にとって有益である場合、かつその場合に限ってその行為は正しいと、われわれは言えるからである。

かなり多様な理論が、UG（型）の一種としての資格をもつ。たとえば、M・G・シンガー（Singer, 1961, p. 73）は次のように書いている。「誰ひとりとしてXを行わないことの結果が望ましくないわけではなく、すべての人がXを行うことの結果が望ましくないとすれば、（特別な理由がなければ）誰もXを行う権利をもたない」。さらに、B・グルザルスキ（Gruzalski）は次のように提案している。「ある行為が正しくないのは、（その種の行為を行うことができる）すべての人がその種の行為を行うことの結果の相対的な価値が、その行為者が行いうる何か別の行為を（行うことができる）すべての人が行うことの相対的な価値より小さい場合、かつその場合に限る」[*10]。他にも、この五〇年間に様々なUGが提案されてきた（Harrod, 1937; Harrison, 1952–53）。

こうした理論を支持する論者は一般に、これらの理論は規範的言明が有しうる認識論上・真理上の地位ならどんなものでも有しているとして、論証や「われわれの直観への訴え」などによってその理論を擁護してきた。しかしながら、ここではその理論は、全く異なる仕方で——単一原理の道徳コード、すなわちその支持者がこれらの言明のうちのひとつによって表現するはずの道徳システムの提案として——解釈される。そして、私の議論全体が正しいとすれば、これらの提案についてわれわれが答えておきたい問いは、十分に理性的な人がそれらの提案のうちのひとつを自分たちの社会を統制するものとして支持するのか、というものである。これと明らかに密接に関連する問いは、これらの道徳コードのうちのひとつが普及すると、別の道徳コードと比較して、世界のなかの期待可能な福利が最大になるのか、というものである。

そうしたコードの「普及」に関する二つの問いを区別することが重要である。ひとつは、（全知の人ならばするかもしれないように）すべての人がそのコードの指令に正確に従うとした場合、そのことの現実的な効用は何か、という問いである。もうひとつの問いは、そのコードへの彼らの現実の服従が、彼らの論理的な洞察力のレベル、入手可能な情報、彼らの人間的な弱さによって制限されている場合に、すべての人がある特定の理想的なレベルまでそのコードに従うように動機づけられていることの期待可能な効用は何か、という問いである。第一の問いに対する答えは以下のものでありうる。ＵＧのコードに従うすべての人は、ＡＵのコードに従うとすれば行うのと正確に同じことを行うだろうから、〔すべての人がＵＧのコードの指令に正確に従うことの現実的な効用は〕すべての人がＡＵのコードに従うことの効用と正確に同じものである。他方、第二の問いに対する答えは、以下のものだろう。〔そこで問われている期待可能な効用は、〕ある特定の理想的なレベルまで、ＡＵのコードに従うようにすべての人が動機づけられることの効用より大きいか小さいかのどちらかである。第二の問いは、十分に理性的な人が何らかの種類のＵＧのコードを支持しうるかどうかを決定するために、われわれが答える必要があるものである。最近の多くの議論は、これらの問いのうち第一のものに差し向けられてきた。結果として生じた議論は、第二の問いに対する答えに関してはあまり重要ではない。*11

ここまで私は、ＵＧの原理の「概要」だけを述べてきた。ここからは、説得力のあるＵＧの原理をより正確に述べうるかどうかを見てみることにしよう。明らかに、その原理は重要な点で類似した状況に置かれているすべての人が同じ行為を行うことについて語っている。いま強調した表現を説明しなければならない。「同じ行為」から始めよう。時刻ｔに種類Ａの行為を行うこと〈ある変化を引き起こすこと――〔本書〕一二八～一二九頁参照〉を私が考えているとしよう。そのとき、同じ記述内容Ａという行為を時刻ｔ′に行うすべての人は、その同じ行為を行う。だが、何が「Ａ」という行為記述に含まれるのだろうか。明らかに、その種類Ａの行為を行う目的を達成するために必要であると私が想定する特性が含まれる。しかしまた、その行為が行われることの期待可能な効用に、私が理解する限り違いをもたらすあらゆる特性も含まれる。これらの特性がＦＧ……Ｍ〔という八種類の特性〕であるとしよう。そのとき、私の行為はＦＧ……Ｍという形態の何かを行うことであると記述されるだろう。誰でも、どの時点かにかかわらず、ＦＧ……Ｍという種類の行為を行う人はみな同じ行為をしたことになる。もちろん、人は「同じ行為」に関して何らかの異なる提案を行うことができるだろうが、以上の提案は、行為することの効用に主に関心がある人にとって合理的であるように思われる。

「関連する類似した状況」という考えについても、ほぼ同じ仕方で明確に説明できる。自らが知る限りで、第一の状況の、行われる行為の期待可能な効用に影響を与えるあらゆる特性を第二の状況が含み、その同じ行為が行われることの期待可能な効用に影響を与えると考えられる他の特性は含まないとすれば、二つの状況が関連する類似したものであると見なすのが適切だろう。

ある行為の記述の一部であるものは、ある行為の状況の記述の一部であるものとときに容易に混同される。決定的な相違は、行為の記述が、行為者が引き起こしうる変化の説明のみを含むことができるのに対して、状況は、選択肢となる考慮中の行為のうちどれを行為者が行うかにかかわらず、不変のままだということである。

これらの構想が与えられると、われわれは次のようなＵＧの理論（あるいは命法）の一種を提案しうる。「ＡかＢ（または、あなたのケースでＢから期待できる効用と等しい期待可能な効用をもたらす何か他の行為）を行いうる、関連する類似した状況に置かれているすべての人がＢ（またはＢと等価な行為）を行うとすれば、

Aを行う場合と同じくらい多くの正味の利益がもたらされると期待できるような、あなたが行いうる代替案Bが、あなたが理解できる限りで存在しない場合、かつその場合に限り、Aを行え」[*12]。これこそ、本質的にUG理論の幾人かの支持者が指令したいと明らかに望んできたものである。

明らかに、行為に関してUGの指令のもつ含意がAUの指令のそれと異なるのは、特殊なケースにおいてのみだろう。自分の健康のために、毎日一クォートのビールの代わりに一クォートの脱脂乳を飲むことを考えているとしよう。明らかに、これが現在の健康状態にある私にとってより善く、乳製品とビールの会社に対する効果を除外する（これは論証のためであって、それ以上の理由のためなどではない）ならば、私と同じ健康状態に置かれているすべての人が仮に同じことを行うとすればより善いだろう。二つのコードの勧告は同一だろう。実際、重要な問題は、それらの勧告がある行為者によってそもそも異なるものとして特定されうるのかどうかである。というのも、幾人かの行為が明らかに効用にかかわる特徴に関して同じであり、明らかに効用にかかわるそれらの行為の特徴の点で同じ状況で行われるとすれば、ひとりの行為者のケースで行為Aが行為Bより善い結果をもたらすと期待できる場合、全員がAを行うことが、全員がBを行うことから期待できる結果の総和より大きな期待可能な結果の総和をもたらすに違いないのではないだろうか。

これまで私は、「同じ状況」という表現の解釈に関する、論争の余地のある重要な問題を無視してきた。その問題とは、他人の行動、とりわけA（もしくはB）を行う他人の行動が、ある個人による行為の状況のなかに含まれるべきかというものである。他人が行うことは明らかに、その個人による行為の結果に影響を及ぼす。たとえばある国家が(A)武力を放棄するか、それとも(B)軍事力を維持するかを検討しているとしよう。武力放棄が一方的だとすれば、期待可能な結果は、他のすべての国も武力を放棄する場合に期待可能な結果とは異なるだろう。それゆえ、ＵＧ原理の支持者の幾らかは、「すべての国家が武力を放棄することが最善の結果をもたらす場合、かつその場合に限って武力を放棄せよ」ということではなく、「武力を放棄するつもりがない敵対的な武装した隣国に囲まれているという状況に置かれているすべての国家が武力を放棄することが最善の結果をもたらす場合、かつその場合に限って武力を放棄せよ」ということを含意するように、ＵＧ原理を解釈したいと望む。異なるケースも取り上げてみよう。他の誰もエンストした車を押さないだろうと私が考えており、私が独力でその車を動かせないときに、Ａを行う（エンストした車を押す）かＢを行う（押さない）かを私が検討しているとする。他の全員が車を押すとすればそれが最善の結果をもたらすだろうという理由のみによって、私がＡ（車を押す）を行わなければならないことを含意するような一般的な原理を、われわれは受け入れたいとは思わない。なすべき唯一の現実主義的なことは、行為者による行為の期待可能な利益にかかわるという意味で重要な、他人の行動に関して既知であるか、あるいは（行為者にとって）合理的に期待されるようなあらゆる事実を、行為者の「状況」に含めるようにＵＧのコードを解釈することであるように思われる。結果として、行為者が何を行うべきかを知るために評価されるべきことは、当該の状況に置かれているすべての人がＢを行うことの期待可能な利益と比較された、当該の状況に置かれているすべての人がＡを行うことの期待可能な利益である。

さて、ＵＧのコードの知的な支持者は、ＡＵのコードの知的な支持者とは異なる仕方で行動する道徳的な傾向をもつかという問題に戻ろう。ときに違いがあるように思われる。投票を考えてみよう。共同体にとって重要と思われる公園の建設を支援するための公債発行の可否に関して、投票に行って賛成票を投じるべきかどうか、私が思案しているとしよう。AU原理によれば、私は投票することの期待される利益と家に留まることの期待される利益とを比較しなければならない。もし私が投票すれば、夜更かしをして論文を読まなければならず、疲れてその論文を有効に批判できないだろう。私が投票すれば、公債発行の賛成票が一票増えるだろうが、私の投票が結果に影響を与える可能性は極めて低い。投票することから期待できる利益は私が家で仕事をすることから期待できる利益より小さいと私は結論して、投票しないという決定を行う。（接戦となる見込みがあり、私の投票が決定的でありうるとすれば、事態は一層均衡するだろう。）目下の例は、より洗練された分析がどのようなものかを示唆するだろう。私がUG原理を適用するとすれば、何をすべきだろうか。ある人々の集団を私は考慮する。すなわち、投票する場合には私と同様に公債発行を支持するだろうが、得られる証拠に基づくと、各人の投票が私の投票と同様に決定的なものとならないであろう人々の集団である。われわれはその集団を、手許の証拠に基づき、私が家に留まることと同じくらい多くの利益をもたらす見込みがある別の行為をとりうるであろう人々に、さらに限定する。賛成票を投じると予想される大多数の人は、そのような立場に置かれていると私が推定するとしよう。これらの人々が誰も投票しないとすれば、その公債発行はおそらく否決され、この予想可能な損失は、投票しない全員が別の行為を行うことの期待可能な利益の総和よりかなり大きいだろうということは、その場合明らかだろう。それゆえ、UGのコードは私が投票することを要求すると私は結論する。UGの支持者はAU

の支持者とは異なる答えを適切に出すだろう。

しかしながら、その公債発行の支持者の大半が、実際に投票するだろうと考えるもっともな理由を私がたまたま知っているとすれば、事情は異なるだろう。その場合、私はこう自問すべきである。支持者と見込まれる人々――ただし、何らかの損失を考慮して投票しないかもしれない人々――が実際に誰も投票しないとすれば、何が起こるだろうか、と。この集団が小さいとすれば、彼らが投票しないとしても害悪は生じないだろうし、私が家に留まることは正しい。この状況で、AUとUGとは意見が一致するだろう。(現実には、この予測情報は入手できそうにないが。)

AUとUGの二つのコードが異なる行為に行き着くと考えられるケースは、相当広範にあるのだろうか。UG原理の支持者は、あると考えている。たとえば医師が病状について自分の患者に嘘をつくことのように、広く一般的に行われるとすれば非常に不都合な結果を招くが個別には予想可能な小さい損失しかもたらさないと、証拠に基づいて考えられる様々な種類の行為がある、そうUG原理の支持者は考えている。

ある単純な状況のより詳しい分析を提示することによって、その対比が明らかになるだろう。無実の人がある犯罪で告発され、彼の無実を証言できる人が四人いるとしよう。そのうちの二人が証言すれば彼は確実に解放されるだろう。(その結果が蓋然的なものに過ぎないとすれば、それに応じて以下のことは複雑にならなければならない。)だが、各人は証言するためにかなり遠方から来なければならないとしよう。誰かが来ることの負の効用をL(損失 loss)とし、被告人にとって解放されることの効用をG(利得 gain)とし、〔1Gが〕8Lに等しいとしよう。意志の疎通は一切不可能であり、ランダム化する手続きは許されていないとしよう。ＵＧの理論によれば、全員が行く場合に期待できる効用と誰も行かない場合に期待できる効用とを見積もるだけでよいとされる。この場合、Ｇは４Ｌより大きいので、ＵＧの理論は全員が行くことを命じる。（誰かが行くつもりであるということが分かっているとすれば、事情は異なる。）ＡＵの理論によれば、事情はこれほど単純ではない。というのも、ある行為者が行くべきかどうかは、自分が行かないことの期待可能な正味の効用よりもむしろ自分が行くことの期待可能な正味の効用に依存し、後者は、他人が行くかどうかの可能性について自分が行う評価に依存するからである。そこで、その行為者は、他の一人または二人または三人が行くと仮定して、自分が行く場合の効用の帰結と、他の各人が行く蓋然性が同じであり、その値がｐ〔probability〕であると判断されるとした場合の、対応する蓋然性との積を合計しなければならない。それぞれの蓋然性は順に$(1 - p)^3$, $3p(1 - p)^2$, $3p^2(1 - p)$, p^3 である。それぞれの効用は -L, 6L, 5L, 4L である。彼が行かないとすれば、彼は同様にその帰結を合計するだろう。この場合その効用は、0, -L, -6L, 5L だろう。もっと単純に言えば、他の一人だけが行く場合にのみ、彼が行くことに正味の見返りがあるので、彼が行くことに期待可能な利益〔B = benefit〕があるのは、$[3p \times (1 - p)^2] \times (B - 2L)$が○より大きい場合のみである。ＢとＬの相対的な値が以上のように定められているとき、これが成り立つのは、ｐが○・○五より大きく○・七六より小さいときだろう。ＡＵの原理とＵＧの原理が同じ行為を命じるかどうかは、見積もられた利益／損失と見積もられた蓋然性とに明らかに依存するのである。

　投票のケースでは、投票しないかもしれず、投票すればおそらく損失を被るであろう〔公債発行〕支持者の数を、ＵＧの支持者が判定しなければならないのは明らかである。そして、そのような支持者全員がその法案に投票することによって公債の発行が可決される可能性を判定しなければならず、法案可決の期待可能な利益を、彼らが投票することの予想可能な損失と比較しなければならないだろう。反対に、AUの支持者は、自分が投票することから期待できる報酬がゼロより大きいかどうかを、先述の筋道に沿って、そしてすべての他人に割り当てる投票の蓋然性に鑑みて、判断しなければならないだろう。[*13]

UG原理の言明、および行為に関するその含意がAU原理の言明と同じかどうかについては、これで打ち切りとしよう。次にわれわれが直面するのは、UGのコードの普及が最善か、あるいは少なくともAU原理の普及より善いかという問題である。

(1)UGのコードはAUのコードよりも適用しにくい。前者を支持する行為者は（他人によるどのような行為が所与のものと考えられるべきかを含めて）自分の状況がどのようなものかを明らかにしなければならない。そして、自分が置かれている状況で自分の行為や何らかの比較的有益な別の行為を行うことができる人の集団がどれくらい大きいのかを明らかにしなければならない。そして、すべての人がその行為者の行為Aを行うことの予想可能な損失と利益とを、各人自身の選択肢Bの期待効用と等しい期待効用をもつ他の可能な行動と比較して見積もらなければならない。

(2)それにもかかわらず、UGのコードの支持者はAUのコードにありがちな結果――反省を短期的な結果に限定すること――を回避する傾向があるだろう。というのも、「もし全員が行うとしたらどうか」という基準は行為の長期的な社会的効果をいわば拡大鏡の下に置くからである。それゆえ、自分自身の好みに従って合理化する傾向はそこまで大きくはないだろう。

(3)UGのコードの支持者は、AUのコードの支持者と同じようにケースバイケースの費用便益分析を依然として用いるだろう。この事実は、彼の行動を予想する必要がある他人にとって不確実さの元になるだろう。これは、関連する推論の複雑さのせいでもあり、また、一方の人が他方の人の「状況」を知らないか、あるいは少なくとも他方の人が自分の「状況」をどのように考えているのかを知らないために、自分の計算をどのように行えばよいのか分からないからでもあり、さらにまた、(AUのコードと同じように)行為者が評価を行う際に革新的であるかそれとも保守的であるのかが違いをもたらすからでもある。

(4)UGのコードは、AUのコードと同じようにある人に対して極端で抑圧的な要求を行うだろうか。UGのコードの支持者は、AUのコードの支持者と同じように、自由の領域、すなわち、すべての責務が履行されたと知ることができ、したいことをすることができる時間というものを享受できないだろう。というのも、目論まれているいかなる行為についてもこう問うことができるからである。すなわち、すべての人が行うとすれば目論まれている行為よりもむしろ多くの利益がもたらされるような、自分に行いうる行為がほかに何かないかを、常に問うことができるからである。そして、UGのコードがAUのコードよりも、義務的なものと義務以上のものとを区別する余地を多く残すかどうかは明らかではない。

私は、これらの理論のどちらかを支持した場合の、長期的な観点からの相対的な期待効用を比較しようとするつもりはない。両者はともに重大な問題を抱えているので、考察する価値があるのは、何か別の種類の道徳システムの方がはるかに多くの利益をもたらし、それゆえこれらの理論よりも十分に理性的な人々の支持を集める、ということがないかどうかだ。

第15章　多元論的な福利最大化道徳システム

複数の道徳規則からなるシステムは、適切に選ばれれば、福利を最大化し、それゆえ十分に理性的な人が支持すると考えられる種類の道徳システムでありうる。本章では、そのようなシステムの可能性を探求するつもりである。

こうした考え方は新しいものではない。それはバークリ主教と神学的功利主義者によって提案されている。その考えとは、神は感覚をもつ生物の幸福を最大化することを願い、その目的のために、それに適ったある法を定め、聖書のなかで——あるいは、ある意味での良心や理性を通じて——それらの法を人間に啓示したというものである。*14 この神学的・道徳的功利主義に類似したものが、ベンサムを含む功利主義的な刑法改革者によって考案された。理想的な刑法コードとは、システム全体の実施が福利を最大化するような、禁止、刑罰、手続きから成る複雑なシステムであると彼らは考えた。

そこからわれわれは、そのような多元論的な道徳システムについての一般的な考えをもつことになる。本章では、そのいくつかの細部を解明するつもりである。⑴まず、道徳コードが様々に異なりうる仕方について、すなわち、全体として福利を最大化するシステムとなるべく様々に異なっている、道徳コードの多様な諸部分について検討する。⑵命令の理想的なシステムがどのように特定されるべきかについて、より詳しく論じる。すなわち、それらの命令は何を規制するのか、命令はどれくらいの抽象度で表現されるべきか、いくつかの規則に重みを割り当てるべきか、そして、どのように重みを割り当てるべきか、それらの規則を適用する際に蓋然性の評価がどのように用いられうるのかについて、より詳しく論じる。本章では、歴史上の道徳コードが「理想的な」道徳コードの基本的な規則を定める指針としてどのように役立つことができるのかを示すつもりである。これらの議論はすべて、そのように考案されたコードが普及すれば、事実、社会的福利を最大化すると考える理由を与えるだろう。(3)いくつかの明らかに重要な反論に答えることで、本章を締め括る。

《1》多元論的な道徳システムの可変的な特徴

(i)内在的な動機づけ　道徳コードの最も重要な部分は、刑法や民法の禁止と命令のような、ある種の行動自体への基本的な欲求（および嫌悪）である。ある種の行動に対する基本的な嫌悪は、英語では「〜することは（一応）不正である」と普通は表現される。（「一応」という言葉は、より強い一応の命令によってその禁止が解除されうるということを示す。）これらの動機づけは、関連する行動の種類、その行動が欲求されるのか嫌悪されるのかという点、その動機づけの強さ、という三つの点で変化しうる。問題となる種類の行動が単純である必要はない。約束を取り上げよう。あるコードは約束が守られることを暫定的に要求するが、ある種の約束――おそらく、脅迫されて行ったのではない約束、その約束を引き出すために熟慮の上で与えられた、事実についての偽りの説明に基づいて行われたのではない約束――のみが守られることを暫定的に要求する。そのような例外を設けるのは、人々がそのような〔脅迫や偽りの説明などに基づく〕約束を守らなければならないと思うことが社会にとって有害であると考えられるからだろう。

この種の論理的に可能な「義務の規則」がすべて因果的に可能であるとは限らない。明らかに、基本的な動機づけは多すぎてはならない。というのも、基本的な動機づけは、条件づけの過程、あるいはそれに似た何らかの仕組み（たとえば名声ある人を模範として採用すること）によって設けられなければならないからである。加えて、命令されたり禁止されたりする行動の複雑さは、平均的な人の知的能力によって制限される。これらの規則が要求しうることは、すべての人のなかにある自己利益の力によって制限される。そして、ほとんどすべての人のなかに発達するに違いない、ある程度の慈愛を含む特殊な欲求と嫌悪によって制限される。これらの規則は、先述の基本的な道徳的動機づけが、本質的に、これらの他の欲求の上に築かれることのみにより、条件づけを通して獲得されうる、という意味で、これら他の欲求がより先行するという事実によっても制限される。

(ii)正当化　これらの基本的な動機づけ同士がある特定の状況で対立するとすればどうだろうか。基本的なコードが約束を破ることと他人を傷つけることの両方を禁止しているが、ある特定のケースで、他人を傷つけることが、約束を破ることによってしか回避できないとすればどうだろうか。完全な道徳システムは、これらの問いに対して理想的な答えを与えるだろう。それはどうやってなされうるのだろうか。ひとつの可能性は、それぞれの動機づけに組み込まれている、それぞれの動機づけに特有の強さに応じて、各ケースでより強い方を優先するように問題を解決することである。それゆえ、人は、行うように（道徳的に）最も強く動機づけられていることを行う「べき」である。このように解決される義務の対立がコードの作成者が望んだ結果になるように、そうした強さをそれぞれの動機づけに組み込むことができるだろう。たとえば功利主義者はある種のケースで、他人をどれほど深く傷つけることが、約束を破ることの損失とちょうど釣り合うのかを熟考するだろう。そして、その種の約束違反に対してすでに設定された嫌悪とちょうど釣り合う程度のものとして、他人を傷つけることを回避する動機づけを設定するだろう。（もちろん、実際のところわれわれには、自分たちがまさに望んでいるとおりに人々の良心が現れるよう、巧妙に人々の良心を調整するということはほとんどできない。）だが、一次的規則の対立に限定された——あるいは少なくとも深刻な対立に限定された——特殊な道徳規則（動機づけ）を導入するという第二の可能性がある。

(iii)罪悪感、他人による否認、弁明　義務の規則の違反に対する罪悪感や否認による応答は、道徳コードのもうひとつの変項である。それらの応答は、ある範囲で、基本的な動機づけによって決定される。たとえば他人を傷つけることへの嫌悪が、根底にある慈愛に基づいて組み込まれているとすれば、他人を傷つければ後悔を感じる傾向をもつだろうし、他人を傷つける他の誰かに対して反対的態度をとる傾向をもつだろう。しかしながら、いくつかのケースで、罪悪感を抱く傾向は個々に身につけなければならず、それゆえ基本的な動機づけから独立して変化しうる。違いは認識の変化によっても生じうる。幼い子どもの罪悪感の強さはしばしば、自分の不正行為がどれくらい多くの損害をもたらすかの関数であるように思われる。その後、意図、軽率さ、過失のような概念に基づく識別力を身につけることによって、彼の罪悪感

（および他人に対する反対的態度）は緩和される。人々は、他人が引き起こした客観的な変化の観点からではなく、意図と動機の観点から、他人の行為を知覚するように訓練されることが可能だ。明らかに、内在的な動機づけと罪悪感や否認との関係――われわれが「弁明のシステム」と呼びうるもの――は、刑法において禁止された行為の遂行と刑罰との関係が変化するのと同じように変化しうる。

(iv)感嘆、賞賛、誇り　もうひとつの変項がある。少なくとも英語圏では、いくつかのタイプの行為は、道徳的に要求されないが、なされれば賞賛され、尊敬や感嘆を引き起こす。たとえば（戦友を救うために、まだ爆発していない手榴弾の上に身を投げ出すことのような）英雄的な行為、（長患いの怒りっぽい親戚を我慢強く不平を言わずに世話することのような）聖人的な行為といったものがこれにあたる。感嘆と尊敬はある種の状況に対する生得的な応答であり、条件づけによっては習得されないが、これらの態度の頻度と表現は変えることができる。つまり人々は、いくつかの行為が普通表現している、まれで、困難で、かつ社会的に有益な性格特性を認識するよう教化されうる。そして人々は、賞賛によって好意的な態度を表明することを教わることができる。人々が賞賛をもってそのような行為に応えることを教われば、その行為は奨励される。そして、人々はそれらの行為が表現する性格特性を尊重するようになり、対応する自己の理想を発展させるようになり、そのような仕方で行動することに誇りをもつようになるだろう。

道徳コードのこの可変的な特徴は、功利主義者にとって興味深いものだろう。というのも、そのような義務以上の行為を奨励することは有益だが、それらを要求することは有益でないと、彼らはおそらく考えるからである。

《2》福利最大化道徳システムの内容

道徳システム、すなわち、命令と禁止のシステムの内在的な動機づけに注意を集中しよう。福利を最大化する命令および禁止を特定する方法について、いくつかの指示を私は述べるつもりである。それは、当該の諸規則がどのようなものかを知る手掛かりを与えるだろう。だが、われわれは、自分たちに先立つ特定の社会と一連の制度がなければ、それらの指示を正確に述べることができない。

道徳コードの諸規則が、直接的または間接的に福利をもたらす指示に尽きるわけではないとわれわれが想定するならば、それらの規則は行為の類型を命令したり禁止したりする規則でなければならない、ということになる。だが、行為のどの類型だろうか。最も手近な最初の提案は、われわれの現実の道徳コード、刑法や不法行為法のコードなどを調べることによって、規制を必要とする行為の領域を見出すことである。それから、現実に規制されているその行動リストにおけるどの項目を道徳コードによって禁止することが効用を最大化するのかを、われわれは判断することができる。そして、追加の考えを思いつくかもしれない。そのような調査は、たとえば契約や約束を履行することや、他人を傷つける危険を冒すことを、道徳が規制する必要があるということを示すだろう。決疑論の古い手引書や、シジウィックの『倫理学の方法』のような論考は、少なくとも幾ばくかの人々の良心の構造に関する情報の宝庫を含む。これらの源泉は、どの行為類型がおそらく規制を必要とするかについて示唆を与えるだけではなく、どのような例外条項が有益かについても情報を与えるだろう。

理想的な規則は、おそらく、いくつかの既存の規則からあまり遠ざかっていない変形である。政治学者のなかの「漸進主義者」と同じように、われわれは、既存のコードを改善することによって自分たちの理想的コードを立案すべきである。どのようにしてか。ひとつには、機能を失った規則は廃止すべきである。既存の道徳的規則や法的規則は、近頃の技術的変化や制度的変化を反映していないかもしれない。そのような変化が起きたことをわれわれが知る場合、おそらくいくつかの古い規則に似た、紛れもなく新しい規則の創造について熟慮することが適切だろう。

どれくらいの抽象度で、行為の類型を規制する規則が立案されるべきだろうか。たとえば拳銃の携帯を規制する基本的な規則があるべきだろうか。それとも、他人を傷つける危険を冒すことを禁止する規則があれば十分だろうか。抽象的な規則のひとつの長所は、適用可能性の――おそらく世界規模の――増大である。また、抽象的な規則は少数でありうる。それはひとつの長所である。というのも、基本的な動機づけは条件づけによって確立されなければならないからである。他方、抽象的な規則の条件と例外とは、その規則から具体的な適用への推論と同じように、平均的な人には複雑すぎるかもしれない。合理的な妥協案は、頻繁に発生する状況について、とりわけ行動の予測可能性が多くの人にとって重要である状況について、そのコードがかなり具体的な規則を含むように提案することである。頻度が比較的低かったり重要でなかったりする事柄については、何らかの推論を必要とする比較的抽象度の高い規制で十分だろう。

これらの事実は、教えられたり重視されたりする道徳コードが社会の下位集団ごとにいくらか異なるだろうということを示唆している。子どもは一定の道徳コードを——試験中にカンニングをしないこと、金銭について正直であること、そして、おそらく行列の順番を待つということも——尊重することを教わる必要があるだろうが、平和主義や脱税について知る必要はない。医師や弁護士はしばしば特殊で複雑な種類の道徳問題に直面する。患者やクライアントに対する義務に関する特殊な規則、あるいは少なくとも一般的な道徳規則と彼らが頻繁に遭遇する特殊な状況との関係についての注意深い説明を、彼らが教わることはおそらく有益である。それゆえ、医療倫理、法曹倫理のコードが必要である。他の様々な専門家やビジネスマンにとって、同じことが成り立つ。特殊な集団のためのこれらの様々な「倫理」がすべて、社会全体に教えられるべき規則の特殊なケースとして原理的に演繹されうるのかという問い、あるいは、これらの「倫理」が福利の最大化に直接的に依拠することによって正当化されなければならないのかという問いについては、われわれは未決のままにしておくことができる。

道徳コードが福利を最大化すべきだとすれば、そのコードは平均的な人の知的能力だけでなく、平均的な人の利己性、衝動性などの程度にも適合したものでなければならない。いくつかの規則が福利を最大化すると考えられるのは、おそらくそれらの厳格な遵守が福利を最大化するからではなく、それらの規則に対する実際の不完全な応答が福利を最大化するからである。時速五五マイルの速度制限は、自動車が時速六〇マイルで走行すればより多くの利益が得られるという情報と整合する。それはちょうど、時速五五マイルという（人員と財政が許容する限り強制される）公示された速度制限によって、自動車の往来の速度が現実にはほぼ理想的なものになるように、運転者の思考と習慣とができあがっているのと同様である。*15

多元論的な道徳原則のシステムは、「〔現実の効用と対比される意味での〕期待効用を最大化せよ」という行為功利主義的な命令と同じように、当該の道徳コードがもつ具体的な行動上の諸含意を、「行為ごとに、望まれた結果を実現する見込みの大きさはまちまちである」という事実に柔軟に対応させるための特徴を含むべきだろうか、あるいは、そもそもそのような特徴を含むことはできるだろうか。――含むべきであり、含むことができる。そのコードがこの特徴を含むべきであるのは、効用を最大化するコードが他人を傷つけることを防ぐために考案されているとすれば、期待可能な効用を最大化するコードもまた他人を傷つける危険を冒すことを適切な仕方で禁止するはずだからである。そのコードがこの特徴を含むべきであるのは、そのようなコードが約束の履行〔たとえば本の返却〕を実現するために考案されているとすれば、借り手が本を直接返却しなければならないのかどうか、彼が本を郵便で返却してよいのかどうかを指示すべきだからである。道徳システムはそのような特徴を含むことができるし、かなり単純な仕方で含むことができる。というのも、先に論じたように、ある道徳原則を支持することは、本質的に内在的な動機づけの問題だからである。そして、第3章〔本書では省略〕で説明した心理学的理論から、ある強さの嫌悪があれば、ある行為を行う傾向は、その嫌悪の強さと、嫌悪される結果の回避をその行為が可能にする期待の程度との複合関数だろうということが帰結する。このように、本を返却しないことに対する内在的な嫌悪があり、本を郵送すると紛失する可能性が四〇%あるとすれば、結果として生じる〈本を郵送する傾向〉は、〈本を直接返却する傾向〉より弱いだろう。同様に、他人を傷つけることに対する嫌悪があれば、結果として生じる〈他人を傷つける行為を回避する傾向〉は、〈人を傷つける危険がわずかながらあると考えられる行為を行う傾向〉よりも強いだろう。（行為者がそうしたわずかな危険を回避することのコストがかなり大きいとき、そのコードが小さい危険を許容する「権利」を含むとすれば、事情は複雑になるだろう。いずれにしても、道徳コードの適切な教示は、蓋然性の推論に関する何らかの教示を含まなければならない。）以上の考慮事項の影響を受けやすい原則のシステムの目的を達成するためには、内在的な動機づけの程度を適切なレベルに設定しさえすればよい――つまり、様々な程度の危険を伴う行為を回避する、結果として生じる傾向が、概ね幸福を最大化する強さになるように、動機づけを理想的に設定しさえすればよい。[*16]

義務の基本的な規則のうちの二つが対立するときに何を行うべきかという問題にはすでに言及した。ひとつの解決策は、先述のように、規則に組み込まれた重みに端的に依拠することである。（これはわれわれの社会で現実に用いられている解決策であるように思われる。）すでに言及したもうひとつの可能性は、そのようなケースに関してUGかAUを援用することである。私はここで、どちらの手続きが福利を最大化するのかを述べるつもりはない。[*17]

義務の基本的な規則が全く規定していない状況でも、同様の問題が生じる。もしかしたら、そのような状況は実在しないかもしれない。というのも、善や害悪が含まれない限りは新しい状況はおそらく評価を必要としない以上、〔評価が必要であるのなら〕その状況に関する規則が存在するだろうからである。だが、たとえば赤ん坊の遺伝子が発現する仕方の制御のような新しい問題もあるだろう。すべての赤ん坊がアインシュタインと同じくらい聡明である権利をもつだろうか。この問題は十戒によってもW・D・ロスによってもうまく扱えない。福利を最大化するコードは、この種の問題にどのように備えるだろうか。ひとつの選択肢は、法的慣行にならって、最も類似したケースを扱う規則によって決定することである。あるいはUG規則が特定されるかもしれない。もうひとつの可能性は、理想的な道徳コードが固定したものではないことは確実であるので、それが固定したものだと考えるのを止めることである。現在理想的なコードは、おそらく百年後には福利を最大化しないだろう。おそらく、われわれは端的に、未来の理性的な人が自分の時代にとって理想的な道徳コードを認識し支持するための背景となる指針を考えるべきである。

福利を最大化するコードを特定する方法に関する以上の見解は、その種のコードがどのようなものかについての非常にもっともな考えをもたらすだろう。実際、そのような道徳システムにおける比較的特殊な規則のいくつかがどのようなものか、われわれは確かに知っているように思われる。たとえば、個人の安全を保護する規則、契約や約束の履行を要求する規則などである。われわれの議論は、多くの選択肢が可能であり、議論の余地があるということを確かに示唆している。しかしながら、これらの選択肢の大半は互いにあまり異なっておらず、通常の道徳的思考の曖昧な領域——何が正しいかについて人々が混乱しており、明確な原則の指針を望んでいる領域——に通常は対応している。だが、最善の特殊な規則についてよりよく知るのを妨げるものは何もない。哲学者、心理学者、他の社会科学者は、福利を最大化する道徳コードとは何かを決定するために協力できるだろう。実際、この目的のためになぜより一層の大きな努力が払われていないのか、理由は定かではない。

われわれが既存の規則から始めるという事実は、完全なコードがわれわれの伝統的な「直観」を単純に反映するだろうということを含意しない。反対に、幸福を最大化する道徳コードという概念は、かなり革新的な含意をもちうる。道徳コードが異なる人種間の結婚を禁止しているあらゆる国において、このことは明らかだろう。さらに、何かを禁止する道徳コードに反対する一応の論拠が存在することは明らかである。——これは全く驚くべきことだろう。誰かが行いたいどんなことについても、それを許可することには(少なくとも普通は)何らかの利益が存在する。その人はそれを行うことを楽しみ、良心を根拠にそれを妨げられると欲求不満を感じる。何かが禁止されるか享受されるべきだとすれば、個人の自由を制限すること、彼らに罪悪感を抱かせること、共同体の教育資源を利用することの長期的な利益が証拠だてて述べられなければならない。長期的な利益の証拠がなければ、いかなる制約も正当化されない。

目下問題となっている構想に関して、二つの異なる道徳システムが同じように有益でありうるという事実によって生じる致命的な論理的欠陥があるだろうか。この可能性は単なる憶測ではない。というのも、明らかに、たとえば約束を守る義務に異なる重みを与えるよく似た二つのコードが、福利に対してはっきり異なる効果を及ぼさないということがありうるように思えるからである。あるいは、それぞれのシステムは、対立する規則を調停するため、もしくは規則のなかで明確には言及されない状況を扱うために、挙げられた選択肢のなかから異なるものを採用するかもしれない。さらに、福利に関するはっきり異なる見込みというものが存在しないかもしれない。もちろん、その違いが大きくなるほど、福利に対する異なる効果をはっきり示す可能性はより高くなるように思われる。だが、二つのいくらか異なるコードがほぼ等しい利益をもたらす見込みがあるとしよう。そのとき、いくつかの規則についてわれわれは、それらが福利を最大化するシステムの一部を含むと言うことができるだろうが、それ以外の規則については、それぞれが同じくらい福利をもたらし、他のシステムより善をもたらす別のシステムの部分を含む、ということしか言えないだろう。その場合には、どちらのシステムが教示されるのだろうか。交通規則と同じように、合意が成立する限り違いは生じないだろう。二つの道徳規則が他の根拠に基づいて等しい利益をもたらす見込みがあるとすれば、一方がすでに「慣習的」であるという事実は、そちらが有利になるように決定的な影響を及ぼす。しかしながら、そのような合意が成立するまでは、どちらの規則が理性的な人々によって支持されるかという問いに対する決定的に正しい答えはないだろう。道徳的に熟慮する個々の人はおそらく様々な答えを出すだろう。だが、われわれはすでに、様々な人々が道徳原則の様々なシステムに基づいて良心的に行為することを許容することができるようになった。この状況では、誰も、選択肢が複数あるなかで自分が好む道徳システムに固執するのを非難されるいわれはない。

「理想的な」コードの内容に関する自然な誤りは、理性的な人々が支持する福利を最大化するコードが結局のところ、行為功利主義のように、「その普及が福利を最大化すると考えられる道徳コードによって要求されるすべてのことをせよ」という単一の原理だろうと思い込むことである。このコードは、理性的な人々が支持すると考えられる道徳コードの全体だろうか。この問いに対する答えは、「そうではない。理性的な人々はその単一原理の道徳コードを支持しないだろう」というものである。われわれがその単一原理の道徳コードを詳しく述べようとすれば、理性的な人々がそれを支持しない理由が分かるだろう。普及すれば福利が最大化する道徳コードが、まさにこの単一原理のコードであるとしよう。その場合にわれわれが教えなければならないのは、「「……という道徳コードによって要求されることをせよ」という道徳コードによって要求されるあらゆることをせよ」等々、際限のないことである。言い換えれば、「……という原理に従えという原理に従え」である。普及すれば福利を最大化する何か他の特定可能な一連の規則は、あるかないかのどちらかである。もしないとすれば、単一原理はC・I・ルイスの表現を借りて言えば、「永続する吃音」になる。もしあるとすれば、それは理性的な人々が教わりたいと望む一連の原理であり、普及すれば福利を最大化すると考えられる道徳コードである。

費用便益分析を行えば、ここで描かれたタイプの多元論的な道徳コードの普及が、第14章で論じたいかなる単一原理の道徳コードよりも（全体的な費用便益分析が示すものとしての）多くの利益を生み出すことを示すことができる。というのも、社会のなかで頻繁に生じる重要な状況のために特別に組み込まれた多元論的な規則のシステムは、他の理論の重大な困難を回避するからである。行うべき正しいことが何かを個人が決定するとき、普通の場合彼らは、自分がしたいことが有利になるように決定したくなるような分かりにくい計算をする必要はない。約束を守ることに関する原則は、可能な例外に関する規則とともに組み込まれている。人は、このケースで約束を破ることが善を少しでも多くもたらすかどうかということについて熟慮する必要はない――そして、彼がそうする必要がないから、他人は道徳的な人が何をするかを予想できる。他の人々は、道徳的な人による特定の行動をあてにすることができるだろう。さらに、彼らは他人の道徳的熟慮の結果について心配する必要がない。彼らは安心して、約束された行為が行われることを確信するだろう。さらに、行為者は、自分の役割や以前の行動、深刻な状況にある他人を助ける一般的義務というものが、何か特定の場合に自分に義務を負わせるのかどうかをいつでも知ることができる、ということから利益を得る。そのような義務で履行されていないものは何ひとつないと知ることによって、彼は、他人を傷つける危険を冒したり他人に迷惑をかけたりしない限り好きなようにする自由をもつ。大抵、彼は平穏に自分のすべきことをすることができる。彼がわれわれのために行うことができる素晴らしいこと、英雄的なことや聖人的なことさえ存在する。そして、彼がこれらのことを行えば、彼は他人によって適切に賞賛され、愛されもするが、彼にはそれらのことを行う義務はない。

それゆえ明らかに、注意深く選定された多元論的なコードが社会のなかに普及すれば、結局は、歴史上提唱されてきたいかなる単一原理コードよりも相当多くの福利あるいは幸福がもたらされるだろうと考える強い理由がある。

こうして、われわれは、ある特定の社会にとって福利を最大化する道徳コードの概念を手に入れる。その命令と禁止がどのようなものであるかをわれわれは正確には知らないが、われわれはそれを特定するためにいくつかの指針をもっている。そしておそらく、様々な学問が協力すれば、十分に理性的な人々なら単一原理のコードのうちのひとつよりも優先して支持し教えるであろうような理想的なコードを決定するところまで、限りなく近づくだろう。

《3》多元論的な理想的コードを採用する功利主義者にとっての逆説?

功利主義に批判的な哲学者は、社会のための「行為功利主義」の概念に比べ、以上のような「規則功利主義」の概念に対しては通常それほどは不満を抱かない(Donagan, 1968 参照)。それにもかかわらず、多くの論者は、目下論じているこの概念に批判的であった。いくつかの反論は十分に広く知られているので、それらを考察する必要がある。その反論はおおよそ以下のものである。(a)この種のコードは福利を最大化することがほとんどできず、それゆえ功利主義信奉者は、これを支持するならば自分の目的を台無しにするであろう。(b)大勢の人が現実の社会でこの種のコードに従うことが有害でしかありえないような、そうした状況が存在する。(c)この種のコードに従うことは重大な不公平を必ずもたらすだろう。それぞれの推論の筋道を見てみよう。

(a)第一の論証は抽象的でアプリオリな論証である。その論証によると、このコードがAUと異なる行動を勧告するとすれば――そして両者が異なるのでなければならず、さもなければこの理論の秀でた部分がすべて失われるとすれば――、まさに最善の結果をもたらすこととしてAUのコードが勧告することとは異なる何かを人々が行うよう、このコードは命じなければならないとされる。それゆえ、〔AUのコードではなく〕このコードに従うことは、まさに最善より劣るものをもたらすに違いない、ということになる。[*18] これとほぼ同じことを別の論者も指摘している。彼らは、規則に従うことが効用を最大化しないときでも、規則功利主義者は規則に従うことを提案するので、彼らは規則崇拝者であるに違いないと述べている(Smart, 1961 & 1956)。しかしながら、これらの意見は混乱に基づいている。なぜなら、AUのコードを採用するということは、最善の結果をもたらすだろうと自分が考えることを行うように動機づけられている(基本的な動機づけ)ということである以上、かく行為するよう動機づけられていることを行うということは、行為者が全知でないと仮定するならば、実際に最善の結果をもたらすであろうことを行うということとでは必ずしもないからである。他方、理想的なコードにコミットする人々は、約束を守ることや、他人を傷つける原因となるのを回避することなどに該当すると自分が考えることを行うように動機づけられており（基本的な動機づけ）、彼らがかく動機づけられていることを行うならば、長期的に見れば最善の結果をもたらすことを行うことになるだろう（そのような行為のいくつかは最善の結果をもたらさないとしても）。（ある種の）約束を守る全知ならざる人は、福利を最大化することを直接的に目指している人よりも多くの福利をもたらすことに実際に成功するだろう。[*19] それゆえ、この推論の第一の筋道は無効となる。

(b)第二の論証は、すべての人が理想的なコードの勧告に従うことによって、少なくとも普通は福利が最大化されると認めることから始まる。「理想的な」コードは概ねその目的を念頭に置いて選定されているので、そのコードがうまくいくのは驚くべきことではありえない。だが、ある社会におけるあるコードの普及が福利を最大化するとしよう。他の人々が何をするかにかかわらず、そのコードに従って行為する人々が福利を最大化するだろうということは帰結しない。ひとつの例を考察しよう。[*20] 路上での暴力がありふれたものであり、すべての人が武器を携帯しそれを使用できることだけが安全の保障となる社会がある。この社会では、「武器を携帯するな」という規則に全員が従うことは利益を最大化するだろうが、ひとりだけがそのような規則に従えば、自分の命を危険に曝すだけだろう。

この論証は、最適な一組の規則がどのようなものかについての不当に単純な概念に基づく。二つの点を指摘する必要がある。(1)第一の点は、いまの例における不都合な行動は、一応の説得力をもつような〔「武器を携帯するな」といった〕規則によって要求されるかもしれないが、通常は——あるいは、常に——他の規則が存在するだろう、ということである。これらの規則のひとつはおそらく、「あなた自身と妻子を、正当化できない暴力的な攻撃から有効な方法で守れ」というものだろう。これらの規則はどちらも一応の説得力しかもたないが、理想的なコードでは第二の規則が第一の規則より強いだろう。だとすれば、人が第一の規則を遵守することと両立可能な仕方で第二の義務を果たすことができないとすれば、武器の携帯に反対する規則に背く道徳的な義務があるだろう。(2)だがいずれにしても、武器の携帯に対する無制限の禁止は、当該の社会にとって福利を最大化するコードの一応の規則になることさえほとんど不可能だろう。現実に生じるであろう問題に最もうまく対処するために、それゆえ多くの人が凶器を街中で携帯するという事実に最もうまく対処するために、理想的なコードがともかくも考案されるだろうということを、われわれは想起しなければならない。(その「規則」が誰も決して武器を携帯してはならないということだとしても、われわれは街中に武器が出回っていることを覚悟しなければならないだろう。というのも、最も広く受け入れられた規則と同じ範囲でその規則が「普及して」いるとしても、自己利益からそれらを受け入れない人やそれに従おうとしない人がいるはずだからである。人があるコードに同意するということは、その人が適切な方向に動機づけられているということに過ぎず、常にそのコードに従うということであるとは限らないことを、われわれは想起しなければならない。)理想的なコードの構築が現実のコードから始まるべきである理由のひとつは、現実のコードが規制を必要とする状況に注意を引くことである、ということを想起しよう。ところで、明らかに、最善の道徳コードが回避を目指すはずの事柄のひとつは、道徳的な人々が不誠実な人々や道徳的に弱い人々の犠牲になることである。そして、道徳的な人を攻撃するときに、その人が無防備であると確信できないことは、潜在的な犯罪者を思いとどまらせるだろう。では、すべてを考慮すれば、どのような種類の道徳規則が福利を最大化するだろうか。明らかに、代替案となる規則は次のようなものである。「武器を携帯しなくても重大な個人的危険がないときには武器を携帯するな。重大な個人的危険があれば武器を携帯してよいが、自己防衛のためにのみそれを使用してよい。同時に、あなたは街中の暴力を減らすために協力すべきである」[*21]。この規則の普及は、無制限の禁止のほとんどすべての長所を備えており、その規則が予想可能な緊急事態に備えているというさらなる利益をもたらすだろう。

この例が示すのは以下のことである。(1)その規則を受け入れない人々の行動によって、または(2)その規則を受け入れるがより強い反対の動機づけのゆえにそれに従わない人々の行動によって、または(3)他の予想可能な状況や起こりそうな状況によって、完全な失敗へと至ってしまうことを理想的な道徳規則は許さないだろう。そして、理想的なコードはもちろんいくつかの危険な要求を行うかもしれない。つまり、行動がある基準を満たすことが福利を最大化すると考えられるとすれば、その社会が理想的な行動への進歩を開始するためには、若干の危害のリスクを不可欠なものとして要求するコードを教えることが最善であるかもしれない。

(c)推論の第三の筋道は、ライオンズ教授が「最大化する」状況と呼んだものにおいて、理想的なコードに従うことはときに不公平だということを示そうとするものだ。われわれはその基本的な考えを、次の事例によってごくシンプルに展開できる。私が客船のツーリストクラス〔＝観光客などが利用する割安な等級〕に乗っているとしよう。ツーリストクラスの甲板は運動に適さないが、ファーストクラスの甲板は申し分ない。ファーストクラスの甲板に通じる階段には「ファーストクラスの乗客専用」という標示がある。さて、大多数のツーリストクラスの乗客がこの標示を尊重することによって長期的な福利が最大化されるとしても、少数の大胆な人々が、数が少ないのでファーストクラスの甲板に居ても迷惑にならないどころか気づかれさえせずに、その標示を無視してファーストクラスの甲板の快適さを享受するとすれば、それはむしろ善いことではないだろうか。ツーリストクラスとファーストクラスの差別待遇と自発的な遵守とから成る一般的なシステムの利益があり、当該の状況で少数者によるその規則の違反は害悪をもたらさず違反者に利益をもたらすと仮定しよう。そのとき、理想的なコードは以下のものになるだろうか。「乗客の等級の差別待遇に関する船内の規則を尊重せよ。ただし、この条項が一般に遵守されているためにファーストクラスの甲板への若干の訪問者が有害でなく、かつそのような人が運動を楽しむときを除く」。

答えは、そういった規則の普及は、例外条項がない規則と比較して福利を最大化できないだろうということである。なるほど、密かに不道徳に行動する少数者によってより多くの善がもたらされるというのは真実だろう。というのも、少数の人が害悪をもたらすことなくファーストクラスの甲板を楽しむことの利益があるからである。だが、先述の規則が公表されて尊重される道徳規則であることは、最大限に有益なのではないだろう。すなわち、(1)そのような規則は混乱と不満を助長するだけだろう。ツーリストクラスのすべての乗客は、異論の余地のない分け前にあずかることを要求できる「先着者」のひとりになるために早めに朝食をとり、周囲を見回して誰が何をしているかに注意を払うよう、その規則によって促されるだろう。人間本性は現にそのようなものなので、ファーストクラスの設備への訪問者の数は次第に増加して、ついには許容できないものになるだろう。(2)ここに分配できる利益があるとすれば、福利を最大化する規則に従って分配されるべきである。そのような規則は——おそらく順番を設定したり、一日六マイル歩くように医師によって指示されている人に特別な許可証を発行したりすることによって——混乱を取り除く。多元論的な功利主義の理想的コードがもつ長所のひとつは、あることをする際に、規則の遵守から生じる善を最大化するのに必要な人数以上の人がいる場合の規則や、最大の利益を得ることのできる人々に義務免責の許可を与えることで「余剰」を最も善い仕方で分配する規則を規定できることである。もちろん、そのような解決があらゆるケースで可能であるとは限らないだろう。その場合、「余剰」利益は失われる。

一般的に言って、全員による遵守が公共善のために重要であるような規則を十分に多くの他人が遵守しているときに、誰もが自分自身をその規則の例外と見なすことで利益を得るように誘惑するような条項を、理想的なコードは含まないだろう。

《4》最後の難問

それゆえ、われわれの手には、特定の社会を構成する成人の大多数が支持すれば他のいかなる道徳システムを支持するより多くの福利をもたらすシステム——基本的な動機づけ、正当化、弁明の規則などから成る多元論的な道徳システム——の概念がある。われわれはそのようなシステムのアイディアをもつだけではない。われわれは、そのシステムの主要な特徴のいくつかがどのようなものであるかを知っており、原理的には、必要に応じてシステムの細部を見出す方法を知っている。前節で私はこう論じた。もし、そのようなシステムの細部が現実にどのようなものかを理解したならば、われわれは次の点を見て取るだろう。すなわち、そのシステムの普及が福利を最大化するような社会において少数の人だけがそのシステムを遵守するのであっても、ほぼ常に、彼らが代わりに行いうるあらゆることと同じくらい多くの善をもたらすことを行うことになるだろう、という点である。

十分に理性的な人は、自分がそのなかで生きていると予想する社会に関して、そのような道徳システムを支持するだろうと私は論じた。だが、事実として、その意味でまさに理想的な道徳コードをもつ社会のなかで生きている人はおそらく誰もいないということを、われわれは慎重に指摘しなければならない。仮に、ある特定の社会でそのようなコードが普及すれば、理想的な動機づけなどが組み込まれるだろう。結果として、その社会のなかの人に実践的な問題が生じるとすれば、正しいことをするために彼がおおよそ行わなければならないのは、福利を最大化する道徳コードの目的の背景となる説明によっておそらく助長された、良心（自分の状況の知的分析に対応する、自分に組み込まれた道徳的な動機づけ）に従うことだけだろう。だが、理想的なコードと正確に同じようなコードは、おそらくどこにも普及していない。そして、小学校低学年くらいの子どもの親や教師の多くが、自分が教えるべきものとしてそのようなものを念頭に置いているかどうかは非常に疑わしい。

それゆえ、人は次のように尋ねたくなるかもしれない。「私が十分に理性的であるとすれば、私は自分の社会のために状況Cで行為Aを要求する道徳コードを支持するとしよう。しかし、そのようなコード

（あるいは少なくとも状況Cで行為Aを要求するコード）がない場合、私が十分に理性的ならば、状況Cに置かれている人に行為Aを行うよう勧告する、と言えるだろうか」。

少なくとも最初は、この問いに対する答えが肯定的なものとなるかどうか疑いたくなるだろう。というのも、その答えは自分自身の動機づけだけでなく、他人の心の状態、すなわち他人が事実どのような種類の良心をもつのか、自分が道徳的に何をしなければならないと他人が考えているのか、ということにも依存しなければならないように見えるからである。たとえば、あなたが利己的な人で、ある種の道徳コードを欲するのは、それがあなたにある種の保護や他の利益をもたらすからに過ぎないとしよう。その場合、ある特定の人がその理想的なコードをいま遵守するかどうかを、あなたはほとんど気にかけないだろう。というのも、その彼がコードを遵守することは、そうした保護や他の利益をあなたに全くもたらさないからである。おそらく、あなた自身の一連の利己的な目的を最もよく促進すると考えられることを行為者が行うことをあなたは望むだろう。そして、どの行為を彼が選択するかが、いずれにしてもあなたの目的の実現に影響を与えないとすれば、彼が何をしようとあなたは気にかけないだろう。他方、あなたが最高度に慈愛に満ちた人だとすれば、あなたは、いま最も多くの善をもたらすと考えられることを行為者がまさに行うことを欲し、それゆえ、福利を最大化する道徳コードが行為者自身の状況において要求する行為Aについては、行為者が行わないよう欲する方に傾くかもしれない。特定の行為者がAを行うことが、自分の社会における理想的な道徳コードの形成の第一歩になるだろうと、利己的であれ非利己的であれ理性的な人々がある状況で考える可能性はもちろんある。その場合、その人は、その社会のために自分が選好する道徳コードに対する支持の一部として、Aを行うことを勧告するだろう。もうひとつの可能性は、あなたが道徳の制度に深い関心をもつとすれば、行為者の行為が道徳に対する当人自身のコミットメントを少なくとも支持するだろうと考えて、行為者が、どのようなものであれ自分自身の道徳コードにまさに従うことを勧告するだろう。

それにもかかわらず、完全に理性的な人はわれわれの最初の問いに肯定的に答え、まさに理想的な道徳コードが要求するように、想像上の行為者が状況Cで行為Aを行うことを勧告するだろうと私は考える。なぜか。あなたは理性的な人として、自分がどの道徳コードを支持するかに注意を払うことによって、理性的な人がどの道徳コードを支持するかを特定できる。さらに、ある人が十分に理性的な人ならある道徳コードを他のいかなるコードよりも強く支持するとすれば、その人にとってその道徳コードが正当化されるという先の論証、および、「道徳的にすべき」という表現の最善の定義は「正当化された道徳コードによって行うことが要求される」というものであるという先の論証に対してあなたが同意するならば、理想的なコードが命じるようにAを行う道徳的義務がその行為者にはあるという見解を、あなたは少なくとも採用するだろう。（そのコードに含まれる、十分に理性的な人々の間でも意見が一致しない例外規定に関しては複雑な要因がある。）それゆえ、人々が自分の道徳的義務を果たすかどうかにあなたが関心をもつとすれば、行為者がAを行うことをあなたは奨励し勧告するだろう。このことから、自分自身の良心が他の何かを行うことを命じるときにその行為者がAを行わないとすれば、彼が道徳的に非難に値し、道徳的に咎められるとあなたが必ず考えるということは帰結しない。というのも、理想的なコードは明らかに、西洋の道徳的伝統と同じく、行為者は自分自身が実際に支持するコードを支持することのうちに非難に値するもの——性格の欠陥を示すようなもの——がなければ、自分自身の良心に従うことによって道徳的に非難されることはない、と見なすからである。

しかしながら、幾人かの哲学者はこう考えるだろう。ある種の道徳コード、すなわち、仮に普及していれば（そしてその普及が十分に理性的な人々により支持されていれば）福利を最大化するが、実際には行為者の住む共同体で普及しておらず効力ももっていないような道徳コードについては、これに合致することを行う道徳的義務など存在しえない、と。このような状況において行為者は、彼がなしうる善をまさになすよう道徳的に義務づけられていると考える哲学者たちもいる。別の哲学者たちは、人は自分自身の個人的な道徳的コミットメントが何であれ、常にそれに従うべきだと考える。さらに別の哲学者たちは、ある道徳コードがある社会で現実に効力をもち——そして全員がそれから利益を得ているとすれば——全員がそれから利益を得ている以上は全員が理想的なコードではなくその道徳コードに従わなければならないと考える。[*22]

どのような種類の推論の筋道をとれば、行為者が福利を最大化するコードあるいは合理的に支持されるコードに従う義務を負うことができるのはそのコードが現実に効力をもつ場合のみである、と人が言うことに行き着くだろうか。ひとつの可能性は、その人が二つの異なる概念を混同しているというものである。つまり彼は、「Aを行う道徳的義務を負う」ということが「自分がAを行わなければ道徳的に非難に値する（非難されうる）」ということと同じ意味であると考えている。その場合、ある人が、行為者が自分自身の良心の命令に従うか、あるいは自分の共同体で受け入れられている基準に従えば、普通は咎められないと（正しく）考えているとすれば、行為者がこれらの状況で道徳的義務を負っていることを行わなかったはずがない、という誤った推論をその人は行っていることになる。しかしながら、実際のところ、「道徳的義務を負っている」と「彼が行わなければ道徳的に非難に値する」は決して同じ意味ではない。福利を最大化しようとするあらゆるコードにおいて、道徳的な評価は、たとえば事実誤認、たとえば恐怖のおかげで我を失っていたこと、一時的に病的な精神状態に陥っていたことなど、ある種の弁明を認めるだろう。これらの状況のひとつが現存するとき、当該の行為者の行動は、その弁明を考慮すれば道徳的に非難に値しないと言われるが、それにもかかわらずその行動は客観的に悪であると整合的に主張されうる。われわれがこの区別を設けるとすれば、福利を最大化するコードを自分が支持するどころかそれについて考えたことさえない場合、そのコードに従わないという理由で道徳的に非難に値することはない、ということをわれわれは認めるかもしれないが、同時に、ある人の行動が合理的に支持されたコードの行動から逸脱したとき、彼が自分の客観的な道徳的義務を果たしていないかどうかについては、依然として問題にすることができる。

人は、合理的に支持されたコードの要求に従って行為することを客観的に道徳的に義務づけられている、という私の見解の証拠として、哲学者たちは何を受け入れるだろうか。通常、哲学者が規範的テーゼに関する問題を提起するときには、自明で分析的に真であるか、あるいは何らかの点で望ましいような、道徳的義務とは何かに関する何か別の見解があると想定している。目下の見解を攻撃から擁護するひとつの方法は、批判者による代替案が成り立たないということを示すことである。たとえば、われわれは行為功利主義が分析的に真であるか自明であるか首尾一貫した規範理論であるということを否認するもっともな理由を繰り返すことができるだろう。あるいは、人は「それによって自分の人生を生きるために」選ぶ「道徳原理」に従うべきだと誰かが言うとすれば（Feinberg, 1967, p. 377）、われわれは以下の二点を指摘できるだろう。(1)おそらく彼は、自分がすべての人に勧告するつもりのある原則を意味している。それから、(2)人が行うべきことは、すべての人が良心ゆえに行動において従うべきものとして進んで支持するつもりのある原則に従うことであると、さらに進んで言わなければならない――そう考えるもっともな理由が第10章〔本書では省略〕ですでに与えられている。そして、第11章〔本書では省略〕の推論が受け入れられるとすれば、その結果は概ねここで徹底的に擁護されてきたものになる。あるいは誰かが、自分が利益を得ている現行の道徳システムが要求することを行うのは、自分が公平に分担しているものを担うこととして、道徳的な義務なのだと提案するとすれば、(1)この主張は慣習道徳なら何でも支持するように思われること、および、(2)その原則はそれ自体規範的な原則であり、それが自明であるとされるかどうかは疑わしいということ、この二点を指摘することによって応答することができる。明らかに人は、自分があることを行わなければ現実に批判される道徳的共同体のなかで生きている場合にのみ、それを行う道徳的義務を負っているわけではない。もしそうなら、改革者は自分の共同体の道徳的基準を非難し軽視するとき、自分の真の道徳的義務を決して果たしていないことになるだろう。

ある行為がいつ道徳的義務になるのかについて、あらゆる理論を包括的に却けることの正当性を証明する方法はない。このことは私の提案と対立している。だが、ある哲学者の側の単なる付説を、私が真剣に考慮する必要がないことは明らかである。反対の見解は、体系的な理論による支持を必要とする。

「理想的な」道徳コードが（少なくともその細部が）一般に受け入れられていない（すべての人に知られてさえいない）現在のような状況において、人はそれにもかかわらず、自分の社会のために合理的に支持されるだろうコードの規則によって要求されることを行う道徳的義務を負っている。以上の私の見解は、この『善と正の理論』の主要な論証に基づく。要するに、私は以下のように自説を擁護する。一連の道徳的な動機づけが正当化されるのは、それらの「選択」に影響を与えるように事実と理論が最大限に持ち込まれる場合――すなわち、十分に理性的な人が何か他のシステムよりも、あるいはシステムがないことよりも、その一連の動機づけを支持する傾向をもつ場合――である。われわれがそのような動機づけのシステムを特定したとき、道徳システムが現時点で正当化されうる唯一の意味で自分たちにとって「正当化される」システムをわれわれは見出したのだ、そう私は論じた。さらに、われわれは「道徳的義務を負っている」ということを、「正当化された道徳システム――十分に理性的な人が最も支持する傾向がある道徳システム――によって要求されるだろう」ということだと定義することを私は提案した（第10章（本書では省略））。これが受け入れられるとすれば、正当化された道徳的動機づけによって――あるいは、正当化された道徳コードによって――要求されることは、道徳的義務である。少なくとも慈愛深い人々にとって、このシステムは福利を最大化するものだろうと、私はいくつかの留保条件つきで論じた。福利を最大化する道徳コードがどの原則を含むかを私はほとんど論じなかったが、われわれはそれらのうちのいくつかを概ね知っ

ている し、特殊な種類の状況に関してそのような原則を特定するためにどのように進むべきかを知っている。

最後に以下の点について考察しよう。現実の行為者が、何をする義務があるか(たとえば福利を最大化するシステムが何を要求するか)に関して、先に支持された一般的な記述については確信をもっているが、自分が置かれている状況に関してはそのようなシステムの正確な要求について確信をもてないとすれば、どのように合理的な決定を行うだろうか。もっとも彼は、注意深い反省の後には、そのようなシステムは自分がしかじかのことを行うように要求するだろうと考える。たとえば、ある行為者が次のように考えるとしよう。福利を最大化するあるシステムは、自分自身が置かれているとその行為者が考えている種類の状況において約束を守ることを人々に要求するので、自分が理解できる限り、正当化された道徳原則は自分が約束を守ることを要求する、と。「道徳的義務」の提案された意味を考慮すると、その状況において彼が「私には約束を守る道徳的義務がある」と無条件に主張することが誤解を招くことはないだろう。だが、彼が非常に慎重でありたいと思えば、「私には約束を守る義務が本当はないかもしれないが、私が理解できる限り、私が知っている事実に基づけば、そして私が行った推論に鑑みれば、私には約束を守る義務があると彼は言うだろう。福利を最大化する道徳コードの原則が要求することについて事実誤解しているとしても、彼がこう述べるのは正しい。そして、このとき彼が自分自身の道徳的結論に従うとすれば、(自らの推論全体のなかに何らかの道徳的非難に値する誤りがなければ)客観的に悪いことを行うという理由で彼が道徳的に非難されることはない。また、自分自身の道徳的結論に従わないとすれば、そのときに行うことが客観的に正しいとしても、彼は道徳的な非難に値する。社会の大多数の人が彼の結論に同意せず、彼が約束を守らなくても非難しないだろうという事実によっては、彼の行為の道徳的地位が変更されることはないだろう。

第三章　注

原注

＊1　P・F・ストローソン（P. F. Strawson, 1974, Chap. 1）は、この点と、それに続くいくつかの点とについて、大局的な見解を述べている。私は、この論文の主要な主張に同意しない。

＊2　道徳的基準の獲得に関する現代の知識の優れた概説として、Hoffman 1970を参照せよ。〔これに関連する〕興味深い見解については、Kohlberg 1969および1971を参照せよ。

＊3　私はこれらの問題を、Brandt, 1959, Chap. 7, 8 で概説した。

＊4　これらの対比のいくつかが不当に単純であるという興味深い主張、および文献への指示については、C. D. Johnson, 1975a, 1975b を参照せよ。

＊5　概説として、Hoffman 1970 を参照せよ。

＊6　Peter Singer, 1973 を参照せよ。

＊7　これらの考えにつながり、それらと結びついている問題に関心がある読者は以下を見るのが有益である。Bergstrom, 1966, 1968, 1976; von Wright 1963, Chaps. 4–8; Castaneda, 1968, 1969, 1972; Horwich, 1974; Cornman and Dirnbach, 1973.

＊8　Sartorius, 1972（とりわけ pp. 208, 212）。同じような見解については、Peter Singer 1972（とりわけ pp. 101–102）を参照せよ。

＊9　幾人かの哲学者は、しばしば「消極的功利主義」と呼ばれる功利主義の一種によって、これらの問題のいくつかを回避することを考えている。この見解の本質的な特徴は、正しい行為と不正な行為にとって重要な種類の福利への限定である。もっと正確に言えば、正しい行為と不正な行為にとって重要であると考えられる福利は、⑴行為の結果としての福利の減少と、⑵福利の増加、ただし「悲惨からの救済」が実現

されるだけの点までの福利の増加とに限定される。この悲惨のレベル以下の人に対する影響は、このレベル以上の人に対する影響よりも重視されると理解される傾向もある。（ある人がこのレベル以上かどうか、規定されるレベルが時代と場所に応じて多様であるとすれば、以下のことは通常は論じられない。すなわち、幸福の平均的な状態にあることが十分であるのかどうか。規定されるレベルは労働省が「つつましいが適切な生活水準」あるいは単に当事者にとって有害でも魅力的でもないレベル以上と呼んできたものであるべきかどうか。）それゆえ、この考えは概ね、悲惨なレベル以上の福利の増加が考慮されないという点を除けば、人は、全員の福利を最大化する道徳的義務を負うというものである。

この提案は、個人の義務の範囲の縮小を含意している。実際、そのため多くの人はこの提案を好まないだろう。人々の生活を悲惨なレベル以上に引き上げることが必要ではないときに、人々の幸福を増加させる教育を与える義務がないこと、他の人々の生活がすでに悲惨なレベル以上であれば、非常に裕福な人からそれ以外の人への収入の再配分を行えばどれほど大きな利益が得られるとしても、それを行う義務がないことを、この提案は含意している。

さらに、以上の点とは別に、この提案は、先に指摘された不利益を軽減するためには全く役立たない。

＊10　一九七五年にアメリカ哲学会の大会で読み上げられた論文における提言。

＊11　Lyons, 1965; Sobel, 1970; H. S. Silverstein, 1974; Feldman, 1974; Goldman, 1974を参照せよ。初期の有益な議論には、Broad, 1915-16; Harrod, 1937; Harrison, 1952-53; Ewing, 1953; A. K. Stout, 1954 が含まれる。

＊12　Lyons, 1965, pp. 25, 54 と比較せよ。いくらか不安だが、関連する人のクラスを、⑴まさに選択肢Bをとりうる人に、ましてや⑵当該の行為者がとりうる一揃いの選択肢全体をまさにとりうる人に限定しないように、私はUGの構想を述べている。

この定式は、AあるいはBを選択肢としてもつ人の数が異なっていることから生じうる難問を回避する。

＊13　UG原理が無作為の方針を許すように解釈されるなら、あるいは「同じ状況」に置かれている集団の規模の蓋然的な見積もりを許すためにその原理が複雑化されるなら、議論の筋道は異なるだろう。

＊14　バークリは、一七一二年の『受動的服従、あるいは自然法の諸原理に基づいて証明され、その正当性を立証された至上の力能に抵抗しないというキリスト教の教説』（Berkeley, 1712）における論証によって支持される興味深い言明を、この理論に与えている。

＊15　この例は、Irving Seldin, 1977 の未公刊版から借用したものである。陪審員は裁判官による法の解釈を受け入れ、法

廷の証拠に基づいて、当該のケースがその法によって扱われるかどうかという事実に関する問題に自らの判断を限定すると宣誓することを要求される――極端なケースでは陪審員が自分自身の正義の感覚に端的に従うことを、万人が期待し望むとしても――、とも彼は指摘している。

*16 数値が、一応の義務の強さに何らかの意味で割り当てられなければならないという可能性は、Frank Snare, 'The definition of *prima facie* duties,' *The Philosophical Quarterly* 24 (1974), p. 243 によって言及されている。この考えは、ホリー・ゴールドマンによって、ミシガン大学大学院図書館に所蔵されている彼女の博士論文『倫理学における普遍化原理』（Goldman, 1972）のなかで若干長めに論じられている。

*17 様々な規則の間で裁定を行うために合理的な仕組みを見出すのは諦めなければならないと、P・H・ノーウェル＝スミスは論じている。私が正しいとすれば、いくつかの賢明な選択がある。彼の興味深い論文「功利主義に関するいくつかの見解」（Nowell-Smith, 1973）を参照せよ。

*18 Lyons, 1965, p. 144. デイヴィッド・ライオンズはこの主張を支持していない。彼は、複雑で思慮深い議論を導入するためにそれを述べている。

*19 デイヴィッド・ブレイブルックは、これをうまく述べている（Braybrooke, 1967）。

*20 この例は、Hodgson, 1967, p. 169 から借用した。同書 p. 32 以下、Chap. 3 および Appendix も参照せよ。また、Lyons, 1965, pp. 143-146, Chap. 5 および、Lyons, 1965 の書評である Feinberg, 1967（とりわけ pp. 373-378）も参照せよ。

*21 以前の定式の改良に関しては、デイヴィッド・ベンフィールド（David Benfield）のおかげを蒙っている。

*22 この最後の疑念はB・J・ディグズが表現しているようである。もしある理想的なコードが適用されうる見込みが多少なりともあるならば、とりわけ当該の行為がその適用に貢献するだろう場合には、理想的なコードに従う理由があるだろうとディグズは容認する。Diggs, 1970, p. 313, 315 を参照せよ。

文献

Bergstrom, Lars (1966). *The Alternatives and Consequences of Actions, Stockholm Studies in Philosophy* 4, Almqvist and Wiksell, Stockholm.

—— (1968). 'Utilitarianism and deontic logic', *Analysis* 29.

—— (1976). 'On the Formulation and Application of Utilitarianism', *Nous* 10, 121–144.

Berkeley, George (1712). *Passive Obedience, or the Christian Doctrine of Not Resisting the Supreme Power, Proved and Vindicated upon the Principles of the Law of Nature.*

Brandt, R. B. (1959). *Ethical Theory*. Prentice-Hall, Englewood Cliffs, New Jersey.

—— (1970). 'Traits of Character: A Conceptual *Analysis*', *American Philosophical Quarterly* 7, 23–37.

Braybrooke, David (1967). 'The choice between utilitarianisms', *American Philosophical Quarterly* 4.

Broad, C. D. (1915–16). 'On the function of false hypotheses in ethics', *Ethics* 26, 377–397.

Castaneda, H. (1968). 'A problem for utilitarianism', *Analysis* 28, 141–142.

—— (1969). 'Ought, value, and utilitarianism', *American Philosophical Quarterly* 6, 257–275.

—— (1972). 'The problem of formulating a coherent act-utilitarianism', *Analysis* 32, 118–124.

Cornman, J. W. and Dirnbach, B. J. (1973). 'Utilitarianism and the obligation to do exactly one act', *Analysis* 34, 20–23.

Diggs, B. J. (1970). 'A comment on "Some merits of one form of rule-utilitarianism"', in K. Pahel and M. Schiller, *Readings in Contemporary Ethical Theory*. Prentice-Hall, Englewood Cliffs, New Jersey.

Donagan, Alan (1968). 'Is there a credible form of utilitarianism?', in Michael Bayles (ed.), *Contemporary Utilitarianism*. Anchor Books, New York.

Duncan-Jones, A. (1957). 'Utilitarianism and Rules', *Philosophical Quarterly* VII, 364, 67.

Ewing, A. C. (1953). 'Suppose everybody acted like me', *Philosophy* 28, 16–29.

Feinberg, Joel (1967). 'Review of The Forms and Limits of Utilitarianism', in *Philosophical Review* 76.

Feldman, Fred (1974). 'On the extensional equivalence of simple and general utilitarianism', *Nous* 8, 185–194.

Goldman, H. S. (1972). 'The Generalization Principle in Ethics', unpublished Ph.D. dissertation, the University of Michigan.

—— (1974). 'David Lyons on utilitarian generalization', *Philosophical Studies* 26, 77–95.

Harrison, J. (1952–53). 'Utilitarianism, universalization, and our duty to be just', *Proceedings*, The Aristotelian Society.

Harrod, R. F. (1937). 'Utilitarianism revised', *Mind* 45, 137–156.

Hodgson, D. H. (1967). *Consequences of Utilitarianism*. Clarendon Press, Oxford.

Hoffman, Martin (1970). 'Moral development', in P. Mussen (ed.), *Carmichael's Manual of Child Psychology* II, pp. 261–359. John Wiley and Sons, New York.

Horwich, P. (1974). 'On calculating the utility of acts', *Philosophical Studies* 25, 21–31.

Kohlberg, L. (1969). 'Stage and Sequence: The cognitive-developmental approach to socialization', in D. Goslin (ed.), *Handbook of socialization theory and research*, Rand McNally, Chicago.

——(1971). 'From Is to Ought· , in T. Mischel (ed.), *Cognitive Development and Epistemology*. Academic Press, New York.

Johnson, C. D. (1975a). 'Toward a cautious return to natural law: some comments on moral and legal obligation', *Western Ontario Law Review* 14, 31–49.

—— (1975b). 'Moral and legal obligation', *Journal of Philosophy* 72, 315–333.

Lewis, David (1972). 'Utilitarianism and Truthfulness', *Australasian Journal of Philosophy* 50, 17–19.

Lyons, David (1965). *The Forms and Limits of Utilitarianism*. Clarendon Press, Oxford.

Mackie, J. L. (1973). 'The disutility of act-utilitarianism', *Philosophical Quarterly* 23, 289–300.

MacIntyre, A. (1957). 'What morality is not', *Philosophy* 32, 325–35.

Nowell-Smith, P. H. (1973). 'Some reflections on utilitarianism', *Canadian Journal of Philosophy* 2, 417–431.

Raphael, D. D. (1974–75). 'The standard of morals', Proceedings. *The Aristotelian Society* 75, 1–12.

Sartorius, Rolf (1972). 'Individual conduct and social norms: a utilitarian account', *Ethics* 82, 200–218.

Seldin, Irving (1977). 'Laws that are made to be broken: adjusting for anticipated noncompliance', *Michigan Law Review* 75, 687–716.

Silverstein, H. S. (1974). 'Simple and general utilitarianism', *Philosophical Review* 83, 339–363.

Singer, M. G. (1961). *Generalization in Ethics*. Alfred A. Knopf, New York.

Singer, Peter (1972). 'Is act-utilitarianism self-defeating?', *Philosophical Review* 81, 90–104.

—— (1973). 'The triviality of the debate over "is-ought" and the definition of "moral"', *American Philosophical Quarterly* 10, 31–6.

Smart, J. J. C. (1956). 'Extreme and restricted utilitarianism', *Philosophical Quarterly* 6.

—— (1961). *An Outline of a System of Utilitarian Ethics*. Melbourne University Press, Australia, and Cambridge University Press.

Sobel, J. H. (1970). 'Utilitarianism: simple and general', *Inquiry* 13, 394–449.

Stout, A. K. (1954). 'Suppose everybody did the same', *Australasian Journal of Philosophy* 32, 1–29.

Strawson, P. F. (1974). *Freedom and Resentment*. Methuen, London.

von Wright, G. H. (1963). *Norm and Action*. Routledge and Kegan Paul, London.

第四章　倫理学理論と功利主義

R・M・ヘア（水野俊誠訳）

道徳哲学がいま迎えている局面は、その流れを一九四〇年代から追ってきた人にとっては奇異なものに映るに違いない。分析的伝統に属す道徳哲学者たちはその間ずっと、道徳語の意味ないし分析と、道徳の問題についての妥当な推論のタイプをめぐる根本的な問いに、その研究の大半を捧げてきた。それらの問いのいくつかは、哲学的論理学のこの分野に内在する理論的な関心によって興味を引いたのかもしれない。実際、それらは興味深い。だが確かに言えるのは、私自身も含めた大多数の人は、隠れた動機をもってこれらの問いを研究してきたということである。彼らはこの研究が、大多数の人を悩ませる実践的な道徳問題の解決に対する哲学者の主要な貢献だと考えたのである。というのも、実践的な道徳問題が立てられるときに使われる言葉自体をわれわれが理解しないならば、いったいどのようにしてそれらの問題の根源に到達できるだろうか。少なくとも私は、この動機を自分自身の著作のなかで明確に示しているし、実践的な問題に関する多くの論文を公表している。だが、いまや、以前より多くの哲学者がそうした貢献の必要性に気づき、新たな雑誌がこぞって哲学の実践的応用にその誌面を割いているが、そんな今日の哲学者たちの振る舞いを、われわれはどう思うだろうか。概して彼らは、その分析的な探求全体の過程で何も学ばなかったかのように研究を続けている。まるで、善い道徳的議論が悪い道徳的議論からどのように区別されるべきかに関して、たとえば〔エアーの『言語・真理・論理』が出版された〕一九三六年と比べて――あるいは〔ムーアの『倫理学原理』が出版された〕一九〇三年と比べてさえも――少しも明確にならなかったかのように。

とはいえ、それほど悲観的になる必要があるとは思えないし、論理が道徳的論証の助けになりうると私だけが考えているとも思えない。だが驚くべきことに、多くの哲学者は実践的な問いに取り組むや否や、自分たちに固有な技術をすべて忘れて、市場の問題は市場の方法――すなわち（直観と呼ばれる）偏見とレトリックとの結合――によってのみ解決されうると考えている。そのような議論に対する哲学者の特別な貢献は、哲学者がもつべきとされる次の能力を使うことである。すなわち、議論のなかで用いられている概念（とりわけ道徳の概念自体）を明確にし、それによって当該の概念の論理的な特性を明らかにすることで、誤謬を明らかにし、誤謬の代わりに妥当な議論を行う、という能力である。哲学者は道徳の概念を理解しなければ（理論をもたなければ、とあえて言おうか）、これらのことを行うことができない。そしてそれこそが、われわれがこの何十年間探求してきたものである。それにもかかわらず、道徳的概念や道徳的推論の規則についてどのように理解しているのか全く明らかでないような仕方で哲学者たちがものを書いているのを、われわれは見出す。彼らが、道徳的概念と非道徳的概念との等価性を仮定し、それに依拠している自然主義者であるのか、それとも、何らかの道徳感情に訴え、読者にそれを共有するよう説得するだけの直観主義者であるのか、それを識別するのはしばしば困難である。彼らの大多数は、何らかの種類の記述主義者であるように見える。だが、彼らがより曖昧な自然主義を経由して、ほとんどそう明言されない直観主義に後退するとき、道徳的言明が何を述べているのかは彼らの見解ではますます曖昧になり、したがって、それらの道徳的言明を受け入れるべきかどうかをわれわれがどのように判断できるのかはますます曖昧になる。合理的な学問としての哲学は、置き去りにされる。

道徳語の意味に関する理論がいかにして規範的な道徳的推論の基盤になることができるかを示すことが、本稿の目的である。その概念の理論は、非記述主義的であるが、それにもかかわらず合理主義的な種類のものである。この種の理論が道徳的推論の説明の基盤を与える――そう主張できるということが逆説的であるように見えるのは、偏見をもつ人と、カントを読んだことがない人だけだろう。この種の偏見こそが、私が不満を述べ続けてきた困難をもたらした原因にほかならない。すなわち、記述主義的な理論だけが道徳の合理的な基盤を与えることができるという信念と、それゆえ、非記述主義者になることによって非合理主義や主観主義だという誹りを受けるくらいなら、実りのない袋小路の探索を行う方がまだよいという信念である（E 99 参照〔本書では省略〕）。

私が提唱する規範理論は、功利主義と密接な類似性をもっている。実際、この「功利主義」という名称が極めて広い範囲の見解を含んでおり、また、そのうちの粗雑なものによっていみじくも引き起こされた偏見にそれらすべての見解が晒されているという現状さえなければ、この理論を功利主義的と呼ぶのもやぶさかではない。そこで、私の規範理論を功利主義的と呼ぶにあたっては、読者の方々には、私の理論自体を検討するようお願いしたい。また、他の種類の功利主義に対して差し向けられてきた反論を私の理論が回避できているか問うようにお願いしたい。私自身の規範理論がそれらの反論のうち少なくともいくつかのものを回避できることを、私は本稿で示したい。だが、私が非記述主義者と功利主義者との両方でありながら非難を免れることができるとすれば、それは驚くべきことだろう。

ロールズの理論のような合理的契約者の理論や、多くの著述家が提唱してきたような理想的観察者の理論（たとえばBrandt 1952, 1955; Haslett 1974）と、私自身の普遍的指令主義の理論との間には密接な形式的類似性がある、そう私はE 153〔本書では省略〕で述べた。これらの類いの理論は、ある種の功利主義にごく自然に行き着かせることができ、ロールズがこの結果を避けることができたのは、彼の合理的契約者たちを非功利主義的契約に向かわせるような直観をふんだんに使ったからに過ぎない、とも述べた。ロールズは自らの理論を功利主義の代替案として提唱している。私が概要を述べるつもりの体系が功利主義と見なされるかどうかは、概ね用語法の問題である。その体系が用いる議論の形態は、先に述べたように、形式的にはロールズのものと酷似している。しかしながら、実質的な結論は明らかに異なる。私は、自分の見解がブラント教授の表現を借りれば「信頼できる種類の功利主義」（Brandt 1963）であると考えたい。おそらく、ロールズはそれを信頼できない種類の功利主義として分類するだろう。私の見解は、ロールズの見解ともっとありきたりな種類の功利主義との妥協案である、そう他の論者は言うだろう。このことはあまり重要ではない。

私はロールズとは異なり、道徳語の論理的な研究によって明らかにされるような道徳的概念の形式的な特性に、専《もっぱ》ら自分自身の考えの基盤を置くことを試みる。とりわけ、われわれが考察するつもりの中心的な用語法において、道徳判断がすべてもっている指令性と普遍性という特徴に、自分自身の考えの基盤を置くことを試みる。これらの二つの特徴によって、ロールズ自身のより印象的な仕組みに形式的には類似している道徳的推論の枠組みが与えられる。だが、私は彼の仕方で議論するよりも、むしろ彼が密かに行っていることを公然と行うつもりである――つまり、幾人かの架空の合理的な契約者がある制約に従う立場に置かれているとすれば、どのような判断を行うだろうかということを考えずに、むしろロールズが実際そうしているように、ある（形式的に類似した）制約に従って、この立場に（想像上）身を置き、何らかの判断を実際に行う（E 217 参照〔本書では省略〕）。その立場と制約は形式的に類似しているので、このことは違いを生じさせないはずである。

この立場において、私は、自分が考察している状況とちょうど同じようなあらゆる状況に関して普遍的に指令している。そしてそれゆえ、各々の状況に存在する人々のうち、私自身がどの役割を占める可能性があるかにかかわらず、そうしたあらゆる状況に関して普遍的に指令している。したがって、私はその状況のなかであらゆる役割を担う人々の等しい利益に、等しい重みを与えるだろう。そして、これらの役割を担う人のうちの誰もが私であるかもしれないのだから、この重みは明確なものだろう。このように、ロールズの無知のヴェールが目指すところの不偏性は、純粋に形式的な方法によって達成され、自らの契約者が合理的である――すなわち、思慮深い――という彼の主張の目的も、純粋に形式的な方法によって達成される。こうしてわれわれは、道徳的概念の論理の考察のみによって、より洗練されているものの根拠薄弱な装置（と私が主張してきたもの）を用いてロールズが身を置こうとした立場に匹敵する、強い立場に自らを置いたことになる。

さて、ここからはこれらの道具を用いていくことにしよう。ロールズも、理想的観察者の理論は功利主義に行き着くと述べており、そして同じことは、私がいま概要を述べた形式的な仕組みについても成り立つはずである。すべての当事者の等しい利益に等しい重みを与えると、どのようにして功利主義へと行き着くのだろうか。そして、どのような種類の功利主義へと行き着くのだろうか。私がある状況ですべての当事者の等しい利益に等しい重みを与えようとしているとすれば、ある当事者にもたらされた利益や害悪が、他のあらゆる当事者にもたらされた等しい利益や害悪と等しい正の価値や負の価値をもつ、そう私は考えなければならないように思われる。これが意味するように思われるのは、私が全住民の利益の総和を最大化すれば、当事者のあらゆる利益に等しい重みを与えながら彼らの利益を最も促進するだろうということである。これが古典的な功利原理である。人口が一定のまま増減がないとすれば、古典的な功利主義は、効用の総和ではなく効用の平均を最大化するようにわれわれに命じる平均功利原理と、実際には等価である。人口の規模自体がある決定によって影響されるとき、二つの原理は異なる答えを出す。私は、古典的功利主義あるいは総和功利主義を選択する理由を挙げた（E 165 参照〔本書では省略〕）。これらの計算において、利益は害悪の減少を含むと考えるべきである。

しかしながら、私は自らの理論を、利益と害悪の減少との観点からは述べないだろう。というのも、それをすると、私が回避したいと思う困難に行き着くからである。むしろ、功利原理が私に要求することは、私の行為によって影響を受けるそれぞれの人と正確に同じ状況に私が置かれているという仮説的な状況において、自分が自分にしてもらいたいことをせよ、ということであると考えよう。そして、私の行為が（ほとんど常にそうであるように）複数の人に影響を及ぼすとすれば、私が彼ら全員の状況に（もちろん同時にではなく、いわばランダムな順序で）置かれているという仮説的な状況において概して私がしてもらいたいと思うことを行うことである。問題をこのように述べるやり方はC・I・ルイス（Lewis 1946: 547）によるものであり、そこでは、私が全員の等しい利益に同じ重みを与えなければならないということが強調される。そして、（ほとんどすべてのケースで私がそうであるように、）私が当事者のひとりである限り、私自身の利益も同じだけの、それ以上ではない重みを与えられなければならない——つまり、私自身の現実の状況は、自分自身がこのランダムな順序で置かれると私が想定しなければならない状況のうちのひとつであるということを、われわれは覚えておかなければならない。

ここで、この示唆についてさらにいくつかの注釈を加えることが適切だろう。第一に、正義は効用と対立しなければならないと、ときに主張される。だが、われわれが様々な人々の競合する利益の間でいかにして公正であるべきかと尋ねるならば、全員の等しい利益に等しい重みを公平に与えることによってである、という以外の答えを出すのは困難であるように思われる。そして、これがまさに功利原理をもたらすものである。分配を行う際に、功利原理は平等をもたらすとは限らない。確かに、分配の平等を追求するもっともな功利主義的理由もある（Hare 1977 参照）。だが正義は別のものである。効用の総和が等しければ、功利主義者は平等な分配と不平等な分配について無差別的である——ときにそう言われる。これはその通りだが、現実の善のかなり高度な平等を支持する二つの重要な功利主義的論拠を覆い隠すものだ（もちろん、ロールズの体系を含む大多数の体系でも、適度の不平等によって確保される様々な利点によって調整はなされる)。第一の論拠は、いかなる商品や金銭にも限界効用の逓減があり、そのことは、平等を目指すアプローチの方が効用の総和を増やす傾向があるだろうということを意味している、ということである。第二の論拠は、一定の教育を受けた人々の社会においても、不平等は少なくともある程度の妬み、憎しみ、悪意を生み出す傾向があり、そのことの負の効用は力説するまでもない、ということである。これら二つの要因を考慮に入れるならば、功利主義者は、自分たちが現実の現代社会において分配の極端な不平等を支持しうるという非難を恐れる必要はないと私は確信している。功利主義が分配の極端な不平等を支持しなければならないと考えられる、非現実的な仮説的ケースを考案することはおそらく可能だが、後で見るように、これは不当な種類の議論である。

第二に、利益による定式化から欲求や指令による定式化への移行、あるいはその逆の移行は、決して容易なことではない。両方の定式化が提起するのは、本稿の範囲を超える問題である。われわれが功利主義を利益の観点から定式化すれば、ある人の真の利益とは何かを決定するという問題が生じる。幾人かの論者が(プラトン『国家』335に従って)しているように、道徳的な考慮事項を慎慮(prudence)の問題に持ち込むことによって(すなわち道徳的により善くなること——あるいは、より悪くなること——がそれ自体としてある人の利益に影響すると主張することによって)問題を混乱させないとしても、われわれは利益に関する言明を、現実的なものであれ仮説的なものであれ、好みや欲求のような心の状態の観点から表現する方法を、依然として見つけ出さなければならない。この理由により、こうした心の状態の観点からの直接的な定式化は、一層明快なものでなければならない。だが、二つの困難な問題が残る。第一の問題は、現在の欲求と好みが将来の欲求や好みとどのように比較衡量されるべきか、そして現実の欲求や好みが、仮に別の行為が行われるとすれば経験されると考えられる欲求や好みとどのように比較されるべきか、というものである。第二の問題は、功利主義の定式化においてそもそも欲求に言及する必要があるのか、あるいは、好みへの言及で事足りるのか、というものである。私が試みようとしているように、われわれが普遍的指令主義を経て功利主義に到達するとすれば、われわれは最後の一対の選択肢のうち前者を支持するように思われるだろう。というのも、欲求とは——この状態に求められている意味においては——指令に対する同意だからである。これらはすべて慎慮の理論の内部の問いである。慎慮の理論は規範的道徳理論を論じる上でどうしてもつきまとう重要なものだが、私は本稿でそれについて論じたいとは思わない。

しかしながら、私の行為によって影響されるそれぞれの人に対して、私は自分がしてもらいたいと思うことをしなければならない、などと先に述べたとき、私は不正確に述べていたと言わなければならない。一八九頁で言及した判断を行うとき、私はそれを可能な限り合理的に行わなければならない。このことは、私が道徳判断を行っているとすれば、普遍的に指令することを含む。普遍的にであろうとも、指令する際には合理的であるとすれば慎慮を全く無視することはできないが、この慎慮を普遍化しなければならない。より明確に述べれば、このことが意味しているのは、私が自分自身の利益のために指令しているのか他の誰かの利益のために指令しているのかにかかわらず（次の段落を参照）、私が現実にいま何を欲しているかではなく、慎慮の観点から言ってわれわれが何を欲するべきかと尋ねなければならないということである。

私が自らの普遍的な指令を行わなければならないのは、この（慎慮的な意味での）合理的な観点からである。言い換えれば、私が判断しなければならないのは、合理的なものとしてである。そして、このことは、私が何を言っているのか、および私が発する指令の現実の帰結が自分自身や他人にとってどのようなものかについての明確で混乱していない考えをもって判断することを少なくとも含む。私が他人の欲求を考慮しているとき、仮に彼らが完全に思慮深いとすれば——すなわち、彼らが十分に情報を与えられ混乱していないとしたら欲するはずのものを欲するとすれば——彼らの欲求はどのようなものかを考えることも含む。このように道徳は、少なくとも功利主義者にとっては、その時点で普遍化されなければならない慎慮のみに基づきうる。しかしながら、こうしたことはすべて本稿では論じないことにする。ただし、以下で私が「欲する」「指令する」等々と述べるときには、「思慮深い人自身の利益が問題になる限り、彼の観点から欲する、指令する、等々」という意味で言っている、ということに留意してほしい。私が自分自身の欲求について話しているのであれ、他人の欲求について話しているのであれ、この留保条件を付けることは常に重要であるが、それをすると私の文章が耐えがたいほど冗長になるので、今後はそれを省略するつもりである。次の段落でのみ、「欲求」等という言葉の後にpを必要に応じて付加することによってその省略を示すが、その後はこの付加さえ省略する。この点について読者に慣れてもらうためにはひとつの段落で十分だと思う。

第三に、私が様々な当事者の「状況」について述べるとき、われわれは、人々が自分のなかにもっているすべての欲求p、好みpなどをその状況のなかに含めなければならない。つまり、私がいまもっている好みpなどではなく、仮に私が他人の好みpなどをもつとすれば、私がしてほしいと思うことpを私は他人にすべきである。そして同様に、（ある状況で自分に対して何をしてもらいたいかと自問するとき、）自分自身の現在の欲求p、好みpなどを考慮に入れるべきではない。これにはひとつの例外がある。私が考慮しなければならない状況のひとつは私自身の現在の状況である、と私は言った。私は隣人を自分自身と同じように、だがそれ以上でも以下でもなく愛さなければならず、また彼らに対して、私のためにしてほしいと私が欲することpに応じて、彼らに何かをしなければならない。それゆえ、私がXの状況に置かれ、Xが他の誰かである場合に自分に対してしてほしいものpを考えているときに、私が、その状況がXの欲求pや好みpなどを含むと考えて自分自身の欲求や好みを無視しなければならないのとちょうど同じように、Xが私自身であるようなひとつのケースでは、私は自分の欲求pや好みpなどを考慮に入れなければならない。言い換えれば、道徳的決定を行う人として、私は自分自身の欲求pなどを無視して当事者の欲求pなどだけを考慮に入れなければならない。だが、（通常そうであるように）私が当事者のひとりである場合には、私は自分自身の欲求pなどを、当事者として、他のあらゆる当事者の欲求pなどと同等に考慮に入れなければならない。[*1]

ここで、次のように問う人もいるだろう。われわれが、道徳的決定を行う者として私からあらゆる欲求と好みを取り除くとすれば、私はどのようにして決定に至るというのだろうか、と。その答えは、私が当事者として考慮に入れる人々の欲求や好みによって決まる（前述の通り、この当事者には私自身が含まれるが、それは決定者としての私ではなく、当事者としての私のみである）、というものである。実際、私は、仮に自分が彼らの状況に置かれているとすれば、自分に対して何をしてもらいたいのかと尋ねるべきである。だが、仮に私が彼らの状況に置かれているとすれば、私は彼らの欲求などを当然もつことになるので、自分自身の現在の欲求については忘却し（先述の唯一の例外は除いてだが）、彼らがもつ欲求だけを考慮に入れなければならない。そしてもし私がこの考慮を行えば、そのとき私が現に望むのは、彼らの欲求の充足だろう。それゆえ、これこそが、私が可能な限り指令するはずのことである。

私の現在の定式化によって、かつて多大な困難を私にもたらした狂信者の問題にかなり明確な仕方で対処できるようになるということを指摘したい（FR Chap. 9; cf. MT Chap. 10）。私が普遍的に指令するために、（道徳的決定を行う者として）自らの現在の欲求などをすべて取り除かなければならないとすれば、私はとりわけ自分がもっているあらゆる理想を取り除かなければならないだろう。というのも、理想は（私がそれらの言葉を用いている包括的な意味で）一種の欲求あるいは好みだからである。アリストテレスの言葉を用いれば、それはオレクシス（『魂について』433a9ff.）である。これが意味しているのは、理想をもつことを私が放棄しなければならないということではない。私が自分の道徳的決定を行うときに自分の理想を考慮に入れるのを止めなければならないということでさえない。それが意味しているのは、私が道徳的決定を行う者として自らの理想を考慮に入れるのは許されないということだけである。しかしながら、私は、ひとりの当事者として、他の人々のなかのひとりとして自分自身の立場を考えるときには、他のあらゆる当事者の理想とともに、自らの理想を考慮に入れることが許される。このことが意味しているのは、道徳的決定のためには、誰が理想をもつのかは違いをもたらさないということである。それが意味しているのは、自分自身の理想と他人の理想とに公平な配慮を払わなければならないということである。しかしながら、われわれ自身の理想の追求が他人の理想や利益に影響を与えないケースでは、われわれが自分自身の理想を追求することは許され、実際に奨励されている。

だとすれば、われわれを悩ます唯一の種類の狂信者は、あまりにも自分の理想を強く追求しているために、すべてを公平に考慮しても、それらの理想に認めるべき重みが、それらの理想を実現するために諦めねばならない〔他の〕すべての理想・欲求・好みの重みの総和を上回ってしまうような人である。たとえば、ユダヤ人を近くにいさせたくないというナチ党員の欲求が、彼らの周囲に住まわせないように取り決めることによってユダヤ人が被るあらゆる苦痛を上回るほど十分に強いとすれば、同じ形式的な構造をもつあらゆる理論と同じように、功利主義のこの解釈によればその欲求は満たされるべきである。この問題は次の二つの点によって克服すればよい。第一に、この大胆な資質を備えた狂信者に遭遇することは決してないだろうということ〔思うに現実のナチ党員がそのような強い欲求をもたないことは明らかであるということ〕を指摘すること。第二に、すぐ後で示すように、現実に遭遇することが決してなさそうなケースは、普通の人の思考と公平に扱われる必要がないということを想起すること。なぜなら、普通の人の原則はそうしたケースに対処するようにつくられてはいないからである。それゆえ、「この狂信的なナチ党員が欲するものを彼に与えることが正しいだろうとわれわれが考えるように、あなたが要請することはできない」と言うことによって、私が概要を述べた理論を攻撃するのは不当である。この議論は、後で見るように、普通の人の直観が対処するようにはつくられていなかったケースについて、普通の人の判断に訴えることに基づいている。

（自らの議論のなかで考慮されるあらゆる欲求は、欲求p――すなわち、ある人が完全に思慮深くなった後でもっと考えられる欲求――であるという事実をわれわれが利用することは正当だろうが、たとえそうしないとしても、）同様の提案によって、提起されたもうひとつの困難な問題に対処することが可能になる。功利主義に対してときに言われるのは、（被害者を拷問したいというサディストの欲求のような）悪い欲求に、専らそれらの強さに応じて重みを与えることが功利主義の欠陥である、というものだ。他方、一般に受け入れられている意見は、そのような欲求に全く重みを与えないか、負の重みを与えさえすると主張される。だが、一般に受け入れられている意見は、遭遇する可能性が高いケースに対処するべく形成されてきた。そして、われわれがサディストの欲求に、それらの強さに応じて重みを与えるとしても、サディストの思い通りにさせることによって効用が最大化されると考えられるケースに遭遇する可能性は極めて低い。第一に、被害者の苦痛はサディストの快楽よりも普通は強い。そして第二に、サディストはしばしばそれに代わる快楽を得ることができるか、現実に治療を受けることとさえできる。第三に、サディストが欲するものを手に入れるのを許すことの副次的な結果は重大である。それゆえ、より詳しく説明すれば、これらの負の効用が生じない非現実的なケースを、この種の論証のなかでなぜ正当に用いることができないのか、悪い欲求に重みを与えてもなぜ全く何の問題もないのかが、明らかになるだろう。

それゆえ、われわれは二種類あるいは二つのレベルの道徳的思考の間に重要な区別を設けなければならない。それは、ロールズ（Rawls 1955, この論文において彼は功利主義を擁護しているように思われる）が設けた区別と同じものではないが、いくらか類似している。その区別は部分的にはデイヴィッド・ロス卿（Ross 1930: 19ff.）と、さらに他の論者の考えに負ったものでもある。私はそれを、直観レベルと批判レベルとの違い、あるいはこれらの二つのレベルで用いられる原則の違いと呼ぶ（E 110, 237〔本書では省略〕）。直観レベルの原則は、実践的な道徳的思考において、とりわけ緊迫した状況で用いられる。それらの原則は（自己教育を含む）教育によって与えられることができ、「緊急時に適用する準備ができている」ほど十分に一般的でなければならないが（Burke 1815; FR 45 にて引用）、（違反しても疚しさを引き起こさない）経験則と混同されるべきではない。批判的な原則とは、特殊なケースにおける正しい答えとして、事実についての完全に適切な知識に基づく余裕をもった道徳的思考によって到達されるはずのものである。批判的な原則は普遍的だが、ニーズと同じように明細的であることができる（明細的 specific は、普遍的 universal の反対ではなく、一般的 general の反対である）。直観的な（あるいは私が別の箇所で呼んだように、一応の）原則は、道徳教育で教え込まれるが、この目的のための直観的原則の選択は、考察されている特殊な状況にかかわる批判的原則をもたらすような、余裕をもった思考によって導かれるべきである。余裕をもった思考の目的は、育成され一般に受け入れられると、現実に遭遇する大多数の状況において最善の批判的原則と合致する行為に行き着くような直観的原則をもつことである。それゆえ、非現実的で極めて稀な状況は、この目的のために考慮される必要がない。

私はこの区別について、E 60 以下〔本書では省略〕と『道徳的に考えること』〔MT〕とで詳しく説明した。ここではいくつかの個々の重要な点を詳しく論じればよい。本稿で前段落までに、そして実際これまでの自分の哲学的著作の大半において私が述べてきた思考は、批判的思考である。この思考は一種の行為功利主義をもたらす。〔とはいえ〕この行為功利主義は、実質的には、道徳判断のもつ普遍化可能性により、必要に応じた程度の明細性をもつ規則からなる規則功利主義と同じものとなる。そのような思考は、事実を際限なく調査する時間があり、手前勝手な議論を行う誘惑がない「冷静な時間」にのみ適している。その思考は、仮説的なケースや、非現実的なケースさえ用いることができる。原理的にその思考は、事実についての超人的な知識があれば、人が述べたいと思うあらゆるケースにおいて何をすべきかを答えることができる。

功利主義の論敵の最もありふれた策略は、そのような思考の例のうち、普通はその思考が非現実的なケースに差し向けられる例を挙げて、それらの例を普通の人が考えることと照合することである。その策略は、功利主義を道徳の怪物のように見せようとする。通常、功利主義の反対者は、(しばしば看過される、かなり稀な欠落を伴う)道徳的推論に関する自分自身の思考を、直観レベル——すなわち、情報が不足しており、しばしば緊迫している通常の場合に関する日常的な道徳的思考のレベル——に限定してきた。そのため彼らは、これら巧妙に仕組まれた事例をめぐって、普通の人と、大天使ガブリエルの観点という、当惑するほど馴染みのない観点から非日常的なことを述べる功利主義者との間に争いが生じたときには、普通の人の肩をもつのが当然だと考えるのである。

このように論じるならば、道徳哲学にとって道徳教育の研究がもつ重要性を全く無視することになる。完全な情報を得ている大天使的な行為功利主義者が、自分の子どもたちの育て方について考えているとしよう。明らかに彼は、自分の子どもたちが道徳の問題に直面するあらゆる場合に、自分自身にとって可能な種類の大天使的な思考を行うように育てる、ということはしないだろう。普通の子どもならそのような思考をうまく展開することができないだろうということを、彼は知っている。その子らは、時間も情報も、自己利益によって引き起こされる自己欺瞞を回避するための自己統制ももたないだろう。これは、われわれの道徳原則を決定する（想像された無知のヴェールと対比される）現実的な無知のヴェールである。

そこで、この大天使的な行為功利主義者は二つのことを行うだろう。第一に、彼は自分の子どもたちに、一組の善い一般原則を植えつけようとするだろう。私は、「植えつける（implant）」という言葉をよく考えた上で用いている。これらの原則は経験則ではなく、その子らが違反すれば激しい嫌悪を感じずにはいられないはずの原則であり、他人がそれに違反すれば彼らのなかに激しい憤慨を引き起こすはずの原則である。これらは、彼らが通常の直観的な道徳的思考において、とりわけ緊迫した状況で用いる原則だろう。第二に、この行為功利主義者は自分の子どもたちと常に一緒にいるとは限らないだろうから、そしてその子らは〔やがては〕自分の子どもたちを教育しなければならず、さらに自分たち自身を教育し続けなければならないだろうから、この行為功利主義者は子どもたちに対して、自分が行ってきている種類の思考を――子どもたちに可能な限りで――行うことを教えるだろう。この思考は三つの機能をもつだろう。とりわけ、善い一般原則同士が個々のケースで対立するときにこの思考が用いられるだろう。まず、一般原則がうまく選択されていれば、このようなことは滅多に起こらないだろうが、それでも起こることはあるだろう。次に、確かに一般原則の間で対立はないのだが、そのケースが極めて異常な要素を含んでいるために、そもそもそれら一般原則は本当にこのケースを扱うのに適しているのかと問いたくなってしまうようなケースがあるだろう。だが第三に、そして最も重要なことに、この批判的思考は、子の世代とその後の世代との両方に教えられるべき一般原則を選択するために用いられるだろう。この一般原則は変化するだろうし、（環境が変化するがゆえに）変化すべきである。そして、教育者が（われわれが想定してきたような）大天使でないとすれば、最善の直観的原則が最初から与えられるとわれわれは想定することさえできないだろう。おそらく、一般原則は改善がなされるだろう。

一般原則の選択はどのように行われるのだろうか。競合する一般原則同士の争いを決定的なかたちで例示し、それを裁定するために役立つ現実のケースと仮説的なケースとの両方を考察する、ということのために批判的思考を用いることによってだろう。だが、一般原則は現実の状況で用いるために選択されているので、個々のケースに置かれるべき重みを、その原則を用いる人々の生活のなかでそれらのケースが現実に起こる蓋然性に対して、注意深く釣り合わせるべきである。それゆえ、功利主義の反対者が非常に好む非現実的なケースは、この種の思考において（哲学者の気晴らしとして、あるいはときに必要となる純粋に論理的な要点を例示するため以外には）ほとんど用いられないだろう。非現実的な起こりそうにないケースは、実際的な使用のために競合する一般原則の優劣を決定するときには、決して用いられないだろう。その結果得られるのは、自己教育を含む道徳教育におけるそれら一般原則の使用と、結果として生じる、社会全体によるそれらの受容とが、大天使的な思考による指令に可能な限り近づいていくであろうような、絶えず進化するが全体としては安定している一組の一般原則であろう。それらは正義の原則を含む可能性が高い（さらなる議論については、Hare 1988, フランケナの論文とそれに対する私の論評を参照せよ）。

いまや、いくつかのさらなる区別を導入する必要がある。幸い、それらの区別はすべてE 60 以下（本書では省略）ですでに設けたので、ただ要約すればよい。先に述べた第一の区別は、すでに示唆したものだが、（実際には普遍的な行為功利主義と等価である）明細的な規則功利主義と、一般的な規則功利主義との区別である。両者は、それらの役割が注意深く区別されるならば、行為功利主義と両立できる。明細的な規則功利主義は批判的思考に、一般的な規則功利主義は直観的思考に適している。それゆえ、明細的な規則功利主義の規則は、無制限な明細性をもつことができるが、一般的な規則功利主義の規則は、それらの役割に応じて十分に一般的でなければならない。以上のことから、われわれの大天使の思考は明細的な規則功利主義の一種であることになるだろう。そして、教育を受けた普通の人の思考の大部分は、一般的な規則功利主義の一種であることになるだろうが、必要な場合には――および、あえてそうする場合には――自分に可能な大天使的な思考によって自らの思考を補おうとするだろう。

第二の区別は、スマート教授（Smart 1973: 46f）が（道徳的に）「正しい（right）」行為と呼ぶものと（道徳的に）「合理的な（rational）」行為と呼ぶものとの区別である。スマートによるその区別の仕方は、彼自身が認めているように、完全に適切ではないが、彼と同じように、私は簡潔さのために彼の述べ方を採用するつもりである。ここで、そして先述の「受容効用」に関して、初めに考えられたものよりいくらか洗練された蓋然性の計算が必要になる。だが、簡潔さのためにこう言おう。ある行為が正しい可能性が非常に高いとすれば、その行為がなされた時点では知られていなかったすべての事実が知られるに至ったときにその行為が正しくなかったと判明するとしても、その行為は合理的である、と。われわれが記述してきたような社会において、(道徳的に)合理的な行為は、ほとんど常に、善い一般的な直観的原則と合致するものである。というのも、それらの原則は、まさにこれを成り立たせるために選択されたからである。行為の時点では知られていなかったあらゆる事実が知られるに至ったときに、実はそのような行為がスマートの言う意味で(道徳的に)正しかったと常に判明するとは限らないだろう。だが、行為者がこのために非難されるべきではない(E 63 以下参照〔本書では省略〕)。

これらの直観的原則がどれほど単純で一般的なものでなければならないかは、困難な問題である。社会全体に教え込まれるべき原則についてわれわれが述べているとすれば、〈その社会の成員が、われわれが言及した危険を冒すことなく比較的複雑な原則を理解し適用できるほど洗練され、道徳的に自己統制されているか〉という程度に応じて、答えは明らかに変わる。われわれは、人々が複雑な原則を扱える程度に応じて、その社会のなかの下位集団、これらの下位集団のなかの個人、様々な段階における同一の個人さえも区別するかもしれない。大多数の人々の直観的原則は、彼らが様々な状況に対処する経験を積むにつれて、いくらか複雑になる。そして、おそらく、言語的定式化を受け入れないほど複雑になりうる。古い単純な格言の価値も評価されるようになりうる。いずれにしても直観的な原則は、それに求められる役割から、批判的原則が複雑になりうるのと同じくらい複雑になることは決してありえない。

第三の区別は、善い(good)行為と正しい(right)行為との区別である。後者は、特殊なケースに関する網羅的で十分な情報に基づく明晰な思考によって到達されるような批判的原則と合致する行為である

(LM 186)。善い行為とは、正しくはないとしても、善い人が行うであろうものである。一般に、これは道徳的に合理的な行為と同じものであるが、その人の動機づけが考慮されなければならないという点で、複雑な要素があるだろう。善い（すなわち道徳的によく教育された）人は、自分が教えられてきた原則をときに疑い修正することさえでき、また進んでそうするが、子どものときの躾によって、これらの原則に違反することが自分の気質に著しく反するような一組の動機と傾向を獲得しているだろう。ほかならぬ性格の善さが、大天使的な指令に従わない行為をときに彼に行わせるだろう。これは、少なくとも次の二つの理由のうちのひとつのためだろう。第一の理由は、彼がそれらの行為を行ったとき、彼は十分に情報を与えられておらず、そして、おそらくそのときにそれを知っており、また、そのときに自分自身の道徳的・知的な弱さも知っており、それゆえ、直観的原則を遵守することが道徳的に合理的だと（謙虚に正しく）考えて、そうして後に道徳的に正しくないと判明することを行った、というものである。第二の理由は、この稀な場合には、道徳的に合理的な行為は自己に根づいた原則に違反するものである（たとえば、その行為は彼が自分の親友を失望させることを必要とする）と知ることができたが、彼はその行為があまりにも自らの気質に反するので、どうしても行う気になれなかった、というものである。第一のケースで彼が行ったことは、合理的かつ道徳的に善い行為であった。第二のケースで彼が行ったことは、道徳的に善いが誤って行われた行為——最善の動機から行われた、不正で実際には不合理な行為——であった。そして、おそらくさらに別の可能性もある。

私が記述してきた状況は、われわれを教育してくれる大天使がおらず、哲人王の見解でもなく、様々な程度の卓越性をもつアリストテレスのフロニモイ（*phronimoi:* 思慮深い人）の見解に頼るという点以外は、われわれ自身の幾分か型にはまったモデルである。この状況について多くの哲学者に自由に意見を述べさせるとすれば、何が起こるだろうか。直観的思考は善人の道徳的思考の大部分を成す。おそらく、われわれと同業の哲学者の幾人かを含む、自らのうちに全く哲学者的な資質をもたない善人の道徳的思考の全体を成す。そのような人々は直観主義者であり、彼らにとっては、自己に根づいた善い諸原則は疑いえない知識の源泉であるように見えるのである。探究心がより旺盛な傾向をもつ他の人々は、なぜ自分がこれらの直観を受け入れるべきかと尋ね、満足な答えが得られなければ、一般に受け入れられている原則は全く根拠をもたず、あなたが何をすべきかを判断する唯一の方法はそれぞれの場合にそれを見つけ出すことだと結論することになるだろう。そのような人々は、せいぜい粗雑な種類の行為功利主義者になるだけだろう。これら二組の哲学者の間では馬鹿馬鹿しい論争が起こるだろう。そしてその論争は、われわれがすでに多く立ち会ってきたものである。その状況をよりよく理解している哲学者は、両者が多くのことについて正しいということ、本当は両者が論争をやめるべきだということが分かるだろう。彼らは異なるレベルの思考について述べているのであり、その両方が、それぞれにふさわしい場合に必要となるのである。

この理解ある人は、どのような種類の哲学者だろうか。彼は何らかの種類の功利主義者だろうか。彼がそうであってはならない理由が私には分からない。というのも、そもそも、必要な批判的思考は功利主義的であるだけでなく、行為功利主義的だからである（というのも、先に見たように、このレベルの明細的な規則功利主義的思考と普遍主義的な行為功利主義とは実際には等価だからである）。そして、教育者が自分の生徒を、質の高い批判的思考によって選択された一組の原則に基づいて、大抵の場合に直観的に考えるように育てる、もっともな行為功利主義的な理由が存在する。このことは、自己教育にも同じように当てはまる。それゆえ、教育的あるいは自己教育的と呼ばれうるあらゆる行為は、いずれにしても、確固たる行為功利主義的な基盤をもつことができる。自分自身と他の人々を直観的原則に従って教育することは、結局は一番善いことである。このことを理解しないのは最も粗雑な行為功利主義者だけである。ほとんどすべてのケースで善い一般原則に従う、もっともな行為功利主義的な理由も存在するだろう。というのも、そうすることが合理的であり、正しい可能性が最も高いからである。行為功利主義者でさえ、何をすべきかを選択するときにわれわれがどのようにすべきかをわれわれに教える段になると、正しい可能性が最も高いことを教えることしかできない。なぜなら、われわれは選択する時点では実際に何が正しいかを知らないからである。

先に述べたように、整合的な行為功利主義によって（善い一般原則に基づいて）育てられた人が、後になって正しくないと判明する合理的な行為を行うと考えられる場合があるだろう。彼が合理的でもなければ正しくもない善い行為を行うと考えられる場合さえあるだろう。というのも、この稀な場合には善い一般原則に反する行為を行うことが正しいということを彼は知ることができただろうが、その行為は自らの気質に著しく反しているので、彼はその行為を考える気になれなかったからである。人は人間本性をそれほど詳細に予め調整することができないので、行為功利主義の教育者は、自らの原則がうまく選択されれば、そのようなケースはほとんど起きないだろうと確信して、そのようなケースの可能性を甘受しなければならないだろう。というのも、行為功利主義の教育者が、これらのケースで合理的なことを行うように人々を教育しようとするならば、次のような条項を彼らの原則のなかに組み込むしかないからだ。すなわち、他のより多くのケースで不正になる可能性が極めて高い行為を行うことへと、人々を行き着かせるかもしれない条項である。道徳的な躾は、生徒の識別力の未熟さと、生徒が陥るだろう苦境が人間の教育者には正確に予想しきれないこととによって課される妥協案である。

私がいまや達成したと思いたい、論証からの極めて稀なケースの排除は、この種の功利主義に対して私が行う擁護論の主要な提案である。さらに、副次的な諸提案もある。そのうちのいくつかについてはすでに私が言及しており、また、そのどれもが馴染み深いものである。いくつかの稀なケースで、功利主義者の見解によれば道徳的に正しいことあるいは道徳的に合理的であることさえ悪人が行うと行為功利主義者が考えるだろうということは、行為功利主義に対する反論にはならない。善人とは、現実のほとんどすべての場合に正しいことを行うように彼らを導く原則に固く従っている人である。ほどほどに善い人が稀な場合に悪いことをするのは避けられない。彼らは大天使の状態に近づくほど、稀な場合において、思い切って〔自分の考えで〕やってみることができるだろうし、自らの原則に反して自分が正しいと考えることをすることができるだろう。だが、普通の人間である大多数の人は、賢明にも十分に慎重だろう。アリストテレスが言ったように、われわれは自分にとって危険がより小さい悪徳への傾向をもたなければならず、自分にとってより大きな誘惑である極端から遠ざかる傾向をもたなければならない（1109b1）。目下の脈絡において、幾人かの人にとってより大きな危険は、直観的原則の適用にあまりに厳格すぎることであるかもしれない。だが、おそらくより多くの人（私は自分がそのひとりだと考える）にとってより大きな危険は、〔直観的原則の適用から〕過度に逃れようとしがちなことである。どちらの危険が大きいかは気質次第である。われわれは自分自身を（経験的に）知らなければならない。各人にとってどちらがより大きな危険かを哲学者が教えることはできないのである。

私が先に行った提案は、諸々の文献でよく知られている他のいくつかのケースに対処できると思われる。たとえば、功利主義的な根拠に基づいて電力危機の最中に政府の命令に反して電気を使いたくなる人のケースや、十分な数の他人が投票するだろうと信じて棄権する有権者のケースである。これらのケースの両方で、これらの卑怯な行為によって何らかの効用がもたらされ、どのような効用も失われないだろうと主張されることがある。これらのケースでは、他人が何を行うかに関して要求されている知識は通常の程度を超えているけれども、一見したところ、非現実的なケースあるいは稀なケースではない。だが、受け入れられると最大の効用をもたらす道徳原則をわれわれが探し求めているとすれば、道徳教育において、このように振る舞うように人々を育てるのは無分別だろう。もしそれをするとすれば、結果として、ほぼ全員がその状態で電気を消費するだろうし、ほとんど誰も投票しないだろう。しかしながら、これらのケースに対する主要な答えは、車を押して動かすケースや今際《いまわ》の際《きわ》の約束のケースのような、同様によく議論されるケースに対処するために、他の箇所で私が用いたものである（Hare 1971: 128ff.; FR 132ff.）。その答えは、論理的な出発点に戻ることによって最もうまく得ることができる。そして、(a)私が電気なしで済ませているときに、他人が電気を使用し、そうやって私の遵法精神につけ込むこと、(b)私が不便を忍んで投票するときに他人が棄権し、そうやって私の公共精神につけ込むこと、(c)私が車を発進させようと奮闘してヘルニアを起こしかけているときに、他人が車を押す振りしかしないこと、(d)他人が私に対して（たとえば、私の子どもの世話をするという）今際の際の約束を行い、その後それらを重要でないものとして扱うことを、私が指令するつもりがあるかどうか、さらに、許容するつもりがあるかどうかと尋ねることによって、最もうまく得ることができる。私は、これらのすべての問いに、ためらわずにノーと答える。私が完全に思慮深く、完全に思慮深い他の関係者に適用されるように自分の指令をまさに普遍化しようとしているとしても、同じように答えるはずだと私は考える（〔本書〕一九三〜一九四頁参照）。というのも、私にとって重要な欲求の充足を追求することは、それが満たされたかどうかを私が知ることはないとしても、無思慮ではなく、むしろ思慮深いことだからである。十分に情報を与えられた頭脳明晰な人が、とりわけ自分の死後に自分の子どもが飢えないように望むのを妨げるものは、原理的には何もない。そして、それが彼のとりわけ望むことであるとすれば、それを達成させる物事を彼が追求し、それゆえこの物事を指令するのは思慮深いことである。

これらの答えをもたらしているのは、私の功利主義の基盤にある論理的な仕組みである。だから、同じ仕組みに基づく功利主義も同じ答えをもたらすはずである。それはどのようにしてかと問うことには価値がある。手掛かりとなるのは、私の欲求の充足が妨げられようとしているということを私が知らないとしても、あるいは私が死んでいるとしても、私の欲求の充足を妨げることは私の利益に反するという所見である。読者のなかにこの所見に同意しない方がいるとすれば、以上の論理的な仕組みを直接的に適用し、利益については忘れるようにお願いしたい。この点にこそ、カント的あるいはキリスト教的な種類の私の功利主義——すべての人の思慮深い指令や欲求に等しい重みを与えることに基づく立場——が、通常の様々な功利主義と著しく異なっており、それゆえ私の立場は功利主義の一種と呼ばれるに値しない、と幾人かの人々が言いたくなる理由が存在するのである。私は、その用語上の問題にはあまり関心がない。だが、その意義はどうであれ、私自身の意見を以下に示しておきたい。死にゆく人に対して約束がなされ、その後その約束が破られるとすれば、彼の利益は現に損なわれている。さらに、人々が私を欺いており私がそれに気づいていないとしても、私の利益は損なわれている。後者のケースで私の利益が損なわれているのは、それが起こらないことを私がとても強く望んでいるからである。そして、それが起こらないでほしいという私の欲求は、行為功利主義を支持する教育者たちが私を育てるにあたって賢明にも教え込んだ、私の直観的な正義の感覚によって強められている（さらなる議論については、Hare 1988 の、ギバードの論文と私によるコメントを参照）。

　私は次のように結論づける。私が列挙した行為は、欺かれた人々の利益に加えられた危害のゆえに、あるいは、人々が非常に重視しているとわれわれが想定する指令が実現されないということのゆえに、行為功利主義的な計算に基づいて不正であると判明するだろう。そしてこの結論は、私が普遍的に（それゆえ私が被害者であるときに関しても）指令ないし許容するつもりがあることの観点からでも、あるいは、あらゆる関係者の利益の間で公平になる方法の観点からでも、いずれにせよ出てくる結論である。われわれがこの提案に、先述の非現実的なケースを排除する提案を付け加えれば、そして、行為者の性格に関する判断と、行為の道徳的合理性に関する判断と、結果によって示される行為の道徳的な正しさについての判断との区別についてはっきり知っているとすれば、この種の功利主義は、私が挙げた反論に答えることができると思われる。さらに述べなければならないことはまだ山ほどある。本稿は端緒に過ぎず、大して独創的なものではない。私が本稿を発表したのはただ、倫理学理論が規範的道徳の問題に関して役立つ方法について何らかの示唆を与え、功利主義に関する議論を、うまくいかないとわれわれが皆知っている種類の功利主義よりも、信頼できる種類の功利主義に集中させようとするためである。

第四章　注

原注

*1　バーナード・ウィリアムズ教授は次のように言う。「他人の計画が部分的に決定した効用のネットワークから総和が算出されるときには、自分自身の計画を棚上げして、効用計算が要求する決定を認める、ということをそのような人に要求するのはばかげている」(Smart & Williams 1973: 116, 117n を参照せよ)。それゆえ、キリスト教の謙遜とアガペー、およびそれらの人道主義的な対応物は、ウィリアムズの基準によれば、(ほとんど注目に値しない) ばかげた要求である。より注目に値するのは、当人自身の計画の自己中心的な追求を「インテグリティ」と呼び、これと対立しうることを功利主義の誤りと見なす、彼の説得的定義の大胆さである。

文献

【R・M・ヘア（Hare）の著作】

E: *Essays in Ethical Theory*, Oxford University Press, 1989.

FR: *Freedom and Reason*, Oxford University Press, 1963.（『自由と理性』山内友三郎訳、理想社、一九八二年）

LM: *The Language of Morals*, Oxford University Press, 1952.（『道徳の言語』小泉仰・大久保正健訳、勁草書房、一九八二年）

MT: *Moral Thinking: Its Levels, Method, and Point*, Oxford University Press, 1981.（『道徳的に考えること——レベル・方法・要点』内井惣七・山内友三郎監訳、勁草書房、一九九四年）

1971: *Essays on Philosophical Method*, Macmillan.

1977: "Justice and Equality", *Etyka* 14, Warsaw, in Polish with English and Russian summaries. English version (revised) in *Justice and Economic Distribution*, ed. J. Arthur and W. Shaw, Prentice-Hall, 1978.

1988: Replies to Critics in *Hare and Critics*, ed. N. Fotion and D. Seanor, Oxford University Press.

【その他の著作】

Brandt, R. B.（1952）, 'The Status of Empirical Assertion Theories in Ethics', *Mind* 61.

—— & Firtth, R.（1955）, 'The Definition of an Ideal Observer Theory in Ethics', *Philosophy and Phenomenological Research* 15.

——（1963）, 'Towards a Credible Form of Utilitarianism', in *Morality and the Language of Conduct*, ed. H.-N. Castaneda & G. Nakhnikian, Wayne State University Press.

Burke, E.（1815）, *Reflections on the Revolution in France*.

Haslett, D.（1974）, *Moral Rightness*, Nijhoff.

Lewis, C. I.（1946）, *An Analysis of Knowledge and Valuation*（Open Court）.

Rawls, J.（1955）, 'Two Concepts of Rules', *Philosophical Review* 64.

Ross, W. D. (1930), *The Right and the Good*, Oxford University Press.
Smart, J. J. C. (1973) & Williams, B. A. O., *Utilitarianism: For and Against*, Cambridge University Press.

監訳者解説

古田徹也

道徳は、われわれに何を求めているのか。

この問いに対して、「義務に従う行為である」と答えるのが、カントに代表される義務論と呼ばれる立場であり、他方、「好ましい帰結をもたらす規則や行為である」と答えるのが功利主義である。——可能な限り単純化して言えば、そのように定式化できるだろう。

この問いに対しては他にも、「互いに合意した原則に従うことである」とか、「有徳な人柄やその表出である」という答え方もある。この種の回答を提示する立場——つまり、契約論／契約主義および徳倫理学——については、本シリーズの第Ⅲ巻・規範倫理学篇②において、それぞれの記念碑的論攷を収録している。

本巻・規範倫理学篇①では、現代の義務論と功利主義の陣営でそれぞれ大きな影響力をもつ重要な論攷を収めている。ただし、たとえば一口に義務論と言っても、「義務に従う」ということをどう捉えるかに応じてその内実は多様だ。さらに、本巻第二章の著者バーバラ・ハーマンの議論のように、そもそも「義務」という概念が主要な役割を担っていないため、「義務論」というより「カント主義」と言い表す方が適当なものもある。また、功利主義に関しても、「好ましい帰結」とは具体的にどのようなものかなどについて、論者によってかなり立場の違いがある。

現代の義務論者（あるいはカント主義者）はそれぞれどのようにカントの議論を継承発展させながら、新たなかたちの規範倫理学を打ち立てようとしているのか。また、功利主義は現代においてどのような形態をとり、功利主義に向けられがちな批判にどう答えようと試みているのか。本巻ではその多様な取り組みの一端を取り上げているに過ぎないが、それでも、両陣営で展開されている議論の多彩さや豊かさを十分に見て取ることができるだろう。以下の解説では、それらの細部に分け入っていくための足掛かりとなるべく、本巻収録の各論攷の概要や関連情報を紹介していくことにする。

第I部　義務論、またはカント主義

《1》第一章　クリスティン・コースガード「カントの普遍的法則の方式」（一九八五年）

「考えることにおける矛盾」とは何か

クリスティン・コースガードは、ジョン・ロールズに師事し、長じてカント研究の分野で頭角を現した人物であるとともに、現代において義務論を積極的に展開する規範倫理学者の代表格でもある。

本巻で取り上げるコースガードの論文「カントの普遍的法則の方式」は、そうした彼女の才気と特色が遺憾なく発揮されている代表的な仕事のひとつだ。本論文において彼女は、精緻なカント解釈を展開すると同時に、その枠組みから意識的に逸脱してもいる。その議論の道筋を通して彼女は、カントが示した倫理学の方向性を、カント自身よりも徹底したかたちで展開しようと試みるのである。

本論文において彼女が焦点を合わせるのは、しばしば「普遍化原理」とか「普遍化テスト」といった用語で表されるカントの議論の一側面である。よく知られているように、カントは道徳を定言命法――ある種の無条件的な命令――として規定し、その命令の方式を何通りか示してみせている。その代表例が、次の「普遍的法則の方式」と「人間性の方式」である。

普遍的法則の方式　格率（＝行為の規則）が普遍的法則となるべきことをあなたがその格率によって同時に意欲することができる、そのような格率にのみ従って行為せよ

人間性の方式　あなたの人格や他のすべての他者の人格のうちにある人間性を、常に同時に目的として扱い、決して単に手段としてのみ扱わないように行為せよ

このうち、普遍的法則の方式についてカントは、この方式が命じていることは、あなたの格率があなたの意志によって自然法則になるかのように行為することと同じだ、とも述べている。いずれにせよカントによれば、この種の方式に合致しない格率は道徳的な行為の原理とはなりえない。

しかし、ある格率を普遍的法則ないし自然法則として意志できる／できない、とは具体的にどういうこ

とだろうか。さしあたり肝心なのは、この場合の「意志」とは実践理性であって、それゆえ「意志できること」とは、個人的な趣味や欲求に応じて変化するようなものであってはならない、ということである。カントによれば、実践理性の指導の下で義務として何をなすべきかを問う理性的（合理的）存在者はみな同じ結論に――普遍的法則の方式に合致した格率の採用に――達しなければならない。「完全な合理性には定言命法との一致が含まれている」（七頁）ということである。

以上のことから、この場合の「意志できる／できない」とは、理性的（合理的）存在者が合理的に――つまり、矛盾なしに――意志できる／できない、ということだとカントは言う。コースガードも引いているカント自身の言葉を見ておこう。

> 行為のなかには、その格率を矛盾なしには決して普遍的自然法則として考えることさえできないという性質をもつものがある。……ほかの行為においてはこの内的不可能性は見出されないが、それにもかかわらず、その格率が自然法則の普遍性へと高められることを意欲することは依然としてできない。なぜなら、そのような意志は自分自身に矛盾するだろうからである。容易に分かるように、前者の格率がより厳密でより狭い（ゆるがせにできない）義務に反し、後者の格率がより広い（功績となる）義務に反する。（四頁）

ここでカントは、ある格率を普遍的法則（自然法則）として意志することにより引き起こされうる矛盾として、二種類のものを挙げている。ひとつは、格率を普遍化する際に、その普遍化のなかに矛盾が含まれる、という類いのものだ。言い換えれば、普遍化の内的不可能性を表す類いの矛盾である。カント研究の分野においてこの種の矛盾は一般に、〈考えることにおける矛盾（contradiction in conception）〉と呼ばれる。そして、この種の矛盾をもたらす格率は、より厳密でより狭い（ゆるがせにできない）義務――すなわち、完全義務――に反するものだという。

他方で、格率の普遍化に際して矛盾が生じない場合でも、理性的存在者がその普遍化された格率を意志することが依然としてできない場合がある。すなわち、その意志が自分自身と矛盾する場合である。この種の矛盾は〈意志における矛盾（contradiction in the will）〉と呼ばれる。そして、この種の矛盾をもたらす格率は、より広い（功績となる）義務――すなわち、不完全義務――に反するものだという。

したがって、ある格率が道徳的な行為の原理となりうるか否かを測る普遍化テストとは、カントの枠組みにおいては、格率の普遍化の際に(1)その普遍化に内在的に矛盾が含まれるか否か、あるいは(2)意志が自分自身と矛盾するか否か、という二種類のテストとして提示されていると言える。

しかし、この二種類の矛盾――〈考えることにおける矛盾〉と〈意志における矛盾〉――は、その内実自体がはっきりしないものである。このうち、コースガードが本論文において主に遂行するのは、前者の〈考えることにおける矛盾〉とは何かを明らかにすることである。ただし、その過程で彼女は、〈意志における矛盾〉とは何かについても一定の見通しを与えようと試みている。

論理的矛盾解釈の抱える難点

コースガードによれば、カントにおける〈考えることにおける矛盾〉とは何かをめぐっては、「論理的矛盾解釈」、「目的論的矛盾解釈」、そして、彼女自身が擁護する「実践的矛盾解釈」という、三つの異なる解釈がこれまで存在してきた。

一つ目の「論理的矛盾解釈」は、〈考えることにおける矛盾〉というものを、〈格率が普遍化される際に、この格率が普遍的法則として妥当する世界を考えるのが論理的に不可能になること〉として解釈するものだ。たとえば、「お金を決して返せないことを知っているときに、返すと約束して他人のお金を奪おう」という格率を、誰かが自分だけの行動原理として採用することはありうる。しかし、この格率が普遍的法則として妥当する世界では、約束という行為がそもそも存在しえないから、この格率に従う行為者は、約束のある世界を考えると同時に、約束のない世界も考えるという矛盾を犯していることになる。それゆえ、この格率は道徳的な行為の原理にはなりえない。――論理的矛盾解釈は、〈考えることにおける矛盾テスト〉をこのように捉えるのである。

しかし、論理的矛盾解釈は大きな難点を抱えている。たとえば、「二七〇〇グラム以下の子どもを出産した場合、その子どもを殺そう」という格率は、直観的には明らかに普遍化テストに落ちるものであるにもかかわらず、論理的矛盾解釈に従うなら、少なくとも〈考えることにおける矛盾テスト〉をパスしてしまう。というのも、この格率が普遍的法則として妥当する世界でも、二七〇〇グラム以下で生まれた子どもを殺すという行為は存在可能だからである。

先の欺すつもりの約束の例と、いまの子殺しの例との違いは、コースガードによれば、前者が慣習的行為なのに対して、後者が自然的行為だという点にある。約束とはそもそも、〈何事かの取り決めないし契約を提案し、それを受け入れ、それを守る〉という慣習の内部で行われる行為であり、約束破りの普遍化はこの慣習自体を崩壊させる要件になっている。それゆえ、論理的矛盾解釈は慣習的行為を巧みに説明できるのである。その一方で、子殺しはいかなる慣習も基礎にしていない。言い換えれば、この種の行為の存在と有用性は「自然法則のみを基礎としており、慣習的実践を基礎とはしていない」(一九頁)。それゆえ、この種の自然的行為の場合には、直観的には道徳的に許されないにもかかわらず、論理的矛盾解釈の下での〈考えることにおける矛盾テスト〉をパスしてしまうのである。

以上の難点があることから、論理的矛盾解釈の擁護者は、たとえば〈意志における矛盾テスト〉の方に落ちるものとして自然的行為を位置づける筋道を探っている。しかし、すでに確認したように、〈意志における矛盾〉をいかなるものとして解釈するにせよ、カントの規定では、この矛盾に絡め取られるのは不完全義務に反する格率である。そして、二七〇〇グラム以下で生まれたからといって子どもを殺してはならない、というのがその種の不完全義務――やれば功績になるような義務――にはとどまらないのは明白であり、むしろ完全義務として捉えるのが自然だ。そうである以上、この筋道にも見込みはないとコースガードは指摘している。

目的論的矛盾解釈の抱える難点

次に彼女は、二つ目の「目的論的矛盾解釈」の検討に移る。この解釈に従うなら、格率の普遍化によって、当の格率が目指すはずの自然目的（あるいは、諸目的の調和など）に対して格率に従った行為が反する場合、矛盾が生じることになる。

自愛による自殺――生を悲観し、楽になりたいと死を選ぶといったこと――を例にとろう。たとえば、誰かが〈自愛による自殺をしたい〉という格率を自分だけの行動原理として採用することはありうる。しかし、この格率を普遍化しようと意志すると問題が生じる。なぜなら、自愛に備わる自然目的は自己保存であるが、この格率の普遍化によって帰結する自然の体系においては、自愛が自己保存という目的に適合した本能ではなくなってしまうからである。カントが述べるように、「感情の使命は生を促進することであるが、その感情によって生を破壊するという法則を含む自然の体系が矛盾を含んでいるということはすぐに分かる」（二五～二六頁）ということだ。

自殺は自然的行為であり、そしてカントによれば、自殺しないことは完全義務である。それゆえ、目的論的矛盾解釈は、完全義務に反する自然的行為としての自殺を適切に扱いうるものになっている。そして、同様の論法は先の子殺しの例などにも容易に適用可能だろう（生の促進や種の保存といった自然目的に反する、等々）。そうであるならば、この解釈は論理的矛盾解釈の難点を逃れていると言いうる。

しかしコースガードは、目的論的矛盾解釈には別の根本的な難点があると指摘している。確かに、自愛による自殺に関して言えば、それを促す格率の普遍化は自然目的に反すると言えるかもしれない。しかし、当の自殺志願者はそのような目的自体に無関心でありうる。「この目的はこの自殺志願者自身の目的ではないし、ほかの何かがこの人にこの目的をもつように決心させるわけでもない」（二一七頁）のだ。要するに、自然目的にそもそもコミットしていない自殺志願者は、自愛による自殺を促す格率の普遍化を意志しつつ、しかもその格率に従って行為できるということである。

同様のことは慣習的行為についても言える。目的論的矛盾解釈は当然、約束のような慣習的行為も目的論的に解釈しようとする。すなわち、約束の目的は相互的な信頼の形成と維持だが、欺すつもりの約束の普遍化はその目的に反するものだ、云々。しかし、行為者がそのような目的にコミットしているとは限らない。これが肝心な点だ。なぜなら、当該の目的へのコミットメントをもたない行為者であれば、欺すつもりの約束を促す格率の普遍化を意志しつつ、欺すつもりの約束ができるからである。

実践的矛盾解釈の利点

このように、論理的矛盾解釈も目的論的矛盾解釈もそれぞれ致命的な難点を抱えている。他方で、コースガード自身が擁護している「実践的矛盾解釈」は、上記の難点すべてを免れているという。

実践的矛盾解釈は〈考えることにおける矛盾〉を次のような事態として解釈する。すなわち、ある人がするのと同じ行為を、その人と同じ目的を達成するために他のすべての人々もすることによって、その行為がその目的を達成するのに役立たないものとなる、という事態である。言い換えれば、ある人がある目的を達成するためにその行為を行おうとすると同時に、その行為を促す格率を普遍化しようとするために、結果としてその人の目的の実現が妨げられる、という事態が、実践的矛盾解釈によれば〈考えることにおける矛盾〉なのである。

欺すつもりの約束の例で考えてみよう。「お金を決して返せないことを知っているときに、返すと約束して他人のお金を奪おう」という格率に従って行為しようとする人は、お金を手に入れるという目的を達成するためにその行為を意志しているはずだ。しかし、その目論見がうまくいくのは、他の人々が通常はそのような仕方で約束をしておらず、したがって約束が基本的に信用されている場合に限られる。つまり、欺すつもりの約束という行為がお金の入手という目的を果たせるのは、その人以外の人々が基本的に約束を守っているからであり、誰かが例外的に約束を破るからこそ目的を果たせる有用性をもつのである。それゆえ、この行為を促す格率を普遍化しようとすると――すべての人が同じ仕方で約束をしようとすると――当然のことながら、目的の達成は不可能になる。その意味で〈考えることにおける矛盾テスト〉は、不公正を暴き出すテストなのであり、行為者が他者を単なる手段として用いていることを明らかにするテストでもあるのだとコースガードは言う。

では、こうした実践的矛盾解釈と論理的矛盾解釈の違いはどこにあるのだろうか。論理的矛盾解釈の場合に矛盾が生じるのは、ある人がある行為をすることを意志しつつ、その行為がもはや存在しない事態も同時に意志するがゆえである。他方で、実践的矛盾解釈の場合に矛盾が生じるのは、ある人がある行為をすることを意志しつつ、その行為がもはや役に立たない事態も同時に意志するがゆえである。つまり、肝心なのは有用性なのだ。

そして、論理的矛盾解釈とは違って実践的矛盾解釈は自然的行為にも適用しやすいとコースガードは強調している。たとえば、何かを得るための手段として殺人という自然的行為を行うことが普遍化しえないのは、それによってその何かの所有が危険に曝されたままになる――所有における安全が失われる――がゆえに、価値あるべきものであるはずのその何かが価値なきものとなってしまうからである。（たとえば、土地を得るためにその所有者を殺す、という格率が普遍化された場合、土地の所有はあまりに割に合わない、危険極まりない実践になるだろう。）

さらに、実践的矛盾解釈は目的論的矛盾解釈の難点も逃れている。目的論的矛盾解釈の問題は、すでに見たように、目的へのコミットメントそれ自体を説明できない点にあった。これに対して実践的矛盾解釈は、目的へのコミットメントを前提に、目的達成のための手段に焦点を合わせている以上、その点でコミットメントをめぐる問題は生じない。そして、目的へのコミットメントは、理性的（合理的）存在者に関して言えば、その手段への意志も含んでいる。（つまり、あなたが合理的であるのなら、目的への意志のうちには手段への意志が含まれている。）コースガードが指摘するのは、これは言ってみれば論理的包含関係であり、その意味で、実践的矛盾解釈が示す矛盾は、論理的矛盾解釈のそれと比べて決して弱いものではない、ということである。

さらにまた、実践的矛盾解釈には、〈考えることにおける矛盾〉と〈意志における矛盾〉を適切に区別できるという利点がある。コースガードによれば、〈意志における矛盾テスト〉をパスできない格率が普遍的法則として妥当する世界においては、意志というものに本質的に属している目的――目的追求における意志の一般的有用性、新しい目的を採用しそれを追求する意志の自由、など——の実現が妨げられる。そして、この場合の「目的」とは、〈考えることにおける矛盾〉という事態において実現が妨げられている「目的」とは異なる種類のものだ。つまり、実践的矛盾解釈においては二種類の普遍化テストの違いは、目的の種類の違いとして説明できるのである。他方で、論理的矛盾解釈は、〈意志における矛盾テスト〉における「矛盾」という概念を、論理的矛盾とは別の概念として扱わざるをえなくなり、結果としてこのテストでは、〈道徳性を含まない合理性〉というこの解釈の利点を保つのが難しくなる。また、目的論的矛盾概念は、そもそも両テストを別の種類のテストとして区別することができない。この点でも、実践的矛盾解釈は他の解釈に優っているとコースガードは強調している。

そしてもうひとつ、実践的矛盾解釈の利点がある。それは、どちらのテストに関しても道徳性を前提にしないかたちで格率の普遍化テストのプロセスを描けるという点である。コースガードによれば、完全な合理性には定言命法との一致が含まれているということ、すなわち、「道徳的振る舞いが合理的振る舞いである」（八頁）ということ、ないしは「道徳性が純粋な合理性である」（一〇頁）ということを示すのが、カントの最終的な狙いである。しかし目的論的矛盾解釈は、道徳的内容をあらかじめ含んだ合理的意志という観念を前提にしているという批判を（功利主義とともに）受けうる。その一方で、「実践的矛盾解釈が利用する合理性と矛盾の観念は実践に特有のものであり、この矛盾は因果性としての意志という観念から生じる。この観念は、道徳性をあらかじめ含んでいる観念ではない。というのは、カントの見解ではこの観念は道具的合理性を説明するために必要になるものだからである」（四八頁）。

実践的矛盾解釈の限界、カントの理論の限界

ただし、実践的矛盾解釈に対しては、たとえば次のような反論が出てくるだろう。何かを得るための手段としての殺人ではなく、殺人自体によって快楽を得るための殺人——あるいは、復讐や憎悪の念に基づく殺人など——であれば、実践的矛盾解釈によって捉えられた普遍化テストをパスしてしまうのではないか。同様に、何かを得るための手段としてではなく、虚言への病的欲求を満たすために欺すつもりの約束をするような場合にも、普遍化テストをパスしてしまうのではないか。

コースガードは、この種の反論を受け入れると思われる。というのも彼女は、「問題が普通の目的ではなく、病的目的を利己的に追求することであるような事例」（四六頁）に関しては、（少なくとも実践的矛盾解釈に沿って捉えられた）カントの理論は役に立たないと認めるからである。また彼女は、行為者の周囲の他者が状況のなかにすでに悪を持ち込んでいるようなケースや、他者が犯す悪事を防いだり正したりしようと行為者が試みるようなケースについても、カントの理論は困難を抱えると認めている。（友人を殺そうとして居場所を尋ねる殺人鬼に嘘をつくべきか否か、という有名な例は、まさにそうしたカントの理論の限界を物語るものだろう。）

コースガードによれば、カントの理論がうまく扱うことができるのは、病的欲求や絶望といったものから生じる暴力的犯罪などではなく、自分本位、卑劣さ、利益重視、他者の権利への無関心といった言葉で表現される、自分を例外化するという誘惑をめぐる事例である。ただし彼女は、「多くの人が日常のなか

で誘惑される種類の悪は、ほかでもなくこのようなもの」（四七頁）だと述べて、カントの理論の射程が限定されている点を擁護してもいる。

カントのテクストから離れ、カントよりも徹底して

コースガードがカントに対してはっきりと懐疑的な姿勢を見せるのは、むしろこれとは別のポイントについてである。そもそも、カントの普遍化テストの中身に関して三種類の異なる解釈が存在するのは、そのどれも支持するようなことを方々でカント自身が述べているからである。したがって、「カントは以上の三つの解釈の違いに気づいておらず、それゆえにこそカントのテクストのなかにこの三つの解釈それぞれすべてを裏づける言い回しが見出される」（四七頁）とも考えられるのである。

そこで、コースガードが本論文で意識的に行っているのは、テクスト上の根拠を挙げるだけではなく哲学的考察を通して実践的矛盾解釈の正当性を示す、ということである。その点で、本論文における彼女の議論はカント解釈の枠組みから逸脱している。しかし、そうすることによってむしろ、カントが目指した義務論的倫理学の体系を、より十全に、より徹底したかたちで構築できる――そう彼女は考えているのだろう。

‡

そして、実際に彼女は、義務論的倫理学とアイデンティティ論によって構成される彼女独自の理論体系

を花開かせ、現代の倫理学界において大きな影響力をもつに至っている。その理論の中身については、さしあたり日本語で読めるものとして、『義務とアイデンティティの倫理学――規範性の源泉』（寺田俊郎・後藤正英・三谷尚澄・竹山重光訳、岩波書店、二〇〇五年）を参照してほしい。また、彼女のジョン・ロック講演を基にした *Self-Constitution: Agency, Identity, and Integrity*（Oxford University Press, 2009）は、比較的読みやすく、内容もよくまとまっているので、コースガードの倫理学体系についてより深く知りたい向きにはこちらも薦めたい。

それから、彼女のカント研究に関しては、本論文をはじめとする代表的な論攷の多くが *Creating the Kingdom of Ends*（Cambridge University Press, 1996）の第一部にまとめて収録されているので、まずこの論集を入手するのがよいだろう。彼女がカントの「人間性の方式」の方を扱った重要論文 "Kant's Formula of Humanity" も、この論集に収録されている。

《2》第二章　バーバラ・ハーマン「性格のための余地を設ける」（一九九六年）

「修正版カント主義」

ハーバード大学でジョン・ロールズとスタンリー・カヴェルの指導を受けたバーバラ・ハーマンは、ロールズの名著『哲学史講義』（上下巻、坂部恵監訳、みすず書房、二〇〇五年）の編者としても知られているが、同じくロールズに深く影響を受けたクリスティン・コースガードやオノラ・オニールらとともに、英語圏のカント倫理学研究者の代表格と言える存在である。

ただ、コースガードらと同様にハーマンを「義務論者」と呼ぶのは適当ではない。なぜなら、ハーマンによれば義務というものは動機の構成要素に過ぎず、そして義務という動機は欲求と必ずしも対立するものではない――むしろ、欲求は動機の発生のきっかけになりうる――とも論じているからだ。

義務論という立場を大まかに捉えた場合の典型的な見方は、〈義務と欲求を根本的に対立するものとして位置づけた上で、欲求を克服して義務に従おうとする意志に道徳性の本質を認める立場〉というものになるだろう。このような見方からすれば、ハーマンの立場は義務論を大きく逸脱していることになる。その点で、ハーマンの立場は「義務論」ではなく「カント主義」の一種と呼ぶ方が適当である。実際、本論文において彼女は、「現代的な論点のためにカントを磨き直す」（八五頁）ことを目指し、自らの立場を「修正版カント主義」（九二頁）と呼んでいる。その概要をこれから見ていくことにしよう。

カント倫理学に成長プロセスや性格形成の要素を組み込む

「性格のための余地を設ける」という本論文のタイトル自体が、彼女の修正版カント主義の立場をはっきりと表している。つまり、成長の結果獲得される個々人の性格がいかにして道徳的な判断を形作ることができるのかという説明を、カント倫理学に付け加えることを彼女は試みるのである。

人間の成長のプロセスないし性格の形成というものには、乳幼児期の食欲や睡眠欲や排泄欲といった原初的な欲求（欲動）から始まって、種々の自己利益の追求や、自分の周囲にいる親兄弟など特定の人々への共感といった、偏りのある個別的な側面が含まれている。しかし、標準的なカント主義は、その種の偏向や個別性を一切許容しない。この立場にとって道徳的な判断とは、客観的な理性の能力によって下される、自己の欲求などに全く基づかない不偏の判断だとされるのである。それゆえ、カント主義的な理論に対しては、人間の成長プロセスや性格形成という要素を組み込めないという指摘がしばしばなされてきた。

この種の批判を、ハーマンは重く受けとめている。彼女は標準的なカント主義とは異なり、以下の点を積極的に認めるのである。まず、成長によって形成される性格抜きには道徳判断はそもそも不可能であり、そして、性格というものは非理性的な力を含む能力だということ。それから、道徳判断およびその道徳的動機と、（自己利益や共感といった）自然的な欲求の間には、ある種の結びつきが確かに存在するということである。

そして彼女によれば、道徳理論に成長プロセスや性格形成の要素を組み込むというのは、標準的なカント主義はともかくとして、カント自身の議論と特にバッティングするものではない。それゆえ彼女は、「カント主義」の看板自体を下ろすわけではなく、そこに「修正版」という語を書き加えるに留めるわけである。

欲求は、行為の理由のきっかけ（誘因）である

このようにハーマンは、道徳的な判断や行為にかかわるわれわれの能力において、非理性的な欲求やそれを基礎とする性格が何らかの役割を果たすということを否定しない。彼女によれば、〈人間の行為につ

いての十分な説明には欲求が含まれなくてはならない〉という見解には幾ばくかの道理が認められる。「われわれを動かすものの系譜のうちには、何らかの原初的な欲求や欲求に結びついた状態が存在する」、「欲求に結びついたそのような複雑な状態は、人間の成長のありふれた産物である」（六六頁）というのだ。とはいえ、彼女は同時に、理性的行為者にとって欲求は、行為の有効な理由を行為者がもつための条件のひとつ——あるいは、行為者が行為の理由をもつきっかけ（誘因）のひとつ——となりうるものに過ぎない、とも強調している。

カント主義に特徴的な主張は、こうした一般的な意味での欲求は行為の理由を直接には裏づけない、というものである。……欲求は、行為の理由のきっかけ（および行為の理由づけのきっかけ）を提供するかもしれない。しかし、それにもかかわらず、欲求は理由ではないし、またそれ自体で行為の理由を行為者に与えることもない。（六四頁）

なぜ、欲求は行為の理由それ自体ではありえないのか。彼女によれば、理由というものの特徴は、それが評価的なものだという点にある。つまり、ある行為者が理由をもつのは、所与の誘因に応えて行為することは何らかの意味でよい（あるいは、正当化される）と、その行為者が理性的に判断する場合だということである。理由に基づいて行為する者——カントの用語に置き換えて言えば、格率に基づいて行為する者——とは、自身の活動の源泉となりうるものに対して「実践的に有効な評価的態度をもつ者」（六五頁）として自身を提示する者だと、彼女は強調するのである。

欲求は、理性に応答しつつ成長しうる

さらに彼女は、個別の事例においてわれわれを行為へと動かすものが何であるかを説明するために原初的（基本的）な欲求に訴える必要はない、とも主張している。なぜなら、そうした欲求は多くの場合、理性の影響や統制によって多かれ少なかれ変容し、行為への動機のなかに全く痕跡を残していない場合すらあるからだ。

たとえば、幼児が泣き叫びながらおもちゃを求めているときには、理性に媒介されていない欲求に突き動かされていると理解するのが適当だろう。その種の原初的な段階から始まって、次第に人の欲求は、理性に応答しつつ成長していく。そして、やがて社会人となった大人は、たとえば〈礼儀や秩序の行き届いた職場を求める〉といった、幼児にはもちえない種類の欲求を抱くに至る。そうした成長の過程には、その起源となるような欲求として、〈他人と距離をとりたい〉という欲求が不可欠だと言えるかもしれない。しかし、そのような基本的な欲求のみを持ち出したとしても、規律ある職場環境を維持するという行為の理由を十分に説明するものとはならないだろう。

ポイントは、「欲求を実践理性の要求に一致するよう成長させ修正する傾向がわれわれには本性上ある」（六七頁）ということだ。ハーマンによれば、欲求（おもちゃが欲しい、等）と信念（そこにおもちゃがある、等）の組のみで行為への動機を説明する単純なモデルでは、複雑で理性的な行為の十全な説明とはなりえ

ない。われわれの成長にはそもそも理性への応答性が備わっており、欲求と理性は相互に複雑に絡み合い、分かちがたく結びついている。これが、〈欲求をもつ、実践的に理性的な存在者〉というものの意味にほかならない。総じて、自己意識や判断、規則遵守といった、理性的行為者に典型的とされる特徴は、複雑な成長プロセスの後の段階において生じるものとして捉えるべきだとハーマンは指摘するのである。

> ……標準的な理性的な大人の判断と熟慮を正確に表現するには、欲求の体系と実践的に有効な合理性の能力とが相互に絡まり合った成長を提示するモデルが必要となる。欲動状態から対象をもった欲求への変容が生じるのは、幅広い評価的概念によって統制された環境においてである。飲み物への欲求は、安全で快適な（危険だったり不快だったりしない）飲み物への欲求になり、そしてまた、自分が入手可能な（他の人の持ち物ではない）飲み物への欲求となる。欲求それ自体が社会的なものになるのである。（七七～七八頁）

たとえば、ある大人が〈子どもが欲しい〉という欲求をもったとき、他人の子どもを欲しがったり、実際に連れ去ったりしてしまうとすれば、その悲劇的なまでの誤りは、欲求それ自体にまつわる誤りだとハーマンは言う。つまり、欲求が成長し損なってしまったということである。逆に言えば、成熟した行為者においては、欲求の内容も、欲求に応じた判断やその対象も、「すでに熟慮的で評価的な内容を帯びて立ち現れる」（七七頁）。子どもが欲しいというときに、他人の子どもがせり出して見える、ということはないのだ。（なお、この点についてはまた後で、徳倫理学上の議論とのかかわりの下で言及する。）ただしこのことは、成長した欲求がすべて行為の理由であることを意味するわけではない。この点をハーマンは、「熟慮の領域」という概念装置を用いて説明している。

彼女によれば、動機（より正確に言えば、行為への実際の動機となりうる可能的動機、あるいは動機の候補）とはそもそも、欲求をはじめとする諸々の行為の誘因のうちで、何らかの意味でよいと判断されたものである。つまり、実践理性の原理――カントの用語で言えば、たとえば普遍化原理――による評価を耐えた誘因のみが、熟慮の領域に入場できるということだ。

したがって、この想定に従うなら、「動機〔＝可能的動機、動機の候補〕の成立――すなわち、誘因が熟慮の領域への入場許可を得る方法――には、判断と評価のプロセスが含まれている」（八六頁）ということになる。言い換えれば、熟慮の領域に入場できる欲求は、実践理性の原理に反しないという付加的条件を満たすものか、あるいは、そもそも理性的なものか、そのどちらかとなるのである。

それゆえハーマンによれば、成長した欲求（＝道徳的内容を内在化している欲求）と動機とをそのまま混同してはならない。たとえば、育ちのよい人が他人の所有物を全く欲しがらないとしよう。この欲求自体は「成長した欲求」だと言える。しかしその人は実は、自分の最も強い欲求を満たすという格率に従って行為している――つまり、その格率に従った結果、道徳的制約を侵害することなしに欲求を追及することができている――に過ぎないような、未成熟な行為者であるかもしれない。もしもそうであれば、その成長した欲求は熟慮の領域に入場する資格をもたず、したがって動機の候補とはならず、したがってまた、行為の理由とはならないだろう。

欲求と義務を厳格に分離することは適切ではない

以上のようにハーマンは、理性（あるいは、合理性の原理）と欲求の厳格な対立モデルを退ける。それゆえ彼女は、義務と欲求の厳格な対立モデルも採らない。そして、どちらのモデルもカント主義に当てはめられる代表的なものであるから、本解説の冒頭でも触れたように、彼女の立場はカントの倫理学に対する標準的な理解とはかけ離れていることになる。

ハーマンによれば「義務」とは、理性的行為者の行為への動機のなかに散在している、動機の構成要素のひとつにほかならない。言い換えれば、義務の動機は「単に理由の間のバランスにかかわるのではなく、それどころか行為者の理由一般の構造の一部を成す」（九〇頁）ということだ。それゆえ、「人間においては成長していく欲求の体系と理性とが結びついている可能性があることを考慮するなら、義務という、理性に関連する動機から、欲求を厳格に分離することは適切ではない」（七四頁）ということにもなる。

このように義務と欲求の関係を捉えた場合、われわれに義務を命じる道徳法則の位置づけも標準的なカント主義とは変わってくる。すなわち、道徳法則は必ずしも、苦痛や抵抗感を呼び起こしつつ欲求を打ちのめす圧制者のようなものとは限らないということだ。ハーマンに従うならば、欲求は道徳法則に対する応答性をもち、ある意味においてこの法則に共鳴しうるものなのである。（そしてこの見地は、実はカント自身の議論にも沿うものだとハーマンは示唆している。というのも、カントはきわめて修辞的で堅苦しい言い方ではあるものの、自己の内での道徳法則の承認を、法則に対する尊敬の感情の発生として描いているからである）。

修正版カント主義がアリストテレス主義的徳倫理学に対してもつ利点

道徳的であろうとすることは、必ずしも、情動的な生を抑圧することになるわけではない。欲求は成長し、そして欲求の体系は理性への応答性を有しており、道徳法則に共鳴しうるものである。――これが、ハーマン流の修正版カント主義の骨子である。

この立場の利点は、ひとつには先述の通り、理性と欲求の対立を和らげる方法が提供されるということにある。そして、もうひとつの利点としては、しばしばカント主義の弱点と見なされるもの――とりわけ、道徳理論上のライバルのひとつである徳倫理学に比べて劣っているとされがちなもの――を克服できる、という点が挙げられる。

徳倫理学は、その名の通り、人が複雑な諸条件のもとで道徳的成長を遂げ、「徳」――すなわち、適切に道徳的な判断を下し、道徳的な行為へと向かう性格――を獲得する、というあり方を理論の主軸に置く立場である。たとえば、現代においてジョン・マクダウェルが再構成する種類のアリストテレス主義的な徳倫理学においては、成長して徳を備えた者は、そのつどの状況において何が道徳的に重要な事柄であり、どうすべきであるのかを見て取る（＝道徳的に重要な事柄がせり出して見える）という。そして、その知覚に基づいて迷いなく行為することができるとされる。

ハーマンは、徳倫理学が提案するこうした道徳判断ないし行為の特徴は、「まっとうな道徳理論であればいかなるものであっても組み入れることができなければならない特徴」（五六頁）だと認めている。すなわち、「自分が実際に見ているものがそう見えるようになったその経緯のゆえに、われわれは行為へと動かされる」（五六頁）という特徴である。ただ、同時に彼女は、徳倫理学にはある種の硬直性ないし保守性が見られるという趣旨の批判を行っている（五七頁）。つまり、よくある状況を適切に理解し、正しく動機づけられる、というあり方を描くことに関しては徳倫理学は長けているが、他面では、慣習的なあり方を道徳的なあり方としてそのまま認定しやすい、ということだ。（ハーマン自身は言及していないが、たとえば、アリストテレスが奴隷制を擁護していたことが、その一例として挙げられるかもしれない。）

この点に関して言えば、形式的な実践理性の原理に照らした個別の誘因の評価・判断という契機が織り込まれた理論の方が、より柔軟性を有しているとハーマンは主張する。この理論には、判断を取り巻く状況が変化して混乱が生じやすい局面をうまく収拾する余地、「概念上の変容に開かれている」（九八頁）という長所があるというのである。

修正版カント主義は、道徳的成長という観点を取り入れ、それを、「形式的で統制的な規範が、行為者自らのもつ目的についての構想に内在する」（九五頁）ようになることとして捉える。このような成長の結果として立ち現れる理性的存在者は、「当然と思い込んできた生き方が実は受容できない慣行や伝統に依拠していたという承認を、よりたやすく加え入れることが可能になる」（九五頁）という。本論文で実際にハーマンが例として出しているのは、大学などの学術機関における男女比率や人種比率の偏りに対して、根本的な公平性の視点から改革を志向する、といったことである。

公正な手続きを考え出していくことのより根本的な難しさが分かるにつれ、公平性という価値が何を意味するのかについての人の理解も変わっていく。こうした理解の変化を受け入れることは、これまで自身が馴染んできた行為のありようを変えうるのであり、さらには、自分の行いがどのような価値をもつのかについての自身の理解すらも変えうる。（九六頁）

つまり、ハーマンによれば成熟した行為者は、理性的な熟慮を通して、状況が変化している局面や、伝統を踏襲することが難しい局面などにおいても、ときに自らの慣行や馴染みの概念、価値観などを変容させつつ、適切な判断を下すことが可能だということである。

‡

以上、概観してきたハーマン流のカント主義のさらなる展開については、さしあたり、本論文が再録され巻頭に置かれている彼女の論集 *Moral Literacy*（Harvard University Press, 2007）を参照してほしい。また、本論文の内容とも関連する彼女の別の重要論文 "The Practice of Moral Judgment"（1985）には、すでに以下の邦訳が存在する。「道徳判断の実践」（田原彰太郎訳、『情況 第三期』八（二）、二〇〇七年、一五八〜一八二頁）。

本論文では明示的に示されていないが、成長や性格、欲求と行為の理由の関係といったものをめぐる彼女の議論の背景には、バーナード・ウィリアムズによるカント倫理学批判、および、行為の理由にまつわる彼の内在主義および欲求基底説がある。本論文は、それらに対する反論をハーマンが練り上げていくなかで生まれた成果のひとつとも言えるだろう。

ウィリアムズへの応答という文脈で、本論文を含むハーマンの議論を包括的に紹介している貴重な日本語文献としては、田原彰太郎「カント的行為者を文脈に位置付ける――バーバラ・ハーマンの道徳的熟慮論を手がかりとして」（『現代カント研究』一三、晃洋書房、二〇一五年、六八～八三頁）がある。また、本論文が発表される以前にハーマンとウィリアムズの論争を取り上げている先駆的な論攷として、成田和信「義務による動機付けと感情による動機付け――バーバラ・ハーマンとバーナード・ウィリアムズの論争を中心に」（『倫理学年報』四二、一九九三年、一五五～一七〇頁）がある。

なお、ウィリアムズ自身のカント倫理学批判については、『生き方について哲学は何が言えるか』（森際康友・下川潔訳、産業図書、一九九三年→ちくま学芸文庫、二〇二〇年）の特に第九章以下などにおいて確認できる。それから、彼の内在主義および欲求基底説の方は、著名な論文「内的理由と外的理由」（鶴田尚美訳、『道徳的な運――哲学論集一九七三～一九八〇』伊勢田哲治監訳、勁草書房、二〇一九年、一七五～一九六頁）において展開されているので、関心のある向きはこちらも参照してほしい。

《3》第三章　R・B・ブラント「理想的規則功利主義」（『善と正の理論』抄、一九七九年）

行為功利主義と規則功利主義

道徳が求めるのは、ある状況下で可能な様々な行為のなかで社会全体の幸福（あるいは、福利、期待効用など）を最大化させる行為を行うことである——そう主張する立場を「行為功利主義」という。つまり行為功利主義とは、「最大多数の最大幸福」や「社会全体の期待効用の最大化」といった類いの効用（utility）の原理を、個別の行為に対してそのつど適用すべきとする立場のことである。

しかし、この立場に従うならば、たとえば私がある状況において人を殺すことや物を盗むこと、約束を破ることなどが最大多数の最大幸福という帰結をもたらす場合、私がそうした行為を行うことは道徳的に正しいと主張しなければならないだろう。それゆえ、この立場に対してはしばしば、一般に受け入れられている道徳的直観に反する行為も正当化してしまうものだ、という批判がつきまとっている。一方、義務論に関して言えば、まさにそうした道徳的直観を掬い取る立場であるがゆえに、義務論はこの点で功利主義に対して優位に立っているようにも見える。

アメリカの倫理学者R・B・ブラントは、行為功利主義に代わる規則功利主義を掲げる代表的論者として知られている。規則功利主義とは基本的に、ある状況下である行為を命じる諸規則のなかで効用の原理に最も適う規則に従うべき、とする立場である。つまりこの立場によれば、道徳的な正当性を検討する直接の対象はあくまでも規則であり、われわれがそのつど行う個別の行為は、正当化された規則に従う限りで正当化されうる。それゆえ、たとえば「かくかくしかじかの状況では人を殺してはならない」という規則が正当化されたものであるならば、同様の状況下であるとき私が人を殺すことが、そのときの社会全体の期待効用をたとえ最大化させるのだとしても、その個別的な行為は当該の規則に反するがゆえに正当化されない、ということになるだろう。

そうであるならば、規則功利主義は義務論と同様に、常識的な道徳的直観に適う理論でありうるかもしれない。ブラントは一九五〇年代以降、様々な批判に応えながら規則功利主義の立場を洗練させてきたが、本巻第三章に抜粋を収録した『善と正の理論（*A Theory of the Good and the Right*）』は、理想的規則功利主義とも呼ばれる彼の理論の、ひとつの到達点を示すものになっている。そこで彼が、効用の原理に則って正当化される規則――あるいは規則の体系――とはどのようなものだと説いているのか、その概要を見ていくことにしよう。

個人の道徳コードの諸特徴、社会の道徳コードの定義――第9章第1節

一群の規則からなる体系的な規範であり、かつ、法的なシステムとは異なる仕方で社会集団の行動を制約するシステムのことを、ブラントは「社会の道徳コード（social moral code）」と呼ぶ。本論攷において彼は、その種のシステムの基本的な特徴を輪郭づけた上で、あるべきシステムが自身の考える功利主義

――理想的規則功利主義――の形態をとることを証し立てようと試みている。

社会の道徳コードを特徴づけるにあたって、『善と正の理論』第9章第1節でブラントがまず検討するのは、個人が道徳コード（あるいは道徳原理）をもつとはどういうことかを明確にすることである。

ブラントによれば、個人の道徳コードは「良心」とも呼びうるものであり、それをある人がもつとは、発達の過程における種々の条件づけや教育プロセスを通して次のような特徴を備えていることだという（一一〇～一一七頁）。

(1)自分がある種の行為を行うことに賛成したり反対したりする内在的な動機づけ（＝欲求および嫌悪）をもつこと。および、他人がある種の行為を行うことに賛成したり反対したりする内在的な動機づけをもつこと。

(2)自分の行為がそのような動機づけの不足を示すときに罪悪感を経験し、他人の行為がそれを示すときに否認を経験し、他人の行為がそのような動機づけを十二分に示すときに賞賛や尊敬を経験すること。

(3)行うことを自分が動機づけられているか、あるいは行わないことについて罪悪感を抱く行為（などど）の形式が重要であると考えること。

(4)上述のあらゆる種類の、自分の態度が正当化されると考えること。

(5)これらをすべて言葉で表現する言語的能力をもつこと。

個人の道徳コードについての上記の説明は、意欲・情緒という要素を重視したものである。（実際ブラントは、「個人の道徳コード」ということで、しばしば(1)と(2)のみを指している。）それゆえこの説明は、道徳コードに対する従来の主知主義的な理解と著しく異なるものだと言える。伝統的には、どのような行為が道徳的に正しいかや不正かに関する信念（あるいは知識）という知的要素が、道徳コードにとって因果的に最も重要なものとされ、意欲・情緒という要素はその種の信念に対する反応に過ぎないと考えられてきた。そのため、その種の信念を正当化する方法が求められてきたのである。しかし、ブラントの議論に従うならば、たとえばわれわれが他人を傷つけたことを反省するときに後悔や罪悪感が引き起こされるのは、自分が彼をどのように傷つけたかという考えによってであり、われわれが行ったことが不正であったという考えによってではない（一一九頁）。道徳的な動機づけ、罪悪感、否認といったものは、主知主義の伝統的な理解とは異なり、信念や知識に寄生した二次的な現象などではない、というのである。

ともあれ、本論攷におけるブラントの目的にとって重要なのは、さしあたり、上記のように特徴づけられる個人的な道徳コードは人々の間で概ね同じだ――多少の相違はあっても、全体として類似し、重なり合っている――ということである。それゆえブラントによれば、少なくともひとりの人物の道徳コードによって命令されるか禁止される行動のうち、その人物を含む社会の成人の間で重なり合っている項目をリストアップすれば、それがすなわちその社会の道徳コードの定義となるという。

そして、そのように定義される「社会の道徳コード」は、行動を規制し、免責の制度をもつという点で、刑法との類似性も見られるが、他方で、法システムにはない次のような特徴を有していると彼は指摘している（一二二〜一二三頁）。

(1)義務以上の行為の是認を含む。
(2)道徳的な動機づけは、第一義的には、（刑罰を受ける恐れではなく）ある種の行動に向けられた欲求と嫌悪である。
(3)不正と判断する「判決」の類いが存在しない。
(4)法が何かを違法であると宣告すれば、個人はそれを違法と見なさなければならない一方で、社会の道徳コードが何かを不正であると宣告しても、個人はそれが不正であると考える必要はない。
(5)公然と知られている必要はない。（たとえば、映画の入場券を買うための行列に割り込むという行動が、ある社会の住民によって否認されるかどうか、公然とは知られていないとしよう。そして、調査をすると、たいていの人がこの行動を否認するとしよう。この場合も、行動の禁止は当該の社会の道徳コードの一部だと言える。）

単一原理に基づく帰結主義への批判——第14章第2、3節

以上のように社会の道徳コードを特徴づけた上でブラントが問うのは、帰結主義的な理論のなかでどのようなものが、あるべき道徳コードを提示するものたりうるのか、ということである。より詳細に言えば、

次のような点にブラントの関心は向かっている。すなわち、「その社会の多くの人が、最大の福利をもたらすと期待されるあらゆる行為を行うように内在的な動機を与えられており、（弁明できる場合を除いて）そのような行為を行わなかったとすれば罪悪感を抱き、他人が（再び、弁明できるものを除いて）そのような行為を行わないとすれば、その人に対して否定的な態度をとることなどに関心がある」（一二八頁）ような、そうした十分に理性的な人が、自分の社会のために支持する道徳コードとは具体的にどのようなものか、という点である。

彼が『善と正の理論』第14章第2節において俎上に載せるのは、行為功利主義である。一般に行為功利主義がどのような立場として捉えられるかについては先にも言及したが、彼自身は行為功利主義を次のように主張する立場として定式化している。すなわち、「ある行為が道徳的に正しいのは、それによって影響を受けるすべての人々にとって、その行為から期待される福利の総和が、その行為者がとりうる他のいっさいの行為から期待される福利の総和と比べて、少なくとも同じくらい大きい場合、かつその場合に限る」（一二八頁）。

一見すると、この理論はもっともらしく思える。というのも、十分に理性的で慈愛のある人が福利を最大化する道徳システムを望むとすれば、「最大限に福利に貢献するために行為するようにすべての人を動機づけることから主として構成される道徳コード」（一三一頁）を望むように思えるからだ。しかし行為功利主義には、先述の通り、常識的な道徳的直観に反する行為も正当化してしまいかねないという重大な問題が存在する。ブラントはここではこのよく知られた問題については直接言及せず、代わりに、〈最大の福利をもたらすと期待される行為を常に行え〉という類いの単一の規則（原理）に従うよう動機づけられるだけでは、人々が実際に最大の福利をもたらす行為を行うことは保証されない、という点を重点的に指摘している。彼は、この点にかかわる行為功利主義の短所を次の通り列挙する（一三三〜一三七頁）。

(1)行為功利主義に則った効用計算は、予想される行為のケースバイケースの費用便益分析を含むが、その分析に必要な推論は相当に複雑なものになりうるため、計算をどう行えばよいか自体が判然としない。また、それゆえに、人々は自己利益に基づく合理化へと流れやすい。

(2)推論のそうした複雑さ、また、個々人の状況の違い、価値観の違いなどにより、他の人々が何をするつもりか（たとえば、注意深い分析を行えない人がどんな行為をするか等々）を保証することができない。

(3)行為功利主義は、義務ではないが道徳的に望ましい行為と義務との間の区別をつけることができず、それゆえ、極端で抑圧的な要求を個人に課す。たとえば、「私が自分自身のためにとっておく最後の一ドルから私が得る利益がもはや、その一ドルが他の誰かに与えられた場合にその人が得る利益と同程度になる、という段階」（一三六頁）まで、自分の給料を慈善のために寄付すべきだと、この理論は個々人に要求することになるだろう。また、この理論は、他人のためにもたらしうるあらゆる善を調べて行動することを要求するから、すべての責務が履行されたと知り、したいことをすることができるような、そうした自由な時間を個々人が享受することを許さないだろう。

次いで、同章第3節でブラントが批判的に取り上げるのは、彼が「功利主義的な普遍化（Utilitarian Generalization）」論と呼ぶ、行為功利主義のひとつの代替案である。この理論は、「重要な点で類似した状況に置かれているすべての人が、あなたが行いうる他の何かの代わりにAを行うとすれば期待可能な長期的な福利が最大となる場合、かつその場合に限って、あなたがAを行う」（二三八頁）という単一原理の道徳コードを提案するものであり、様々な論者がこの「功利主義的な普遍化」論に類するものを支持してきた。ブラントによれば、この理論はカント的な義務論にかなり接近している。なぜなら、この理論は言い方を換えれば、「ある行為の格率に基づいて行為するすべての人が社会にとって有益である場合、かつその場合に限ってその行為は正しい」という風に主張しているとも解せるからである。

しかしブラントは、この「功利主義的な普遍化」論の原理と行為功利主義の原理がわれわれに別の行為を命じることになるのかについても、それから、どちらの原理が普及する方がより善いのかについても、明確とは言えないと批判している。なるほど、「功利主義的な普遍化」論では、上記(1)の自己利益に基づく合理化へと向かう傾向はより小さくなるだろう。しかし、(2)の、他の人々が何をするかについての不確実性の問題が、行為功利主義と同様に首をもたげることになるだろう。そして、(3)に関しても、「功利主義的な普遍化」論の方が義務的なものと義務以上のものとを区別する余地が多くあるとは言えないとブラントは指摘するのである。

多元論的な道徳システムの概要――第15章第1、2節

以上の議論が正しいとすれば、「功利主義的な普遍化」論も行為功利主義もともに重大な問題を抱えている。したがって、より多くの福利をもたらし、理性的な人々の支持をより集めるような、何か別の種類の道徳システムを探究すべき、ということになるだろう。

実際、ブラントは『善と正の理論』第15章において、自身が最善と信じる別種の道徳システムを提案している。それは、「功利主義的な普遍化」論や行為功利主義のような単一原理に基づく理論ではなく、全体として福利を最大化する複数の道徳規則からなるシステム、すなわち、「基本的な動機づけ、正当化、弁明の規則などから成る多元論的な道徳システム（plural moral system）」（一六九頁）である。

多元論的な道徳システムの特徴としてブラントが前提に置いているのは、それが福利を最大化すべきだとすれば、完成された最高度の理性や知識や良心を備えた人が採用し適用するものではなく、平均的な人の知的能力に適合したものでなければならない、ということだ。

それゆえ、たとえばその道徳コードは可変的な特徴をもつことになる。まず、ブラントによれば、「道徳コードの最も重要な部分は、刑法や民法の禁止と命令のような、ある種の行動自体への基本的な欲求（および嫌悪）である」（一五〇頁）が、この基本的な動機づけは、関連する行動の種類、その行動が欲求されるのか嫌悪されるのかの違い、動機づけの強さ、という三つの点で変化しうる。また、そうした内在的な動機づけ同士が対立する場合の正当化のあり方に関しても、動機づけの強い方を優先するとか、深刻な

対立に限定された特殊な道徳規則（動機づけ）を導入するといった方法に応じて変化しうる。さらに、罪悪感、他人による否認、弁明、感嘆、賞賛、誇りといったものも、道徳コードにおける変項となりうる。これらの対象や強弱、内在的な動機づけとの関係といったものは、経験や教化のあり方などに応じて様々に変わりうるのである。そして、道徳コードのこの可変的な特徴は功利主義者にとって興味深いものだとブラントは言う。なぜなら、道徳コードが、義務違反に対する罪悪感や英雄的な行為への賞賛といった変項をもつことは、そのつどの道徳コードがどのようなものであるとしても、義務以上の行為を奨励することは有益であり、そのような行為を要求することは有益でない、という区別を含むからである。

次に、ブラントが多元論的な道徳システムの特徴として挙げるのは、その漸進性である。現実の特定の社会と、そこで働いている一連の制度は、理想的な道徳コードを組み立てるための不可欠の足掛かりだと彼は強調する。彼によれば、われわれは既存のコードを改善することによって自分たちの理想的コードを立案すべきであり、それゆえ、「理想的な規則は、おそらく、いくつかの既存の規則からあまり遠ざかっていない変形である」（一五五頁）ということになる。具体的には、機能を失った規則を廃止して代わりに新しい規則を立案する、といったことである。（ただし、ブラントは同時に、理想的な道徳コードはわれわれの伝統的な道徳的直観を単純に反映するものではなく、むしろ、革新的な含意をもちうるとも強調している。）

これに関連してブラントが重要なポイントとして挙げるのは、その新たな規則はどれくらいの抽象度で立案されるべきなのか、ということだ。抽象的な規則には、少数で大規模に適用されうるという長所がある一方で、適用の条件や例外の規定、また、規則から具体的な適用への推論といったものが、平均的な人には複雑すぎるものになりうるという短所もある。ブラントによれば合理的な妥協案は、「頻繁に発生する状況について、とりわけ行動の予測可能性が多くの人にとって重要である状況について、そのコードがかなり具体的な規則を含むように提案する」(一五五頁)というものだ。他方、「頻度が比較的低かったり重要でなかったりする事柄については、何らかの推論を必要とする比較的抽象度の高い規制で十分」(一五五頁)ということになる。

このことは、さらにいくつかの重要な論点につながっている。まず、年齢や職業など、社会を構成する下位集団ごとに、教えられたり重視されたりする道徳コードはある程度異なるものとなるだろう。(たとえば子どもは、行列の順番を待つことを尊重するということを教わる必要がある一方で、脱税について知る必要はない。また、医師には、その職業特有の複雑な種類の道徳問題に関するコードが必要である。)

またブラントは、「道徳コードが福利を最大化すべきだとすれば、そのコードは平均的な人の知的能力だけでなく、平均的な人の利己性、衝動性などの程度にも適合したものでなければならない」(一五六頁)とも指摘している。それはちょうど、人々が時速六〇マイルで走行すれば理想的な福利がもたらされる場合に、平均的な人の利己性や衝動性に鑑みて、制限速度を時速五五マイルに設定するのが最適である――そうすれば、皆がおおよそ時速六〇マイル程度で運転する――ということと同様だという。

いずれにしても、ブラントの議論に従うなら、理想的な道徳コードはそれ自体として固定したものではない。彼は次のように述べている。

現在理想的なコードは、おそらく百年後には福利を最大化しないだろう。おそらく、われわれは端的に、未来の理性的な人が自分の時代にとって理想的な道徳コードを認識し支持するための背景となる指針を考えるべきである。（一五九頁）

以上の特徴をもつ多元論的な道徳コードが普及することは、「功利主義的な普遍化」論や行為功利主義をはじめとするいかなる単一原理の道徳コードよりも、（全体的な費用便益分析が示すものとしての）多くの利益を生み出すことができると、ブラントは主張する（一六二頁）。なぜなら、このシステムは先述の通り、社会のなかで頻繁に生じる重要な状況に関するかなり具体的な規則を含むからである。それゆえわれわれは、当該の状況において、自己利益に基づく合理化へと流れやすい複雑な計算や熟慮をする必要はない。そして、そうであるがゆえにわれわれは、他人が道徳的な人であればどう熟慮し、何をするかを予測することができる。また、これも先述の通り、このシステムは義務と義務以上の行為との区別を含んでおり、この点でも他のシステムに優っている。以上のことから、注意深く選定された多元論的なコードが社会に普及すれば、これまで提唱されてきたいかなる単一原理コードよりも多くの福利あるいは幸福がもたらされると考える強い理由がある、そうブラントは主張する。そして、その際に彼が強調するのは、そうした理想的なコードを決定するためには哲学や心理学、社会科学などの様々な学問が協力することが有効だということである。

多元論的な道徳システムに対する批判と応答――第15章第3、4節

このようにブラントは、「特定の社会を構成する成人の大多数が支持すれば他のいかなる道徳システムを支持するより多くの福利をもたらすシステム」（一六九頁）として、独特の多元論的な道徳システムを提唱している。

しかし、この種の規則功利主義に対しては様々な批判が考えられる。たとえば規則功利主義一般に対する批判としてよくあるのは、規則に従うことが効用を最大化しないときでも規則功利主義は規則に従うことを求めるので、この立場は規則崇拝にほかならない、とか、最善より劣るものをもたらすことになる、といった批判だ。しかしブラントによれば、行為功利主義のコードを採用するとしても、それは、最善の結果をもたらすと自分が考えることを行うように動機づけられているということに過ぎない。行為者は誰も全知ではない以上、実際に最善の結果をもたらすとは限らないのである。他方で、理想的なコードにコミットしている人々は、特定の条件下で約束を守ること等々に動機づけられており、たとえ、それらの行為のいくらかは最善の結果をもたらさないとしても、長期的に見れば最善の結果をもたらすだろう。すなわち、「（ある種の）約束を守る全知ならざる人は、福利を最大化することを直接的に目指している人よりも多くの福利をもたらすことに実際に成功するだろう」（一六五頁）ということである。

ほかにも、コードに従うことが有害でしかありえない状況が存在するではないか、という批判も広く見られるものだ。たとえば、武器を使用することだけが安全の保障となり、実際に皆が武器を携帯している暴力的な社会において、「武器を携帯するなかれ」という規則に従うことは、全員がこの規則に従う場合

には福利の最大化をもたらすだろうが、少数の人が従っても自分の命を危険に曝すだけだろう。――しかしこの批判は、理想的なコードは現実のコードを起点にし、現実に生じるであろう問題に最もうまく対処するために発案される、というポイントを忘れているとブラントは指摘する（一六六頁）。いまの例で言えば、理想的なコードというものは、皆が街中で武器を携帯しているという現実に即し、道徳的な人々が不道徳的な人々の犠牲になるのを回避することを目指した、具体的な条件や例外を含むものとして立案されるはずなのである。

また、理想的なコードに従うことは重大な不公平を必ずもたらすことになる、という批判もありうるだろう。たとえば、多くの人がそれぞれ公共空間内の決められた場所をきちんと利用しているとしよう。そしてこのとき、少数の人がズルをして自分に割り当てられていない空間も利用し、それによって一層の利益を得たとしても、皆にばれず、しかも皆の不利益にもならないとしよう。この場合には、少数の人がズルをする方が全体の福利が最大化するのだから、理想的なコードは、少数者のそのような例外的行動の許容を組み込んだ、不公平なものになるだろう。――この種の批判に対してブラントは、再度、理想的なコードは現実に即して発案されるというポイントを想起するように促す。上述のような例外規定を含む規則は、現実に公表されたならば、他人よりも得をするその「少数者」になるよう人々を促し、混乱と不満を助長するだろう。ブラントによれば、理想的なコードとはそのように、「誰もが自分自身をその規則の例外と見なすことで利益を得るように誘惑するような条項」（一六九頁）を含むものではない。そうではなく、「規則の遵守から生じる善を最大化するのに必要な人数以上の人がいる場合の規則や、最大の利益を得ることのできる人々に義務免責の許可を与えることで「余剰」を最も善い仕方で分配する規則を規定できる」（二六九頁）ものである。それこそが、多元論的な功利主義の理想的コードがもつ長所のひとつだと彼は強調するのである。

最後に、理想的規則功利主義に対して有効に思える疑問として、ブラントは次のような議論も取り上げている。すなわち、理想的なコードは事実としてどの特定の社会にも普及しておらず、したがって効力ももっていないのに、そのコードが要求する行為を行う道徳的義務など存在しうるのか、という疑問である。これに対してブラントはまず、「一連の道徳的な動機づけが正当化されるのは、それらの「選択」に影響を与えるように事実と理論が最大限に持ち込まれる場合——すなわち、十分に理性的な人が何か他のシステムよりも、あるいはシステムがないことよりも、その一連の動機づけを支持する傾向をもつ場合——である」（二七六頁）と論じる。その上で、〈道徳的義務を負っている〉とは、〈正当化された道徳システム——十分に理性的な人が最も支持する傾向がある道徳システム——によって要求される〉ということとして定義されるべきだと指摘する。この彼の議論が正しいとすれば、確かに、理想的なコードによって要求されることは道徳的義務にほかならないということになるだろう。

‡

以上、跡づけてきたブラントの議論は、本解説の冒頭でも触れたように、彼の著書『善と正の理論（*A Theory of the Good and the Right*）』（Clarendon Press, 1979）の一部に過ぎない。本巻所収の邦訳を足掛かりに、そこでたびたび参照指示されている未邦訳の各章へと足を伸ばしていくことによって、はじめてその理論の全貌を捉えることができる。

彼の議論を本格的に取り上げている日本語文献は、奥野満里子「行為と欲求の合理性――R・B・ブラントの論議を手がかりに」(『倫理学研究』二八、一九九八年、一一〇〜一二二頁)および、同じ著者の『シジウィックと現代功利主義』(勁草書房、一九九九年)第十一章第2節などを例外とすれば、その影響力に比して少ない。ただ、児玉聡『功利と直観――英米倫理思想史入門』(勁草書房、二〇一〇年)第六章第2節と、田中朋弘『文脈としての規範倫理学』(ナカニシヤ出版、二〇一二年)第四章第3節において、ブラントの理想的規則功利主義の立場が手際よく概説されているので、まずはこれらを参考にするのがよいだろう。

《4》第四章　R・M・ヘア「倫理学理論と功利主義」(一九七六年)

道徳語の論理的特性の解明による、規範倫理学的な立場の導出

R・M・ヘアは、オックスフォード大学の伝統あるホワイト道徳哲学教授職を長年務め、現代の倫理学界に大きな影響を与えてきた。ヘアの業績は、メタ倫理学――彼の言い方では、倫理学理論――と規範倫理学の双方にわたっており、しかもこの二つの領域は彼のなかで分かちがたい関係にある。

メタ倫理学的な領域における彼の中心的な主張は、あらゆる道徳判断(＝道徳にかかわる判断)には「指令性」と「普遍化可能性」という論理的特性がある、というものだ。彼によれば、道徳判断にはまずもって指令的な要素が含まれていなければならない。たとえば、「高齢者に席を譲るのはよいことだ」とか「高齢者には席を譲るべきだ」といった判断には、高齢者に席を譲るという行為を勧める意味合いが含まれている。

また、道徳判断は普遍化可能なものでなければならない。すなわち、ある特定の状況において下される道徳判断は、その状況と類似するすべての状況にも適用できるものでなければならない。

そして、以上の点に関して肝心なのは、道徳判断には指令的要素が含まれていなければならないとか普遍化可能なものでなければならないというのは、道徳的な主張を行っているのではなく、ヘアにしてみれば、あくまでも道徳語の論理的特性を確認しているに過ぎない、ということである。つまり彼の考えでは、指令性や普遍化可能性をもたないかたちで「〜はよい」とか「〜すべきだ」といった道徳語が使用されているならば、それは道徳語の論理的特性に反した誤用であり、そもそも合理的な道徳判断たりえていない、ということになるのである。

本論文「倫理学理論と功利主義」において彼は、道徳語ないし道徳的概念のこうした論理的特性から、規範倫理学上のある特定の立場が導かれると主張している。それは、（彼が特徴づけるような意味での）功利主義にほかならない。もしもこの主張が妥当なものだとすれば、「論理が道徳的論証の助けになりうる」（二八六頁）ことが少なくとも証し立てられたことになるだろう。すなわち、「道徳語の意味に関する理論がいかにして規範的な道徳的推論の基盤になることができるかを示す」（二八七頁）ということに、ヘアが成功したことになるだろう。ことの成否についての批判的検討は、専門的な論文や書籍（後述）に任せるとして、この解説では、「普遍的指令主義を経て功利主義に到達する」（一九三頁）という彼の議論の大筋を確認していくことにしよう。

直観レベルと批判レベルの二層理論

規範倫理学の分野ではこれまで不毛な論争が長く交わされてきたとヘアは言う。一方には直観主義者と呼びうる人々がいる。「彼らにとっては、自己に根づいた善い諸原則は疑いえない知識の源泉であるように見える」（二〇六頁）。そのため彼らは、（道徳的な意味で）何がよいかや何をすべきかは、効用計算などによって算出される帰結に鑑みて判断されるべきものではなく、まさしく直観によって判断されるべきものであると考え、功利主義を攻撃する。

そして、他方には「粗雑な種類の行為功利主義者」（二〇六頁）がいる。（行為功利主義とは何かについては、第三章のブラントの論攷をめぐる二四一頁の解説を参照のこと。）ヘア曰く、彼らは直観主義者よりも「哲学者的な資質」をもつ人々——「探究心がより旺盛な傾向」をもつ人々——であるがゆえに、なぜ自分はそもそも直観を受け入れるべきなのかと問い直し、この問いに対して満足な答えは存在しないと結論づける。そして、一般に受け入れられている原則は全く根拠をもたないと考え、何をすべきかを判断する唯一の方法は、そのつど効用計算によって見つけ出すことだと提唱するのである。

ヘアの考えでは、この両者のどちらかが間違っているわけではない。そうではなく、「彼らは異なるレベルの思考について述べているのであり、その両方が、それぞれにふさわしい場合に必要となる」（二〇六頁）という。すなわち、道徳判断やそこで用いられる原則には「直観レベル」と「批判レベル」の違いが存在するということだ。

まず、直観レベルの原則とは、日常の実践、とりわけ、すぐに判断を下さないといけない場面で用いられるものである。それゆえこの種の原則は、緊急時に適用する準備ができているほどに馴染みのある一般的なものでなければならない。ただし、それは単なる経験則ではなく、自分が違反すればやましさや自己嫌悪の類いを感じ、他人が違反すれば憤慨を感じるような原則である。ヘアによればこの種の原則は、（自分自身への教育を含む）教育によって与えられ、身につく種類のものだという。

一方、批判レベルの原則とは、「特殊なケースにおける正しい答えとして、事実についての完全に適切な知識に基づく余裕をもった道徳的思考によって到達されるはずのもの」（一九九頁）である。すなわち、拙速を避けてじっくり状況を吟味し、関連する事実についての（理想的には）完全な知識を得て、それをもとに熟慮を重ねることで、批判レベルの原則が獲得されるという。

つまり、われわれが「〜はよい」とか「〜すべきだ」といった道徳判断を下す際には、状況に応じて二種類の異なるレベルの原則を用いる必要がある、とヘアは主張している。そして、彼が本論文の多くの紙幅を割いて行っているのは、批判レベルにおける道徳判断の普遍化可能性をめぐる考察である。

普遍的指令主義から明細的な規則功利主義（＝普遍的な行為功利主義）へ

先述の通りヘアによれば、道徳判断はその論理的特性として、指令的要素を含むだけではなく、普遍化可能なものでなければならない。すなわち、ある特定の状況において下される道徳判断は、その状況と類似するすべての状況にも適用できるものでなければならない。そして、その「すべての状況」には、現実の状況では判断主体以外の当事者たちが置かれている各立場に判断主体自身が置かれる状況という、仮想的な状況も含まれる。だとすれば、すべての当事者にとって最善であるような判断でなければ、当の判断主体にとっても受け入れられないものとなるはずだ。

この点を、もう少し具体的に確認しよう。私がある特定の状況において批判レベルの道徳判断を下すとする。そのためにはまず、その判断によって影響を受ける当事者たちが完全に思慮深いとした場合に――すなわち、彼らが十分に情報を与えられ混乱していない場合に欲するはずのものを、彼らが欲するとした場合に――何を欲するのかをよく考慮して理解する必要がある。（なお、ヘアの主張では、各人がもつ理想もまた、「一種の欲求あるいは好み」（一九六頁）であるという。）その上で私は、「私の行為によって影響を受けるそれぞれの人と正確に同じ状況に私が置かれているという仮説的な状況において、自分が自分にしてもらいたいこと」（一九〇～一九一頁）とは何かを冷静に深く吟味し、判断する必要がある。たとえ自分自身がその判断の影響を受ける当事者のひとりであったとしても、そのことによって自分の欲求（あるいは選好、利益など）が優先されてはならない。ある欲求を誰がもつのかが違いをもたらしてはならず、すべての当事者の欲求に等しい重みが与えられなければならない、ということである。

そして、この点からヘアが主張するのは、以上のような仕方で下される批判レベルの道徳判断は、自ずと功利主義の原理に適うものとなる、ということだ。なぜならこの種の判断は、すべての当事者の欲求に等しい重みを与えて欲求全体の量や強弱を比較することにより導かれる、とされるからである。ただし彼によれば、ここで言う功利主義とは「明細的（specific）な規則功利主義」（二〇三頁）のことにほかならない。

直観レベルの道徳的思考は、いわばきめの粗い一般的（general）な原則ないし規則――典型的なのは、「嘘をついてはならない」や「人を殺してはならない」といったもの――を用いるかたちで行われる。しかし、批判レベルにおいては、理想的には当該の状況についての完全な知識を得るように努め、すべての当事者がどのような欲求をもっているかをきめ細かく考慮した判断を行わなければならない。それゆえ批判レベルの原則（規則）は、先述の通り普遍的（universal）ではあっても一般的ではなく、原理的には無際限な明細性をもちうる原則となる（一九九頁）。そして、その明細性ゆえに、批判レベルの道徳判断が適う規則功利主義は、「実際には普遍的な行為功利主義と等価である」（二〇三頁）ということにもなる。

以上のように特徴づけられる功利主義理論――「すべての人の思慮深い指令や欲求に等しい重みを与えることに基づく立場」（二一一頁）――を、ヘア自身は本論文で「カント的あるいはキリスト教的な種類」（二一一頁）の功利主義だと述べている。また、この理論とロールズの理論のような合理的契約者の理論との間には密接な形式的類似性が認められるとも指摘している。ヘアによれば、ロールズの理論が非功利主義的なものへと向かっているのは、「彼の合理的契約者たちを非功利主義的契約に向かわせるような直観をふんだんに使ったからに過ぎない」（一八八頁）。逆に言えば、そうした直観を使わずにいわば虚心坦懐に――「純粋に形式的な方法」（一八九頁）によって――合理性の制約に服するならば、ロールズもヘアと同様の立場に行き着くはずだということである。

さらにヘアは、理想的な観察者の類いを想定するR・B・ブラントの理論（本訳書第三章参照）と自身の立場の親近性も強調している（一八八頁）。本論文ではヘアは両者の違いについて述べていないが、他の諸論攷には次のような指摘が見られる。ヘアによればブラントは、「私は何をなすべきか」という道徳的な問いを「私は何をしようか」といった別種の問いから区別する主要な特徴が、この問いに対する答えの普遍化可能性であるという点を認めない。つまりブラントは、ヘアが道徳語の原理のひとつとして析出する普遍化可能性を拒否しており、そこに両者の重要な違いがあるということだ（後掲の『道徳的に考えること』三二四頁など）。

直観的思考を教育する功利主義的理由

他方で、明細的ではない一般的な原則（規則）を用いる直観レベルの道徳的思考は、ヘアによれば、一般的な規則功利主義に沿うものとなる。

仮に、完全なかたちで批判レベルの道徳的思考を行える大天使のような者――文字通り完全な知識と思考力を有する明細的な規則功利主義者――がいたとしよう。しかし、そのような超人であっても、たとえば自分の幼い子どもに道徳教育を施す際には諸々の一般的原則の組を植えつけようとするだろう。なぜなら、子どもは「時間も情報も、自己利益によって引き起こされる自己欺瞞を回避するための自己統制ももたない」（二〇一頁）からである。子どもはまだ十分に批判的思考を展開できないし、その種の思考によって形成される複雑で明細的な批判的原則を使いこなすこともできない。逆に言えば、子どもでも適用できるシンプルさは一般的原則の重要な長所だということである。それゆえヘアによれば、「直観的な原則は、それに求められる役割から、批判的原則が複雑になりうるのと同じくらい複雑になることは決してありえない」（二〇四頁）。

大天使ならざるわれわれが生きる社会においては、批判的原則のみを用いて道徳的思考を紡いでいくことはできず、一般的原則を用いて即断しなければならないケースが多い。そして、とりわけ道徳教育の場面では批判的思考は、子どもの世代とその後の世代との両方に教えられるべき一般的原則を時間をかけて選択するために用いられる、とヘアは主張している（二〇二頁）。彼によれば、いまある一般的原則（＝直観的原則）は、これまで社会で現実に生じてきた様々なケースを踏まえて形成されたものだ。それゆえ、「（道徳的に）合理的な行為は、ほとんど常に、善い一般的な直観的原則と合致するもの」（二〇四頁）であり、その意味で「直観的思考は、善人の道徳的思考の大部分を成す」（二〇六頁）。ただし、時代や環境の変化とともに一般的原則は変化するし、また変化すべきであって、余裕をもった批判レベルの思考はそうした変化をもたらすものでもあるはずだ。したがって、批判的思考による一般的原則の選択には、一般的原則自体を改善することもしばしば含まれるだろう。いずれにせよ、ヘアの考えでは、「教育者が自分の生徒を、質の高い批判的思考によって選択された一組の原則に基づいて、大抵の場合に直観的に考えるように育てる、もっともな行為功利主義的な理由が存在する」（二〇六〜二〇七頁）ことになるのである。

‡

以上、本論文「倫理学理論と功利主義」の核となる部分を概観してきたわけだが、本論文ではほかにも、善い行為と正しい行為の区別や、道徳的に正しい行為と道徳的に合理的な行為の区別といった論点のほか、次のような問題も扱われている。すなわち、すべてを慎重に公平に考慮したとしても、自分の欲求の重みが他のすべての欲求の重みを上回るような、そうした狂信者の強い欲求を、功利主義はどう扱うべきか、という問題である。さらに末尾近くでは、ある人の今際《いまわ》の際《きわ》に約束がなされ、その人の死後に当該の約束が反故にされるとすれば、その人の利益は現に損なわれているのか否か、といった問題にも触れている。そうした細部の議論については、ぜひ本論文自体を読んで確認してほしい。

本論文は一九七六年に最初に発表され（H. D. Lewis (ed.), *Contemporary British Philosophy 4th Series*, Allen & Unwin）、後に彼自身の論集 *Essays in Ethical Theory*（Clarendon Press, 1989）に再録された。その再録版の論文――本訳書でもこちらのバージョンを訳出している――では、同論集の別の論文への参照指示が多くなされているため、十全な理解のためには同論集を入手するのが有益だろう。

また、本論文は彼のアイディアがかなりコンパクトな仕方でまとめられているものだが、その詳細かつ発展的な議論は、彼の代表的な著書のひとつ *Moral Thinking: Its Levels, Method and Point*（Clarendon Press, 1981）において展開されている。この著書には以下の邦訳があり、監訳者による解説も充実しているので、まずそちらを通読するのが近道かもしれない（『道徳的に考えること――レベル・方法・要点』内井惣

七・山内友三郎監訳、勁草書房、一九九四年)。

ヘアの議論は以前から日本人研究者の関心も高く、内井惣七、山内友三郎、伊勢田哲治、柴崎文一の各氏の論文をはじめとして、すでにかなりの研究の蓄積がある。ウェブ上で入手できる論文も少なくないので、関心のある向きは検索してみてほしい。また、ヘアの道徳哲学全体を主題とする日本語の書籍としては、山内友三郎『相手の立場に立つ——ヘアの道徳哲学』(勁草書房、一九九一年)と、佐藤岳詩『R・M・ヘアの道徳哲学』(勁草書房、二〇一二年)がある。ヘアの理論を本格的に検討する際にはこれらの著書も大きな助けになるだろう。

監訳者あとがき

第Ⅲ巻（規範倫理学篇②）に続いて、この第Ⅱ巻（規範倫理学篇①）も刊行のときを迎えた。本巻も第Ⅲ巻と同様、監訳者解説に多くの紙幅を割いたほか、訳注も充実させている。読者諸氏がそれらを道案内に各論攷を読み進め、その興味深い細部を愉しんでいただくことを願っている。

本巻の完成に至るまで、多くの方々のご尽力を賜った。チーム『現代倫理学基本論文集』の奥田太郎さんと土井美智子さん。コースガードの論文（本巻第一章）の原典の講読を行う演習に参加してくれた東京大学の学生の皆さん。本巻の訳者のおひとりの田原彰太郎さんには、ハーマンの論文（本巻第二章）の監訳者解説についても有益なコメントをいただき、また、いつもお世話になっている佐藤岳詩さんには今回も甘えて、ヘアの論文（本巻第四章）の監訳者解説に目を通していただいた。それから、本巻の監訳および解説執筆の遂行にかかわる研究は、JSPS科研費17H02260, 19K00020, 20H01175, 20H01181の助成を受けている。併せて心から御礼を申し上げたい。

本巻の訳稿は、他のどの巻よりも早くすべてが揃ったと記憶している。にもかかわらず、諸事情で第Ⅲ巻の方が先んじて刊行されたために、気を揉まれた訳者の方もおられたのではないかと思う。第一章担当の田原さん、第二章担当の圓増文さん、第三、四章担当の水野俊誠さんには、長くお待たせしたことに対してお詫び申し上げたい。また、ご自身の訳稿の作成のみならず、訳者間の相互チェックや、私との度重なるやりとりなども含め、本巻の完成のために多大なるご尽力を賜ったことに、深く謝意を表したい。

‡

この三年間、『現代倫理学基本論文集』第Ⅱ、Ⅲ巻の監訳の作業に厖大な時間を費やしてきた。翻訳という作業自体は嫌いではないのだが、監訳は、読解と訳の検討と連絡と調整が果てしなく続く、地獄のような道のりだった。正直なところ、もう二度としたくない。これが大庭健さんからの依頼でなかったら、そもそもこの仕事はにべもなく断っていただろう。

大庭さんは「先生」と呼ばれることを好まなかった。特に、ご自身が教師として教えていない人間からそう呼ばれることを避けておられた。ただ、以下に記す思い出話は、私が学生として授業を受けていた頃のことなので、やはり「大庭先生」と書き表したい。

十七、八年ほど前、私は専修大学神田キャンパスで開講されていた大庭先生の大学院演習に潜っていた。そこでは、分析哲学の重要文献や、その頃刊行されたばかりの論文などがテキストとして取り上げられ、少人数の参加者の間で丹念な読解と批判的検討が展開されていた。もちろん、そこでの議論から得られるものも非常に大きかったのだが、何よりも印象深かったのは、そのいわば「本番」の前に大庭先生が行う「おさらい」だった。

大庭先生は毎回の演習の冒頭で、前回読んだ箇所の内容を要約し、その急所を指摘し、それを踏まえて新しい箇所へと進む、という手順を踏まれた。その際、先生はメモなど何も見ず、テキストをぱらぱらとめくりながら、時折我々の顔を向いて淡々と話されるのだが、それはもう、惚れ惚れするほど見事な分析だった。簡にして要を得るとはまさにそのことで、一線を張る研究者とはかくも凄いものなのかと、いつも舌を巻いていた。演習の後には学生の間で、「あのおさらいの部分をまとめて本にしてくれないかなあ」などとよく話していたものだ。

私が大庭先生とともに仕事をするのは、残念だが、これが最後になる。私にとって今回の監訳作業の根底には、先生の演習を懐かしみ、その場をもう一度たぐり寄せたいという思いがあった。非力ながら精一杯の背伸びをして、時間と労力だけはかけたが、さて、先生の期待にどれほど応えることができただろう。「大庭健 編」の本ではあるが、私個人の勝手で、本巻はどうしても大庭健先生に捧げたい。

二〇二一年十月

古田徹也

編者略歴

大庭健（おおば・たけし）
専修大学名誉教授．2018 年没．東京大学大学院人文科学研究科博士課程単位取得退学．専門は倫理学・分析哲学．著書に『民を殺す国・日本』（筑摩書房，2015 年），『他者とは誰のことか』（勁草書房，1989 年）ほか多数．

監訳者略歴

古田徹也（ふるた・てつや）
東京大学准教授．東京大学大学院人文社会系研究科博士課程修了．博士（文学）．専門は哲学・倫理学．著書に『はじめてのウィトゲンシュタイン』（NHK ブックス，2020 年），『言葉の魂の哲学』（講談社選書メチエ，2018 年）ほか多数．

訳者略歴（担当順）

田原彰太郎（たはら・しょうたろう）第一章
茨城大学准教授．早稲田大学大学院文学研究科博士課程単位取得満期退学．博士（文学）．専門は哲学・倫理学．論文に “Was gibt den kategorischen Imperativ?” （*Natur und Freiheit: Akten des XII. Internationalen Kant-Kongresses*, Walter de Gruyter, 2018），「カント的行為者を文脈に位置付ける」（『現代カント研究』第 13 巻，晃洋書房，2013 年）ほか．

圓増文（えんぞう・あや）第二章
東北大学助教．慶應義塾大学大学院文学研究科博士課程修了．博士（哲学）．専門は倫理学・生命医療倫理．論文に “Changing our perspective: Is there a government obligation to promote autonomy through the provision of public prenatal screening?” *Bioethics* 35(1) 40–46, 2021, “What deserves our respect? Re-examination of respect for autonomy in the context of the management of chronic conditions,” *Medicine, Health Care and Philosophy* 22(1) 85–94, 2019 ほか．

水野俊誠（みずの・としなり）第三章・第四章
翠松会たけだメンタルクリニック医師（常勤），慶應義塾大学文学部講師（非常勤）．慶應義塾大学大学院文学研究科博士課程修了．博士（哲学）．専門は，倫理学・生命倫理学・精神医学．著書に『Ｊ・Ｓ・ミルの幸福論』（梓出版社，2014 年），『医療・看護倫理の要点』（東信堂，2014 年）ほか．

原著者略歴

クリスティン・コースガード（Christine Korsgaard）
1952年アメリカ生まれ．ハーヴァード大学で博士号取得後，エール大学やシカゴ大学などで教鞭を執り，1991年からハーヴァード大学教授を務める．著書に *Creating the Kingdom of Ends*（Cambridge University Press, 1996），*The Sources of Normativity*（Cambridge University Press, 1996）（『義務とアイデンティティの倫理学』寺田俊郎・後藤正英・三谷尚澄・竹山重光訳，岩波書店，2005年），*Self-Constitution: Agency, Identity, and Integrity*（Oxford University Press, 2009）ほか．

バーバラ・ハーマン（Barbara Herman）
1945年アメリカ生まれ．ハーヴァード大学で博士号取得後，マサチューセッツ工科大学や南カリフォルニア大学で教鞭を執り，1994年からカリフォルニア大学ロサンゼルス校教授を務める．著書に *The Practice of Moral Judgement*（Harvard University Press, 1993），*Moral Literacy*（Harvard University Press, 2007）ほか．

R・B・ブラント（R. B. Brandt）
1910年アメリカ生まれ．エール大学で博士号取得後，スワースモア大学やミシガン大学で教鞭を執る．1997年没．著書に *Ethical Theory: The Problems of Normative and Critical Ethics*（Prentice-Hall, 1959），*A Theory of the Good and the Right*（Clarendon Press, 1979）ほか．

R・M・ヘア（R. M. Hare）
1919年イギリス生まれ．オックスフォード大学で学んだ後，同大学ホワイト道徳哲学教授を長く務め，1983年以降はフロリダ大学で教鞭を執る．2002年没．著書に *The Language of Morals*（Oxford University Press, 1952）（『道徳の言語』小泉仰・大久保正健訳，勁草書房，1982年），*Moral Thinking: Its Levels, Method and Point*（Clarendon Press, 1981）（『道徳的に考えること』内井惣七・山内友三郎監訳，勁草書房，2005年），*Essays in Ethical Theory*（Clarendon Press, 1989）ほか．

人名索引

＊監訳者解説のページ数は
イタリック体で示した。

事項索引

＊監訳者解説のページ数は
イタリック体で示した。

現代倫理学基本論文集 II
規範倫理学篇①　双書現代倫理学 7

2021年12月20日　第 1 版第 1 刷発行

編　者　大庭《おおば》　健《たけし》
監訳者　古田徹也《ふるたてつや》
発行者　井村寿人

発行所　株式会社　勁草《けいそう》書房
112-0005 東京都文京区水道2-1-1　振替　00150-2-175253
(編集)電話　03-3815-5277／FAX　03-3814-6968
(営業)電話　03-3814-6861／FAX　03-3814-6854
ブックデザイン：寺山祐策　印刷：日本フィニッシュ
本文組版：プログレス　製本：松岳社

ISBN978-4-326-19973-0　Printed in Japan

https://www.keisoshobo.co.jp